Die KUNST des ZEICHNENS
10 STEPS
MANGA

Titel der Originalausgabe:
10-Step Drawing
Manga
Draw over 30 people and animals in 10 easy steps

Published in 2021 by Search Press Ltd.
Wellwood, North Farm Road
Turnbridge Wells
Kent, TN2 3DR

This book is produced by
The Bright Press, an imprint of The Quarto Group.
1 Triptych Place, 185 Park Street GB,
SE1 9BL London, United Kingdom
www.QuartoKnows.com

Zeichnungen: Chie Kutsuwada

Übersetzung: Wiebke Krabbe, Damlos
Produktmanagement und Lektorat: Nicole Mering
Umschlaggestaltung: Lina König
Satz: Arnold & Domnick, Leipzig
Druck und Bindung: 1010 Printing International Ltd, China

info@frechverlag.de

2. Auflage 2025

ISBN 978-3-7724-4794-5
Best.-Nr. 4794

MIX
Papier | Fördert gute Waldnutzung
FSC www.fsc.org FSC® C016973

Penguin Random House Verlagsgruppe
FSC® N001967

Die KUNST des ZEICHNENS 10 STEPS MANGA

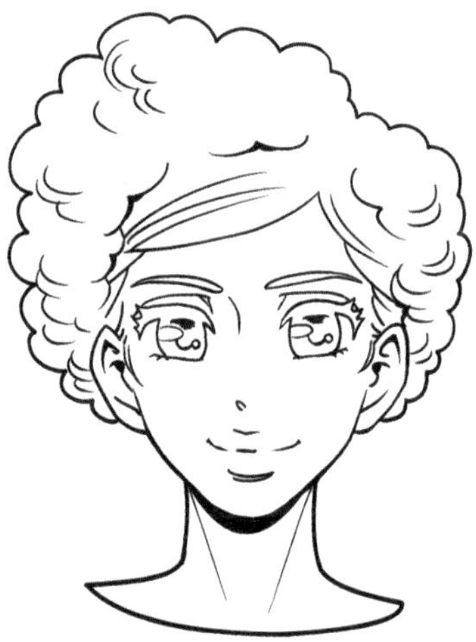

Chie Kutsuwada

Inhalt

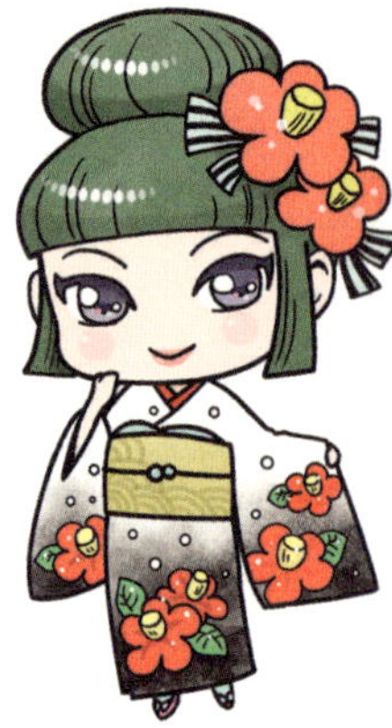

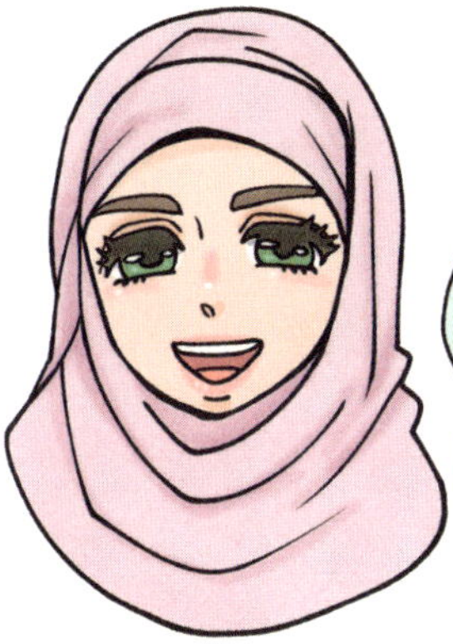

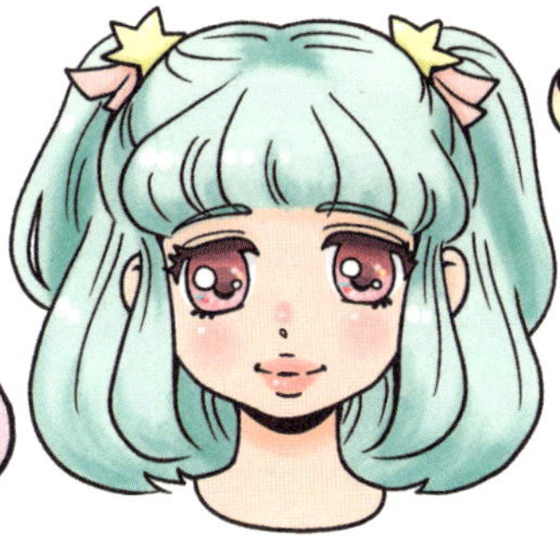

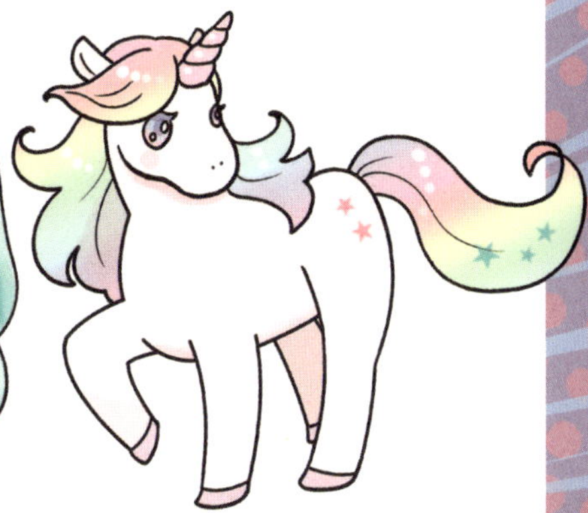

Körperhaltungen

Figuren

Manga-Tiere

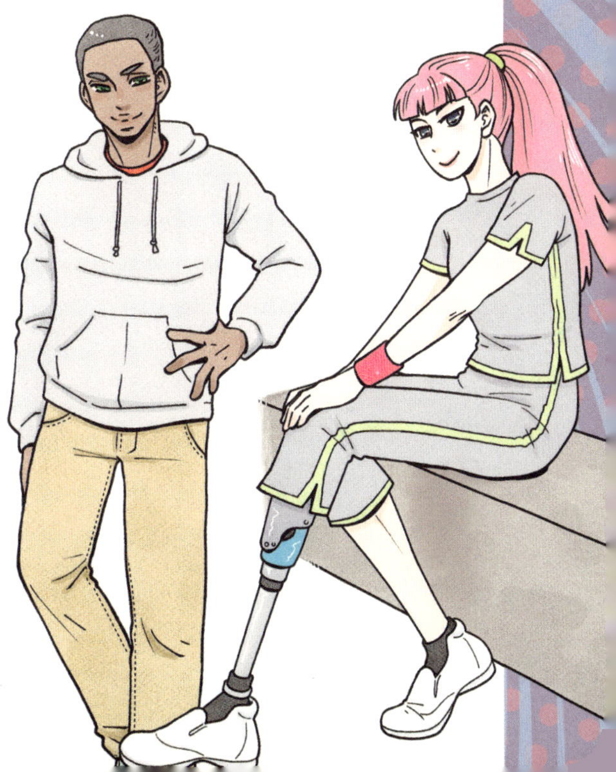

Vorwort

Dieses Buch präsentiert über 30 Manga-Motive – Personen und Tiere – die jeweils in nur 10 einfachen Schritten gezeichnet werden. Ob Chibi-Prinzessin, cooler Gesichtsausdruck oder märchenhaftes Einhorn in Regenbogenfarben: Ihr Lieblingsmotiv ist bestimmt dabei.

VERSCHIEDENE FORMEN DARSTELLEN

Menschen und Tiere gibt es in allen Größen und Formen. Jede Zeichnung beginnt mit einer einfachen Grundform oder Kontur. Weitere Kreise oder andere einfache Formen helfen dabei, Kopf und Gliedmaßen korrekt zu platzieren. Das ist wichtig, damit die Proportionen der Figuren überzeugend gelingen.

Die Motive in diesem Buch setzen sich aus vielen verschiedenen Formen zusammen. Wenn Sie Schritt für Schritt vorgehen, wird es Ihnen leicht gelingen, das Erscheinungsbild der verschiedenen Pflanzen und Tiere überzeugend darzustellen. Am Ende jeder Anleitung finden Sie außerdem Vorschläge zum Kolorieren. Selbstverständlich können Sie auch experimentieren und Farben eigener Wahl für Blüten, Pflanzen oder Tierfelle verwenden.

Ich hoffe, das Zeichnen der Motive in diesem Buch wird Ihnen so viel Freude machen wie mir. Es ist wirklich einfach!

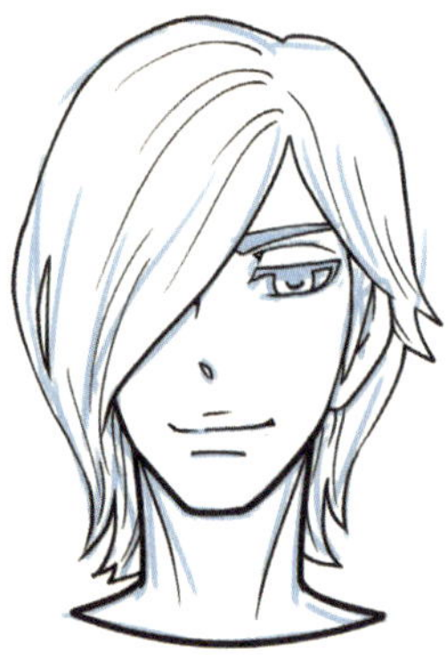

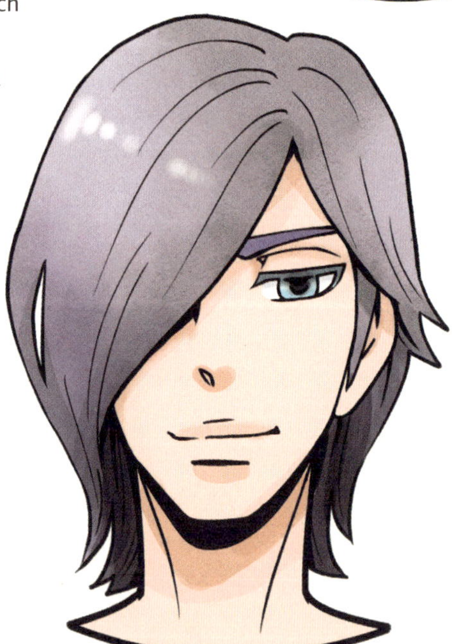

Über dieses Buch

DAS MATERIAL

Papier: Am besten eignet sich gutes Zeichenpapier, aber auch anderes Papier kann verwendet werden.

Bleistift, Radiergummi und Anspitzer: Probieren Sie verschiedene Härtegrade und leisten Sie sich einen hochwertigen Radiergummi.

Fineliner: Er kommt bei den endgültigen Konturen zum Einsatz, denn seine Farbe trocknet schnell und verwischt nicht so leicht.

Kleines Lineal: Dieses ist nicht unbedingt notwendig, aber nützlich für Hilfslinien.

DIE ARBEITSWEISE

Zeichnen Sie zuerst alle Schritte mit Bleistift. Wenn Sie zufrieden sind, ziehen Sie die Konturen mit Fineliner nach. Anschließend noch sichtbare Bleistiftstriche ausradieren und das Motiv nach Belieben kolorieren.

KOLORIEREN

Immer innerhalb der Konturen bleiben und für kleine Flächen gut angespitzte Stifte verwenden.

Helle und dunkle Töne einer Farbe entstehen, indem man unterschiedlich stark aufdrückt.

Tiere und Pflanzen können verschiedene Farben und Muster haben. Wer etwas Übung hat, kann sich an Variationen versuchen.

Beim Kolorieren gibt es verschiedene Möglichkeiten. Probieren Sie ruhig mehrere aus.

Farbstifte: Damit geht es ganz einfach und unkompliziert. Die Motive in diesem Buch sind mit Farbstiften koloriert. Ein Kasten mit 24 Stiften genügt, aber achten Sie auf gute Qualität.

Farben und Pinsel: Wasserfarben eignen sich für Einsteiger am besten. Acrylfarben haben den Vorteil, dass man Fehler einfach übermalen kann. Sie brauchen zwei oder drei Pinsel, darunter einen sehr dünnen.

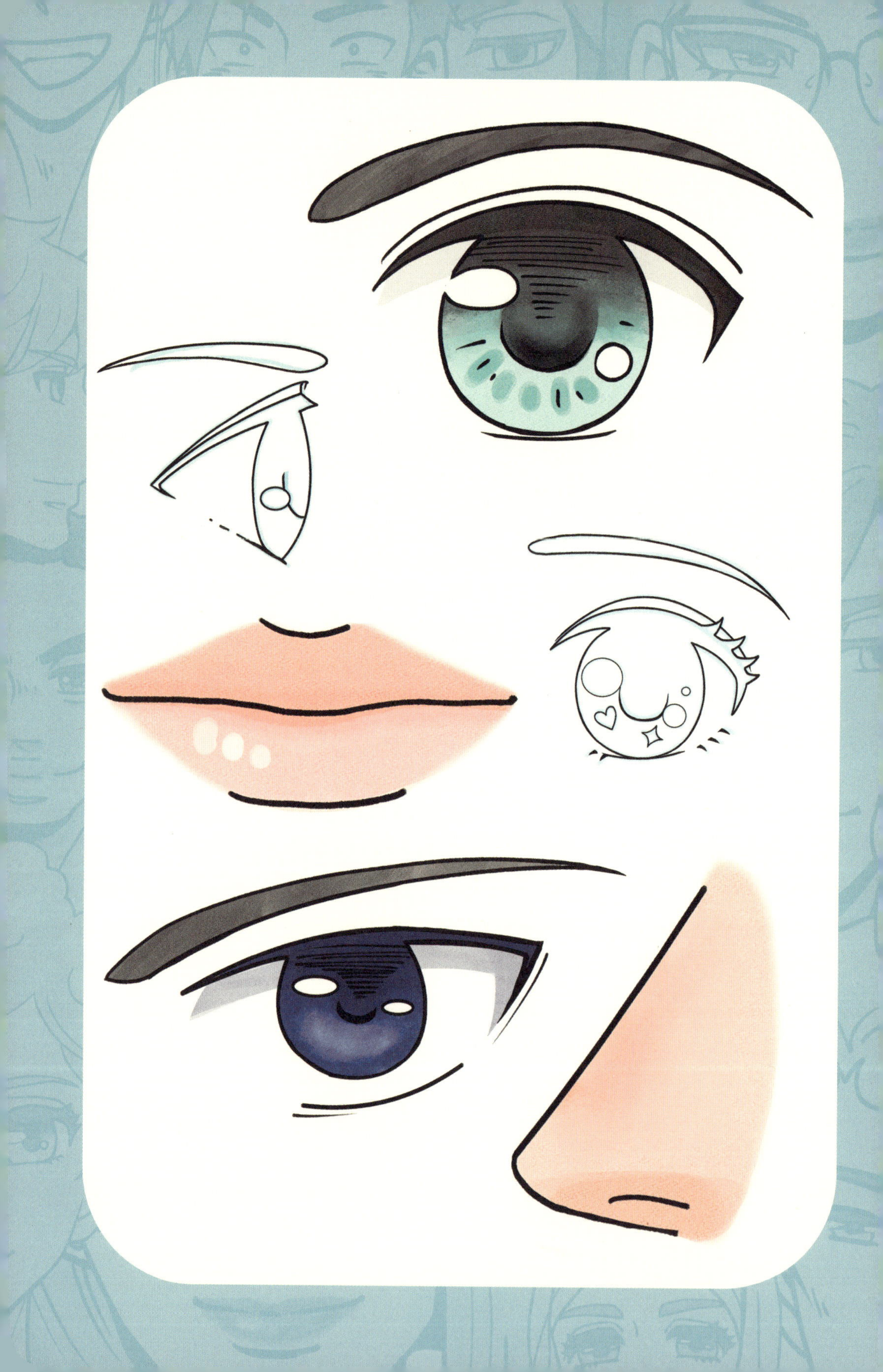

Gesichtszüge und Gesichter

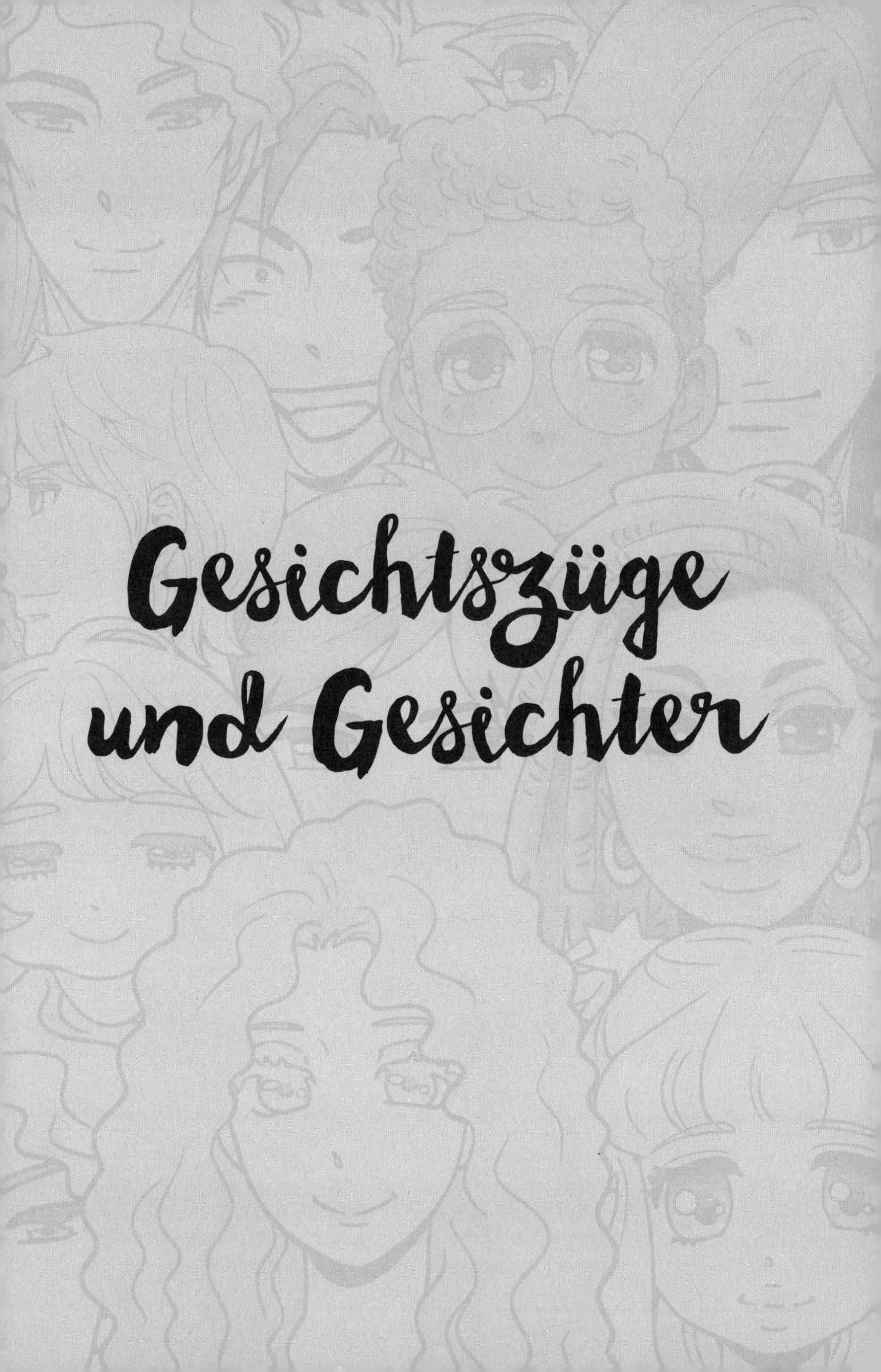

Auge von vorn

Augen sind im Manga so wichtig, weil sie auch ohne Worte Emotionen ausdrücken können. Grund genug, das Zeichnen gründlich zu üben!

1 Einen flachen Bogen für das Oberlid zeichnen.

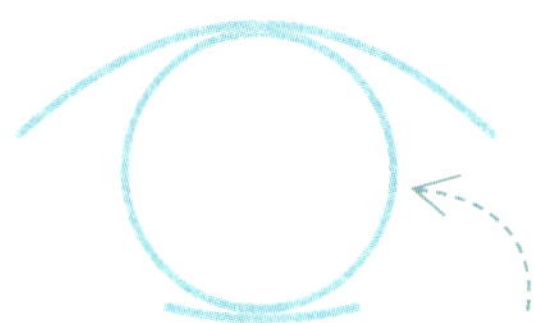

2 Darunter einen Kreis und unter diesem einen kurzen Strich einfügen.

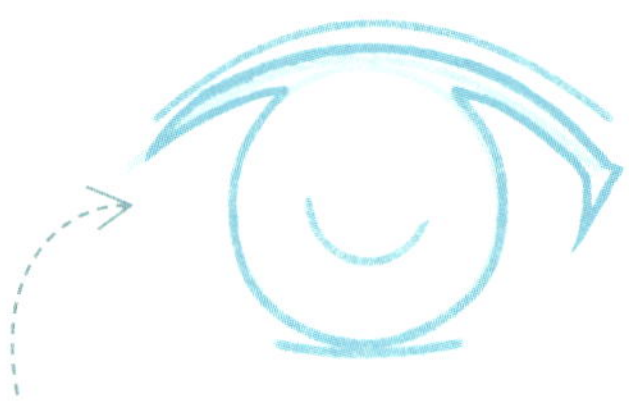

3 Das Oberlid etwas verstärken. In der Mitte des Kreises die Pupille andeuten.

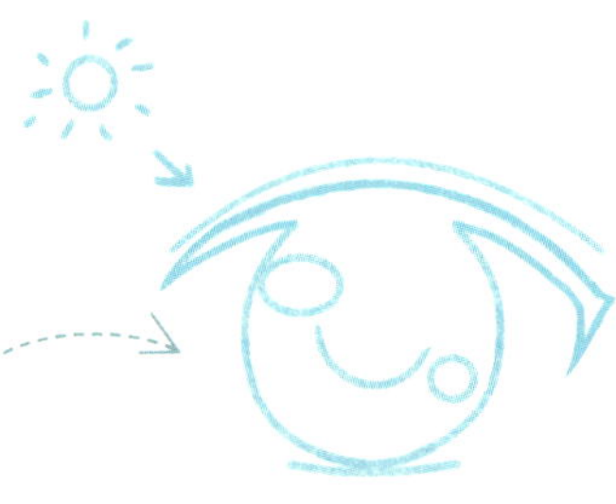

4 Jetzt die Lichtrichtung festlegen. Einen runden Lichtreflex auf der Iris einzeichnen, einen kleineren schräg gegenüber.

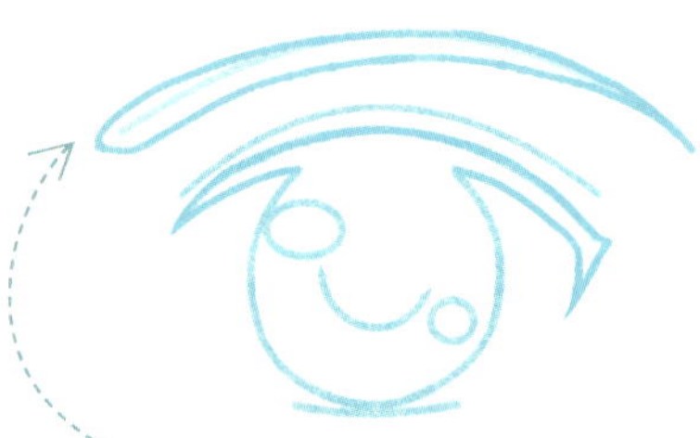

5 Die Augenbraue einfügen. Sie verläuft etwa parallel zum Augenlid, ist aber etwas länger.

Tipp:
Im Manga sind das rechte und linke Auge meist spiegelbildlich. Das gilt aber nicht für die Lichtreflexe.

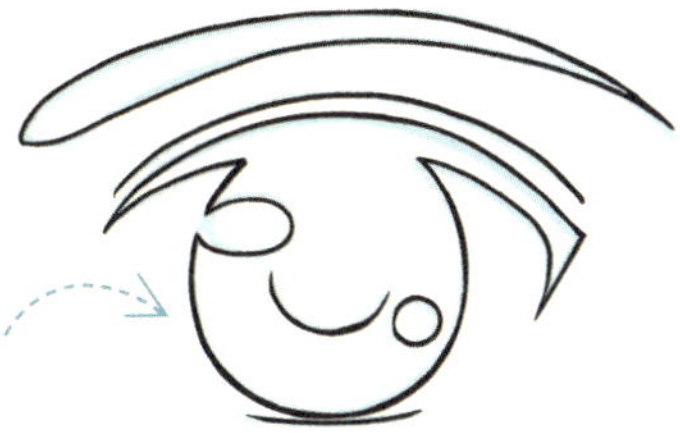

6 Die Striche sauber mit Fineliner nachzeichnen. Die Hilfslinien ausradieren.

7 Schatten und Details der Iris hinzufügen.

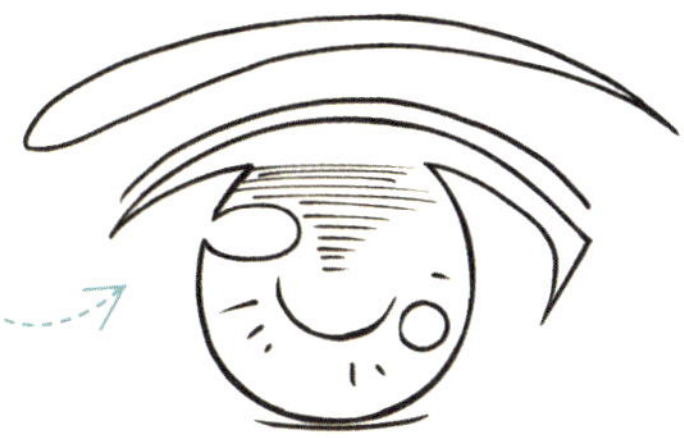

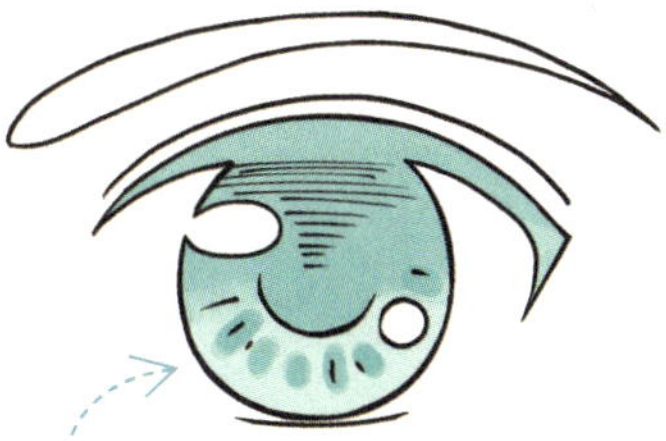

8 Die Farbe des Auges festlegen (siehe Vorschläge unten). Mit der hellsten Farbe beginnen. Den oberen Bereich und Teile der Iris abdunkeln.

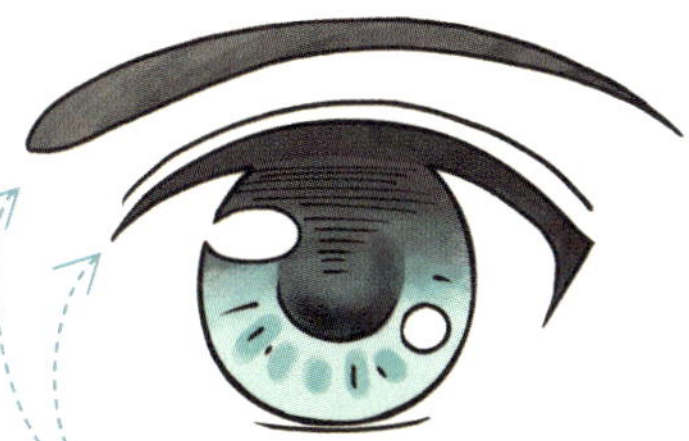

9 Das Oberlid, die obere Iris und die Pupille abdunkeln. Die Augenbraue kolorieren, dabei die Wuchsrichtung beachten.

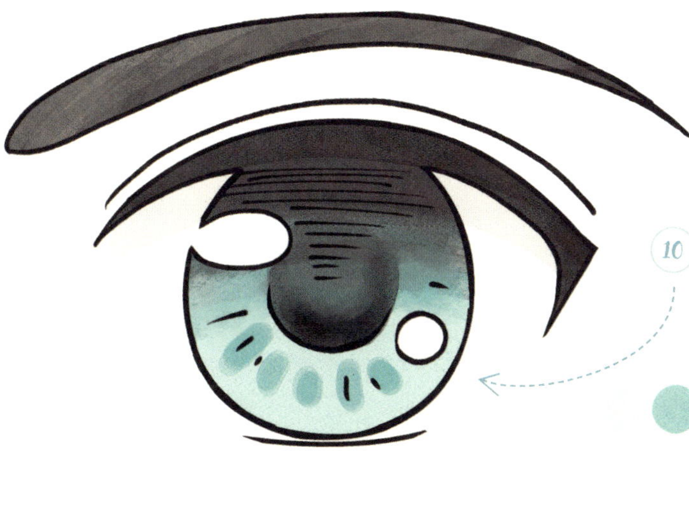

10 Schatten unter dem Oberlid andeuten.

Auge im Profil

Von der Seite erscheint das Auge ganz anders als von vorn.
Wer den Unterschied verstanden hat, wird es leicht zeichnen können.

1 Mit einem liegenden V beginnen.

2 Das V mit einem Bogen schießen. Das ist der Augapfel.

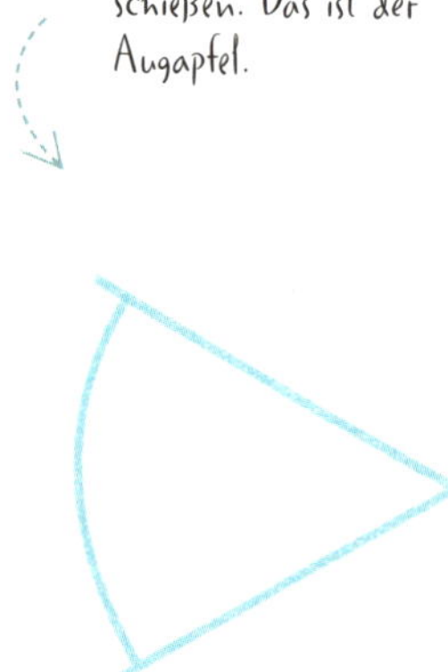

3 Die Kontur der Iris einzeichnen.

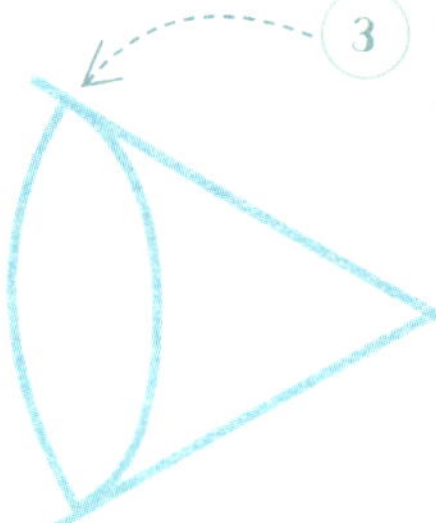

4 Das Oberlid andeuten.

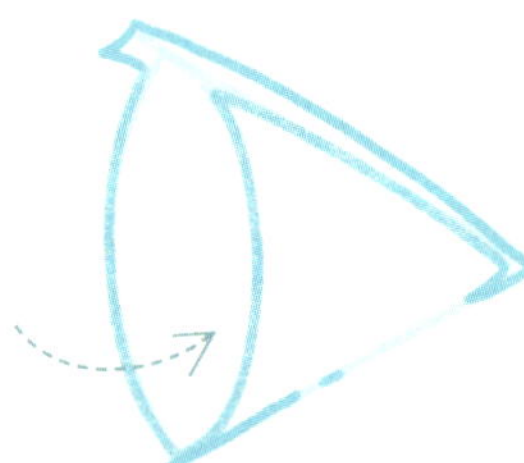

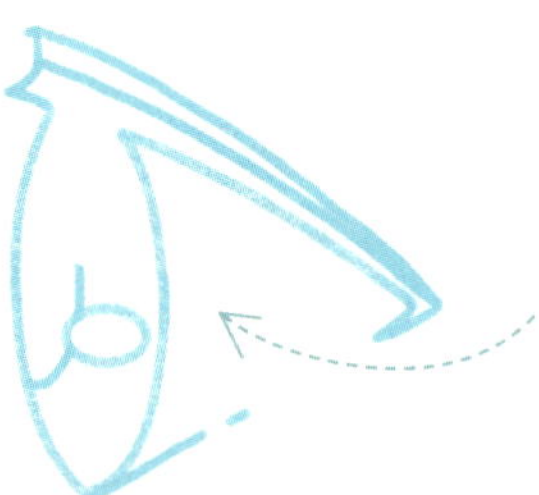

5 Für die Pupille einen Bogen in den unteren Teil der Iris zeichnen. Daneben einen Lichtreflex einfügen. Das Augenlid verstärken.

6 Die Augenbraue einfügen. Sie reicht etwas über den Augenwinkel hinaus (siehe Pfeil).

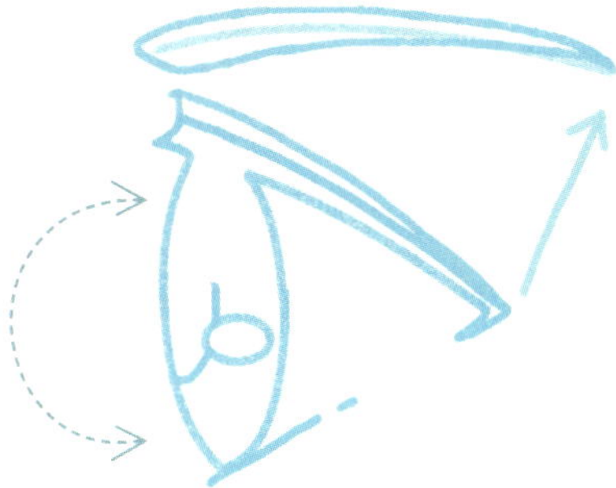

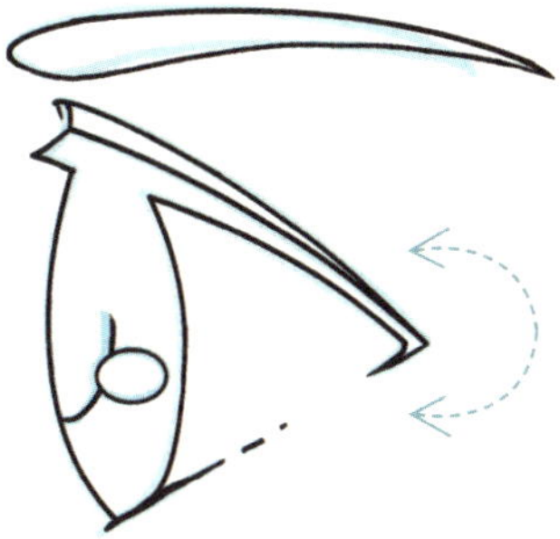

7 Alle Striche sauber mit Fineliner nachzeichnen. Die Hilfslinien ausradieren.

8 Beim Kolorieren mit der hellsten Farbe beginnen. Erste Schatten auf Pupille und Iris einfügen.

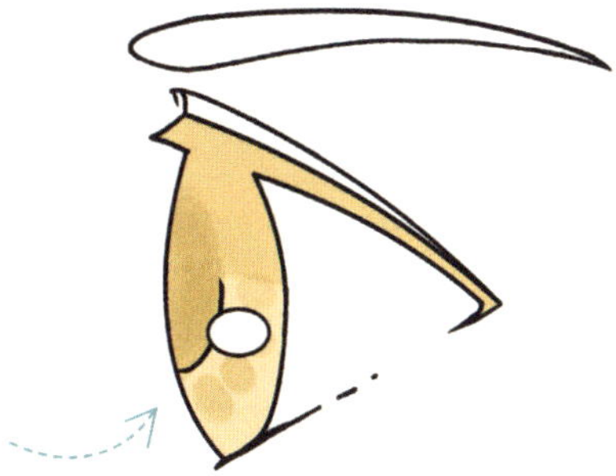

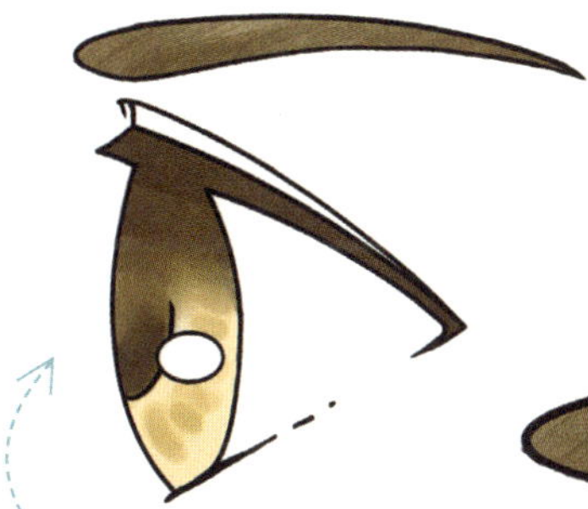

9 Pupille und oberes Auge abdunkeln. Die Augenbraue in Wuchsrichtung stricheln.

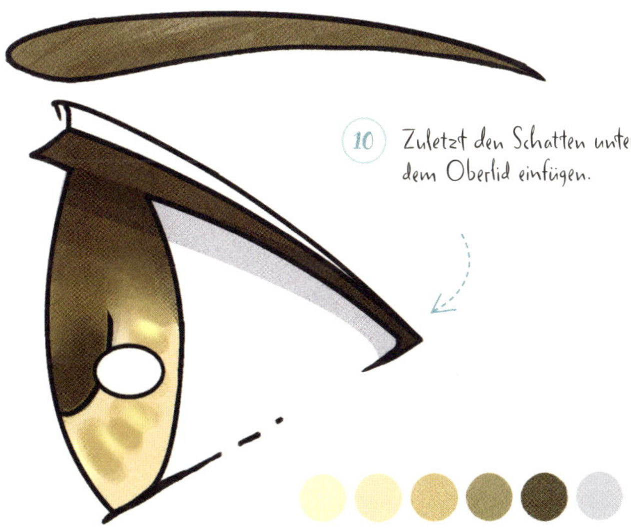

10 Zuletzt den Schatten unter dem Oberlid einfügen.

Niedliches Auge

Durch geschwungene Wimpern und lustige Lichtreflexe bekommt dieses Auge seine niedliche Ausstrahlung.

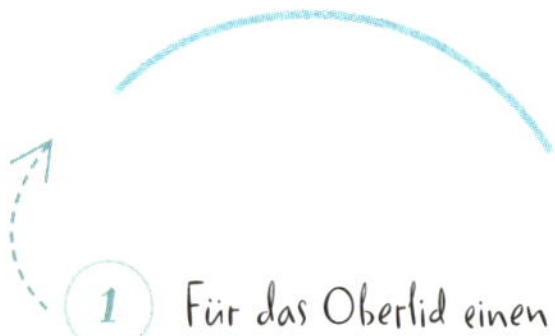

1 Für das Oberlid einen Bogen zeichnen. Eine Seite ist etwas tiefer.

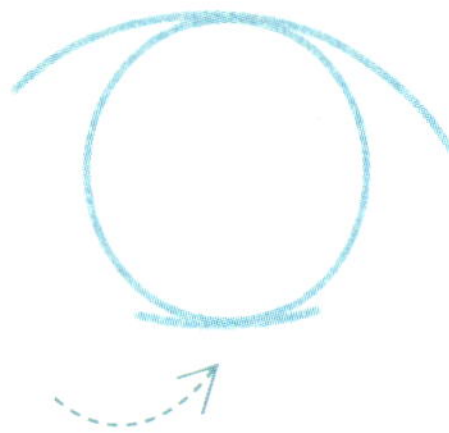

2 Darunter einen großen Kreis und unter diesem einen kurzen Strich zeichnen.

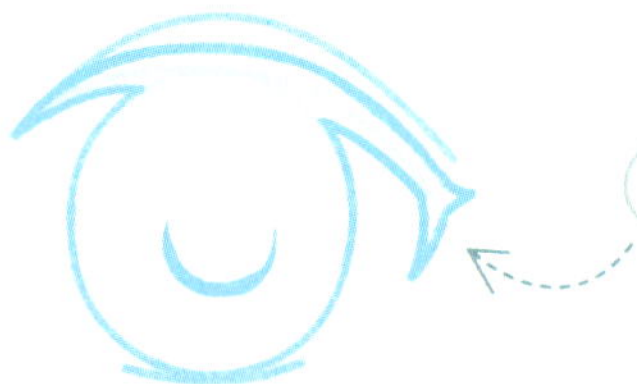

3 Das Oberlid verstärken und deutlicher ausarbeiten. Die Pupille andeuten.

4 Die Lichtrichtung festlegen. Einen leicht ovalen Reflex in die Iris zeichnen, einen kleineren schräg gegenüber.

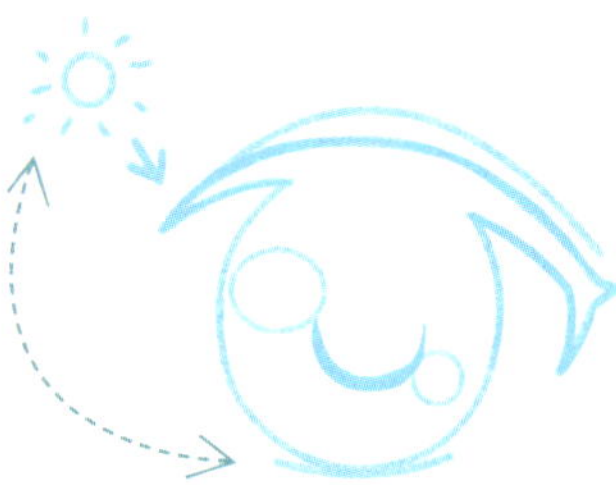

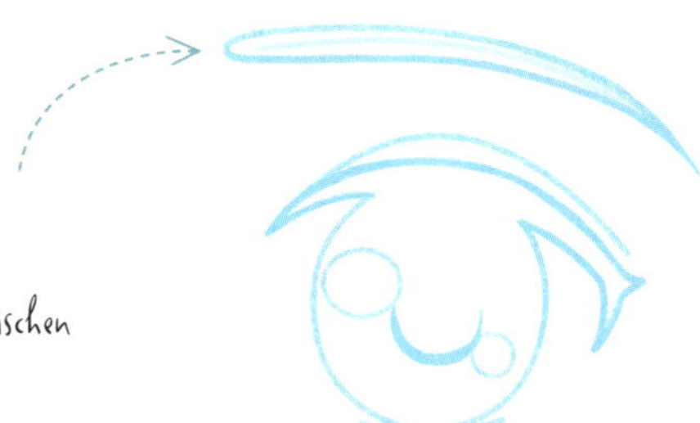

5 Die Augenbraue fast parallel zum Auge, aber leicht schräg zeichnen. Reichlich Platz zwischen Auge und Augenbraue lassen.

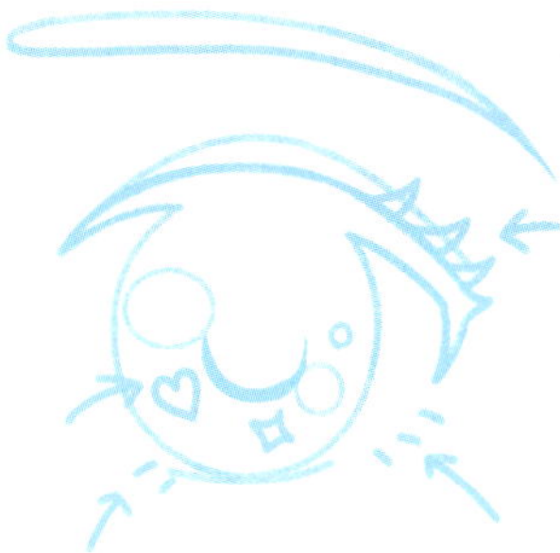

6 Die Wimpern ans Oberlid zeichnen. In die Iris witzige Lichtreflexe einfügen.

7 Die Striche – besonders die Rundung – sorgfältig mit Fineliner nachzeichnen.

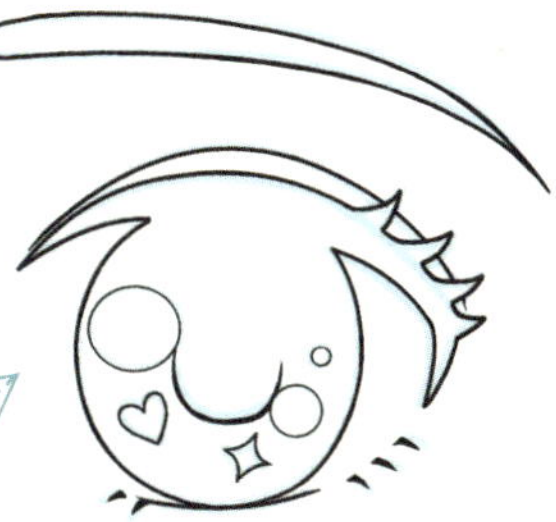

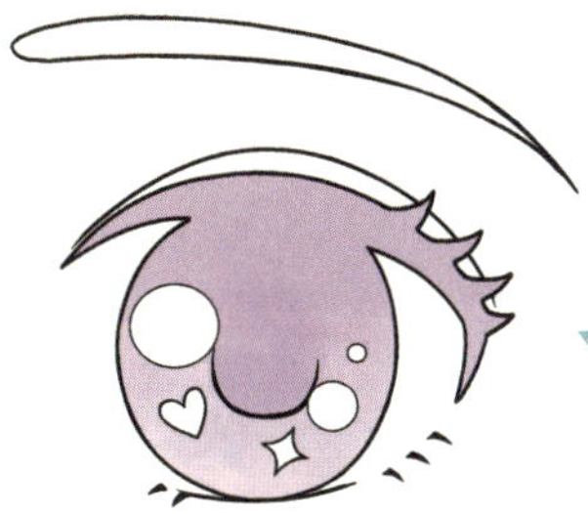

8 Beim Kolorieren mit der hellsten Farbe beginnen (Farbvorschläge siehe unten).

9 Das Auge bekommt einen Hell-Dunkel-Verlauf von oben nach unten. Die Augenbraue in Wuchsrichtung stricheln.

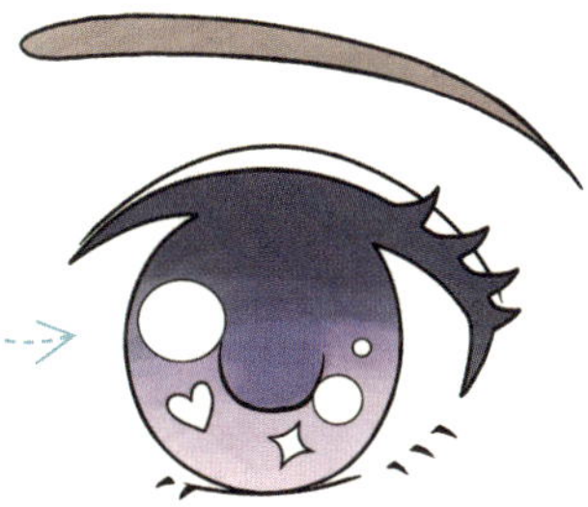

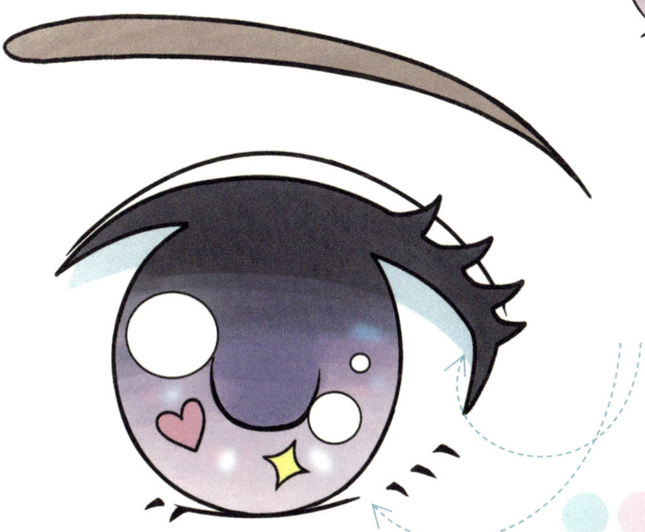

10 Den Schatten unter dem Oberlid einfügen. Glanzlichter mit einem weißen Stift andeuten.

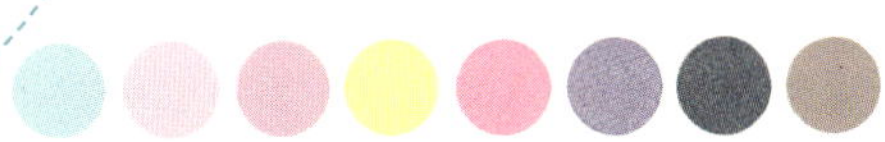

Cooler Blick

Nicht alle Manga-Figuren sind niedlich. Coole Typen haben kantigere Augen und einen scharfen Blick.

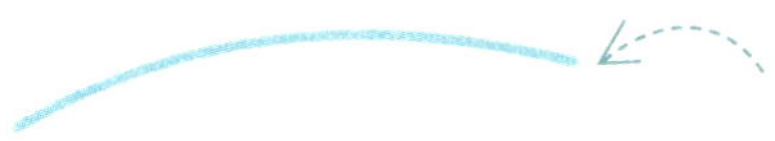

1 Für das Oberlid einen flachen Bogen zeichnen. Ein Ende liegt etwas höher.

2 Einen Kreis zeichnen, der den Bogen leicht überlappt. Darunter einen kurzen Strich setzen.

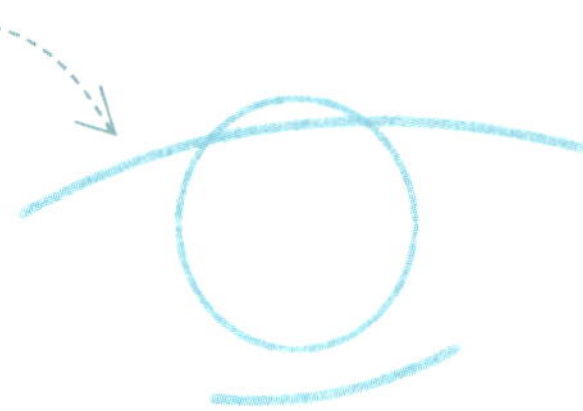

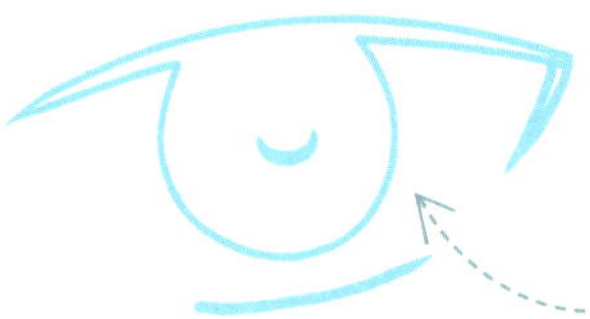

3 Das Oberlid etwas verstärken. In der Iris eine kleine Pupille andeuten.

4 Die Lichtrichtung festlegen. Einen ovalen Reflex in die Iris zeichnen, einen kleineren schräg gegenüber.

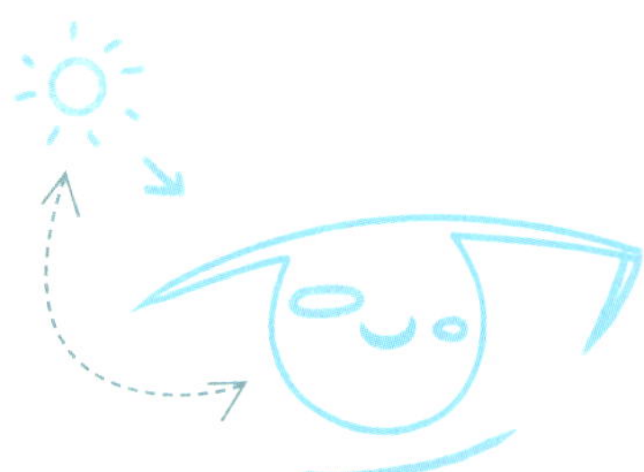

Tipp:
Lichtreflexe lassen Augen fröhlich aussehen. Coole Augen wirken manchmal ohne Lichter überzeugender.

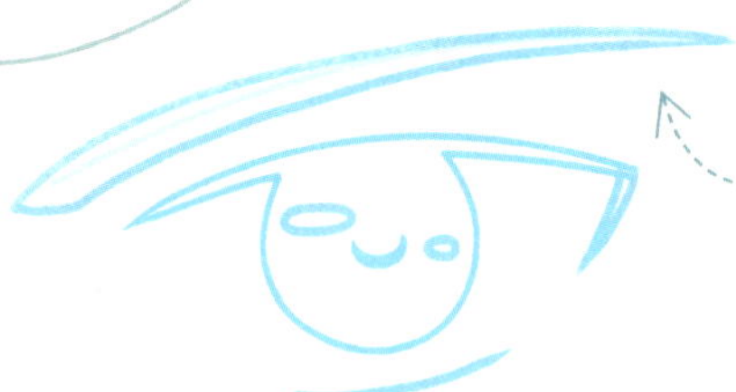

5 Die Augenbraue liegt schräg über dem Auge und hat eine leicht kantige Form.

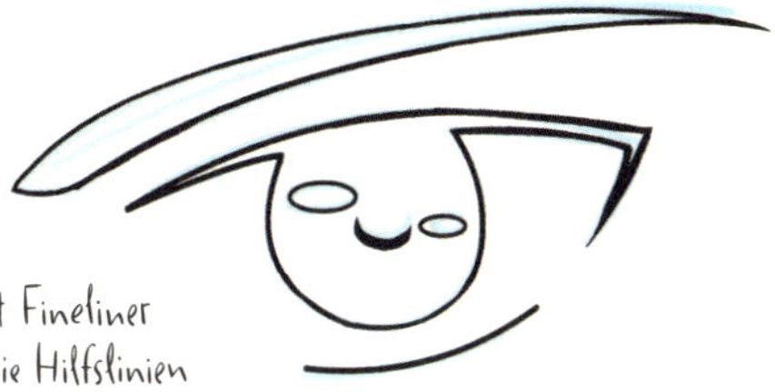

6 Die Striche mit Fineliner nachziehen. Die Hilfslinien ausradieren.

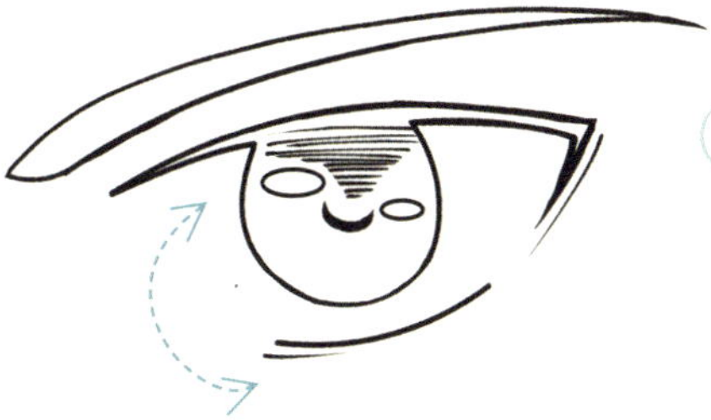

7 Details einfügen: Schatten im Auge und einen kleinen Strich darunter.

8 Beim Kolorieren mit der hellsten Farbe beginnen (Farbvorschläge siehe unten).

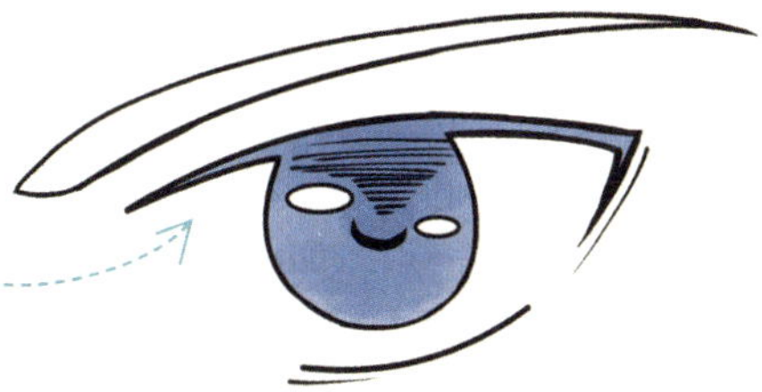

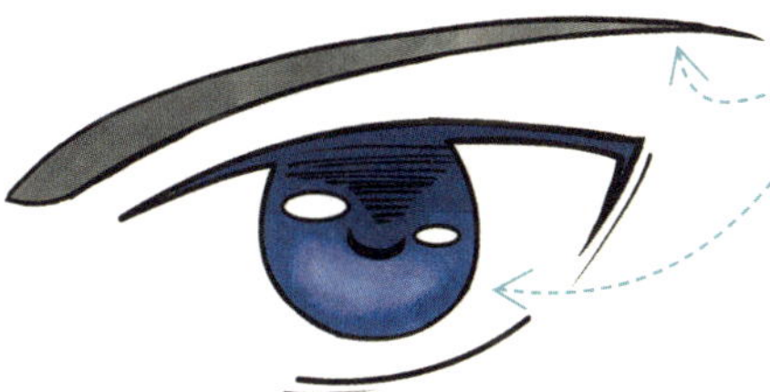

9 Das Oberlid, den oberen Bereich des Auges und den Umriss der Iris abdunkeln. Die Augenbraue in Wuchsrichtung stricheln.

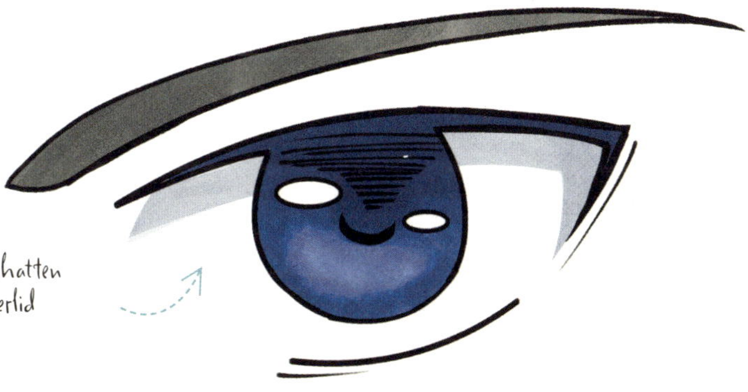

10 Zuletzt den Schatten unter dem Oberlid einfügen.

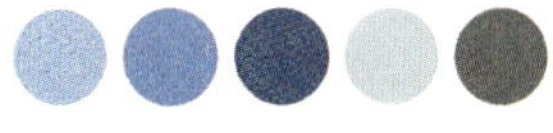

Nase von vorn

Hat die Figur eine breite, lange oder kleine Nase? Diese Entscheidung muss vor dem Zeichnen fallen.

1 Ein gleichschenkliges Dreieck zeichnen. Die genaue Form hängt von der geplanten Nase ab.

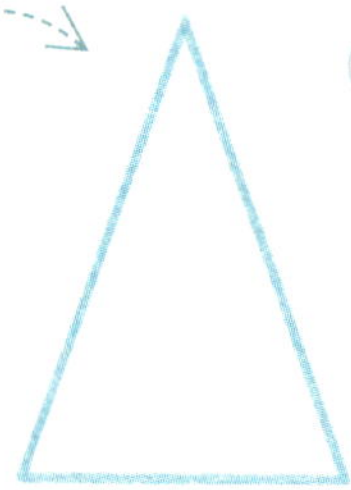

2 Einen senkrechten Strich für den Nasenrücken und einen Bogen für die Unterseite der Nase einfügen.

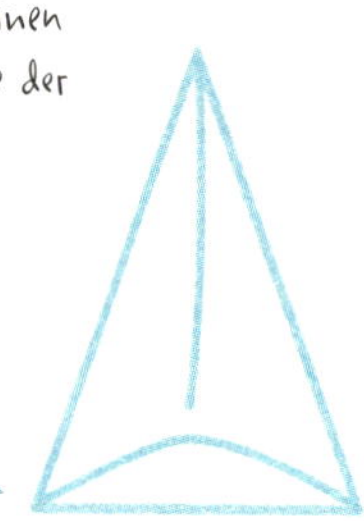

3 Nasenlöcher einzeichnen und den Nasenrücken verstärken.

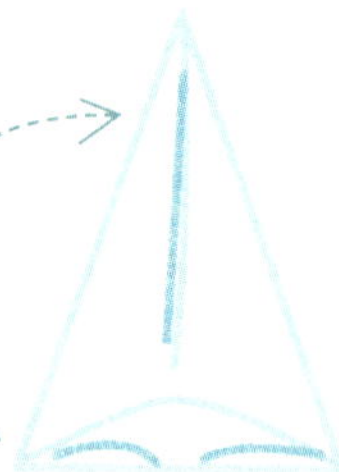

4 Nasenrücken und Nasenlöcher mit Fineliner nachzeichnen. Den Rest ausradieren.

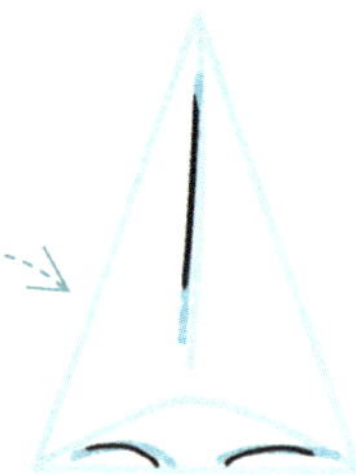

5 Die Nase in Hautfarbe kolorieren. Schatten unter der Nase andeuten. Einen weißen Lichtreflex auf die Nasenspitze setzen. Wenn die Figur gesund aussehen soll, den Nasenrücken rötlich eintönen.

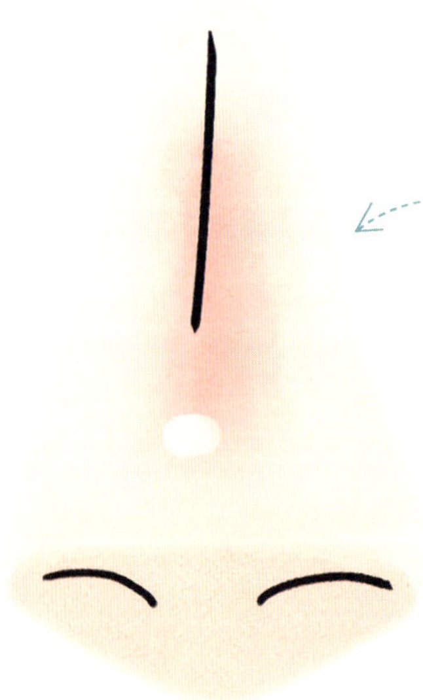

Hautfarben

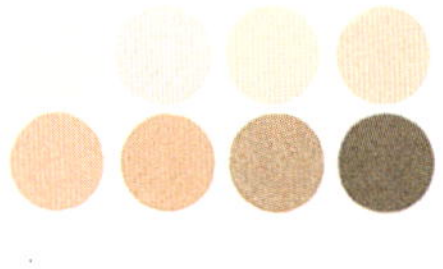

Varianten

A

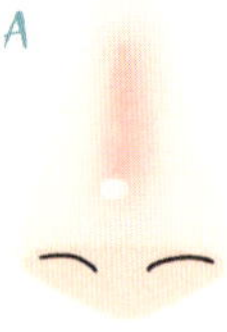

Kein Nasenrücken. Passt zu allen Typen.

B

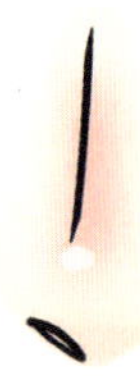

Mit Nasenrücken. Nasenflügel ist angedeutet.

C

Nur ein Nasenflügel ist angedeutet.

Nase im Profil

Die Nase ist zwar mehr als ein Dreieck, aber sie sollte trotzdem ganz einfach gezeichnet werden.

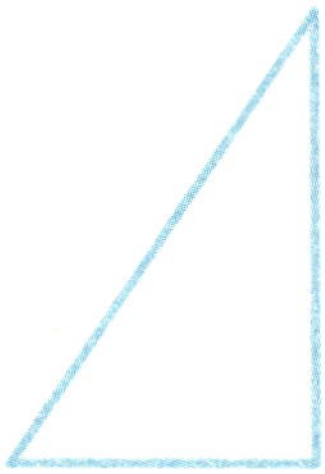

1 Mit einem rechtwinkligen Dreieck beginnen. Die genaue Form hängt von der gewünschten Nasenform ab.

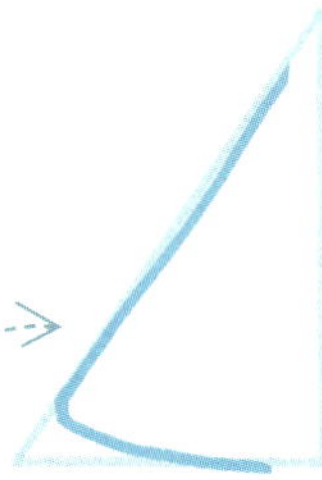

2 Nasenspitze und Unterseite der Nase leicht abrunden.

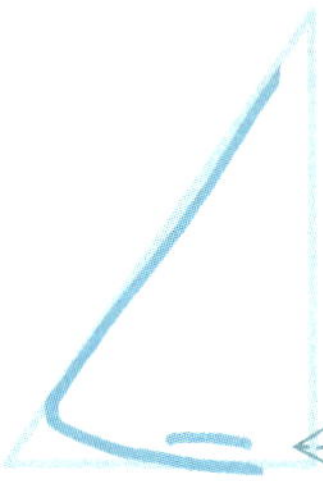

3 Das Nasenloch andeuten.

4 Mit Fineliner nachzeichnen. Details sind nicht nötig. Die Hilfslinien ausradieren.

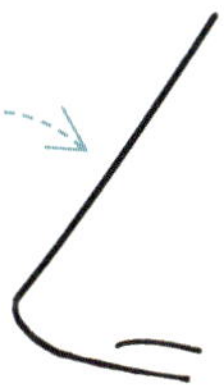

5 Die Nase in Gesichtsfarbe kolorieren (siehe unten). Schatten unter der Nase andeuten. Nach Belieben einen weißen Lichtreflex auf die Nasenspitze setzen.

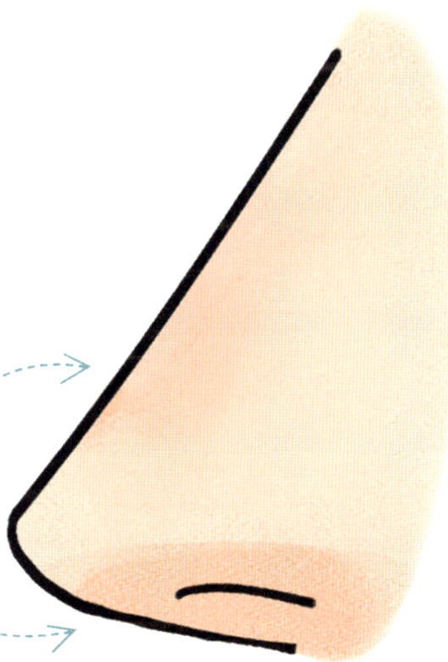

Variante

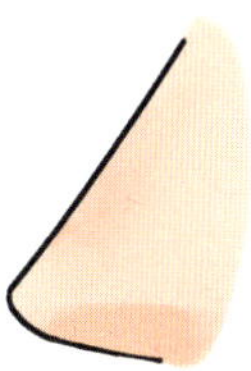

Nase ohne Nasenloch. So einfach kann es sein.

Hautfarben

Mund von vorn

Weiche, volle Lippen werden mit geschwungenen Linien gezeichnet. Kantige Linien wirken maskuliner.

1 Die waagerechte Mittellinie zeichnen.

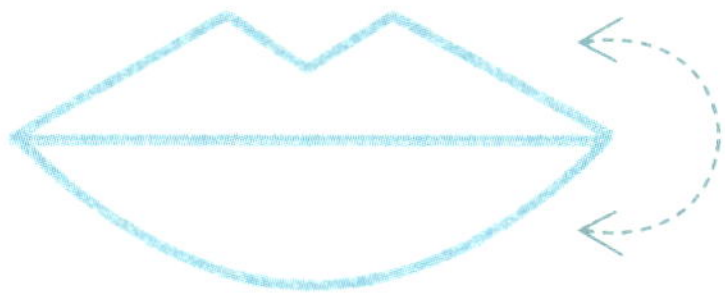

2 Die Oberlippe hat zwei »Gipfel«, die Unterlippe ist ein einfacher Bogen.

3 Wichtige Teile des Munds verstärken, hier den Bogen der Oberlippe und den Schattenbereich der Unterlippe.

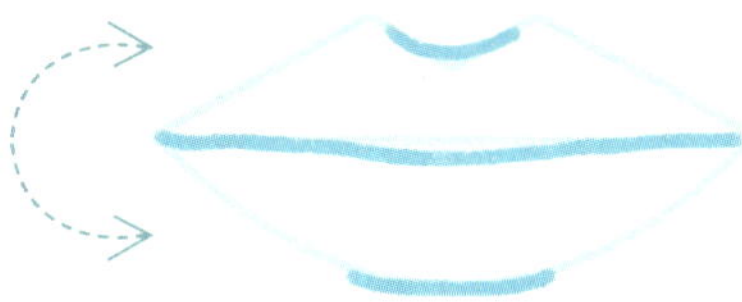

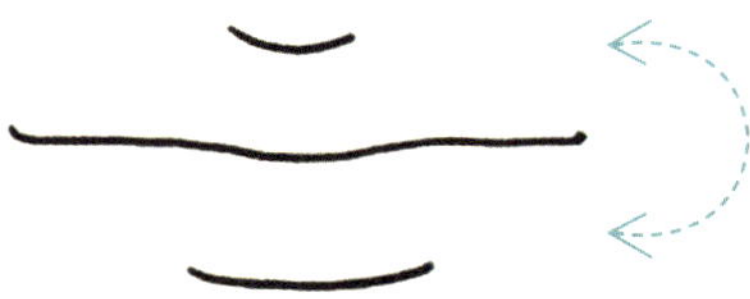

4 Nur die wichtigen Striche mit Fineliner nachziehen (es sei denn, die Figur hat sehr volle Lippen). Die Hilfslinien ausradieren.

5 Die Lippenfarbe muss zum Gesicht der Figur passen. Die Oberlippe ist etwas dunkler. Falls die Figur sexy aussieht oder geschminkt ist, weiße Lichtreflexe einfügen.

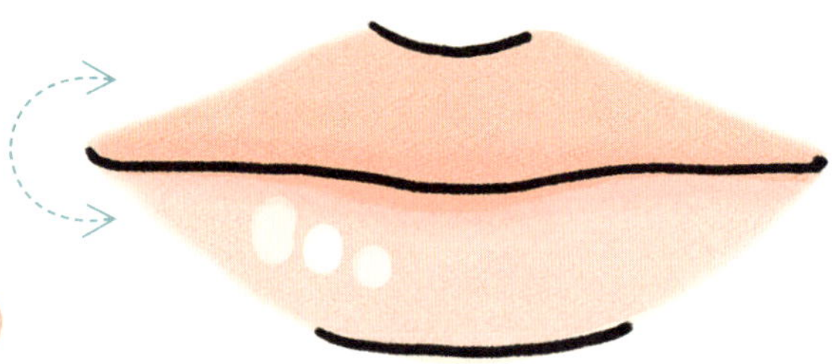

Farben für Haut und Lippen

Mund im Profil

Im Profil wird der Mund aus einem liegenden Dreieck entwickelt.

1 Ein liegendes gleichschenkliges Dreieck zeichnen.

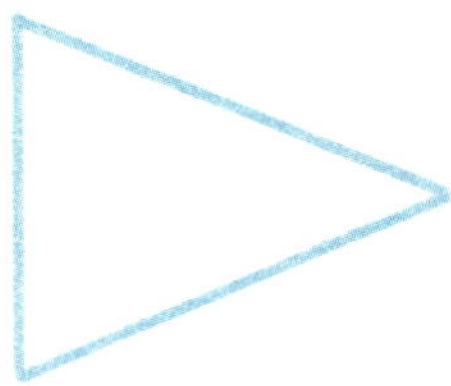

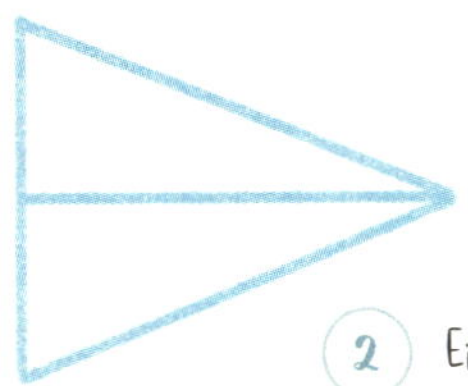

2 Eine waagerechte Mittellinie einfügen.

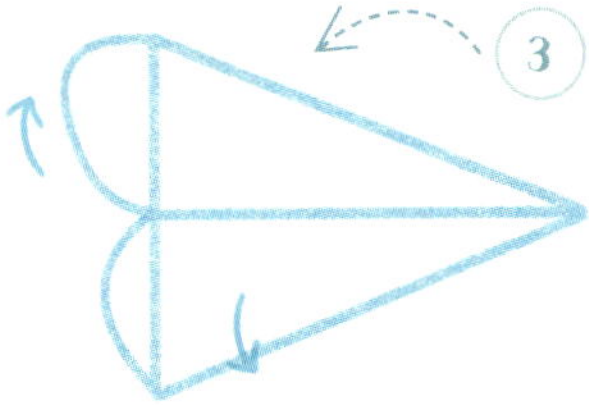

3 Die Wölbungen der Lippen andeuten.

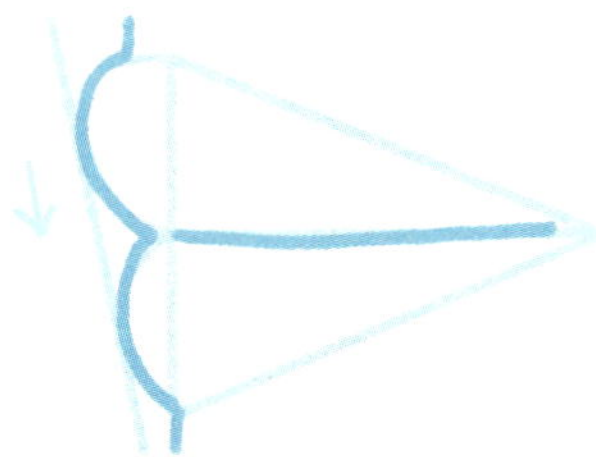

4 Die Form genauer ausarbeiten. Dabei ist eine Hilfslinie (siehe Pfeil) praktisch.

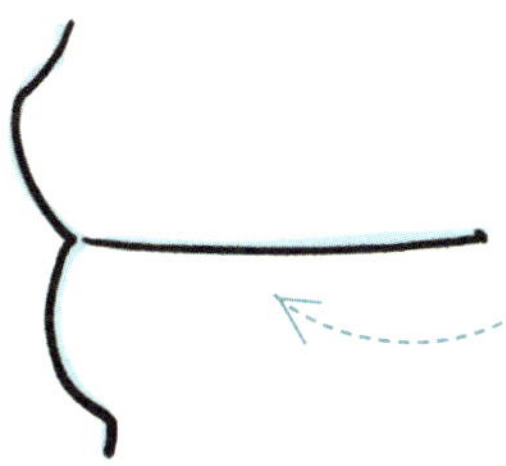

5 Die Linien mit Fineliner nachzeichnen: gerundet für einen weichen Mund, kantiger für einen maskulinen. Die Hilfslinien ausradieren.

Haut- und Lippenfarben

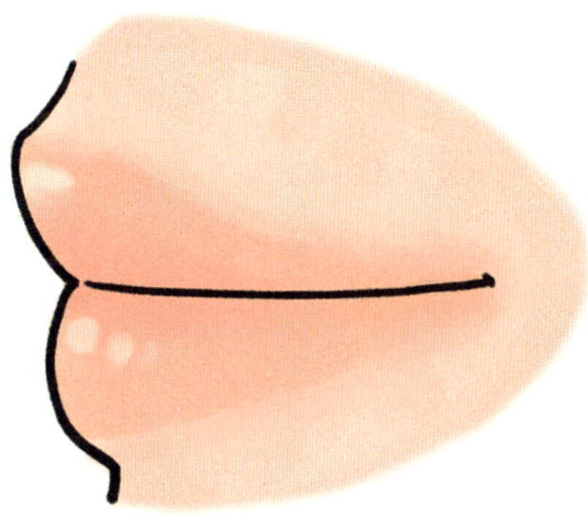

6 Die Lippenfarbe muss zum Gesicht der Figur passen. Die Oberlippe ist etwas dunkler. Falls die Figur geschminkt ist, weiße Lichtreflexe einfügen.

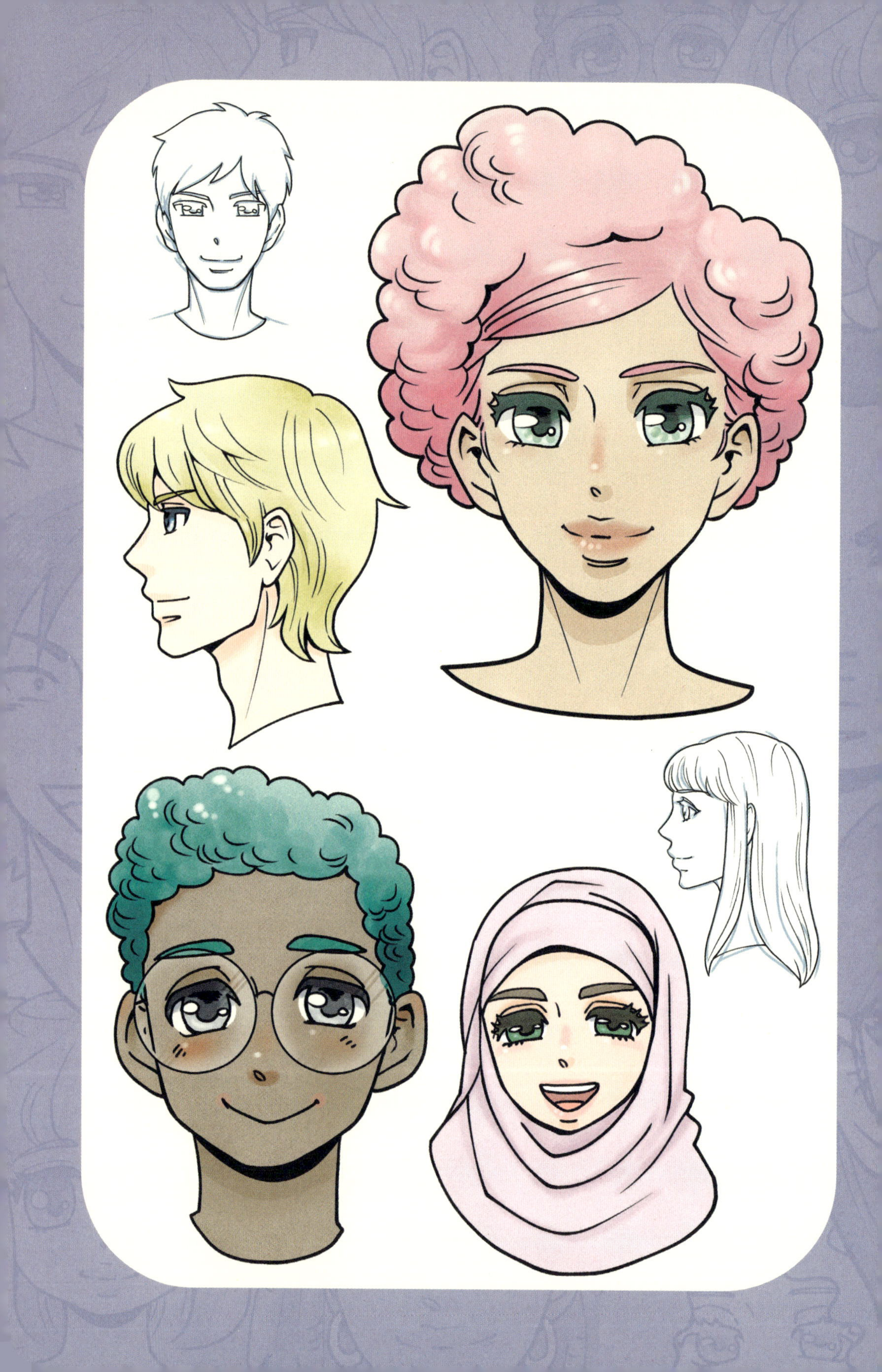

Manga-Gesichter

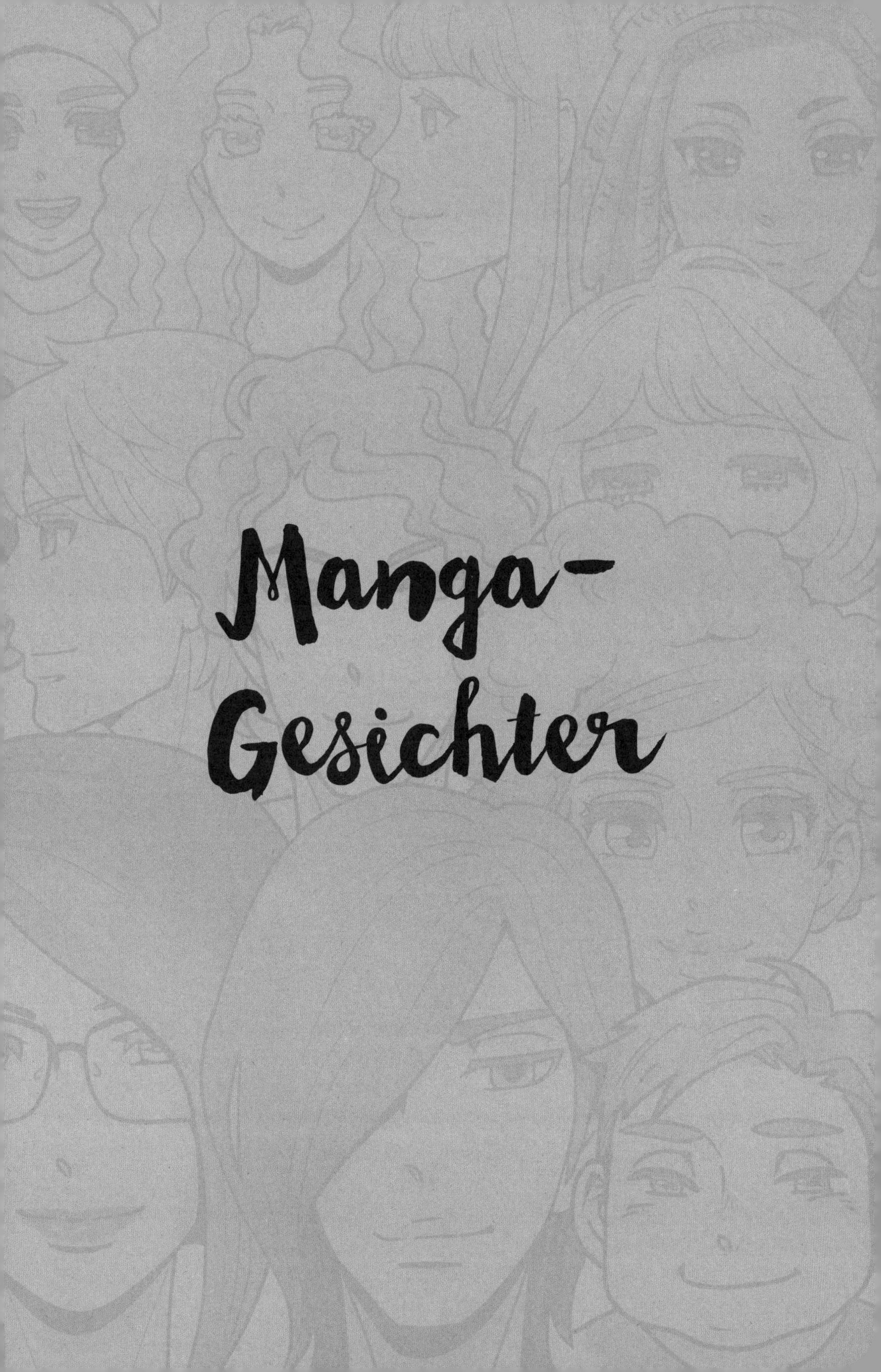

Weibliches Gesicht von vorn

Die senkrechte Hilfslinie bestimmt, wie lang das Gesicht wird.

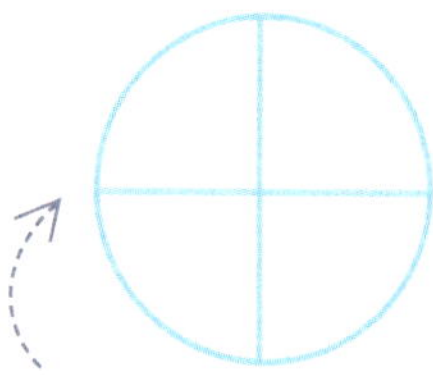

1 Einen Kreis zeichnen und in Viertel teilen.

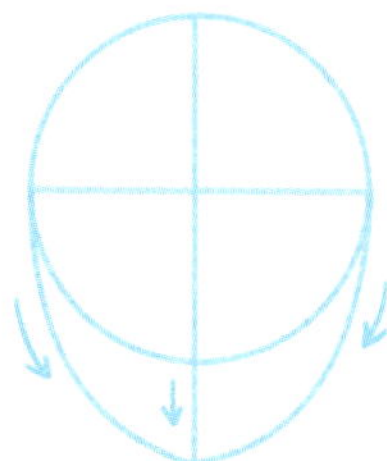

2 Die senkrechte Linie bis zur Kinnspitze verlängern. Das Ende dieser Linie mit dem Kreis verbinden.

3 Die Positionen von Augen, Nase und Mund einzeichnen. Ohren und Halsbreite orientieren sich an der Position der Augen.

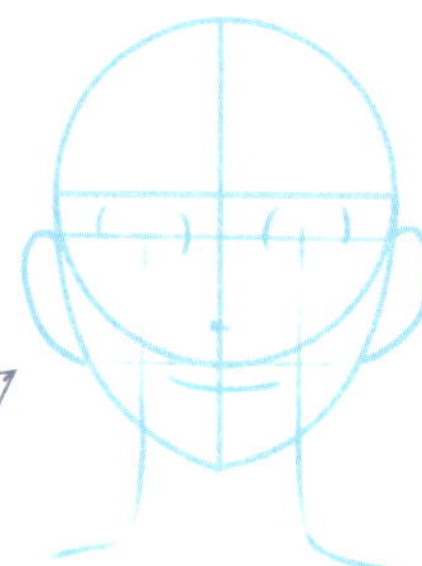

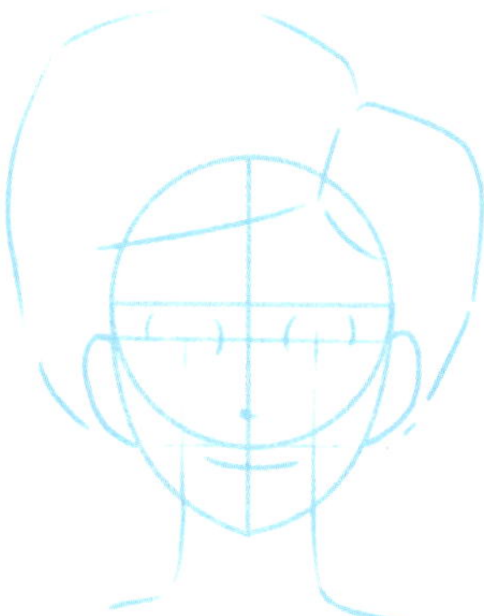

4 Die Frisur und ihr Volumen grob andeuten. Hat die Figur einen Pony? Einen Scheitel?

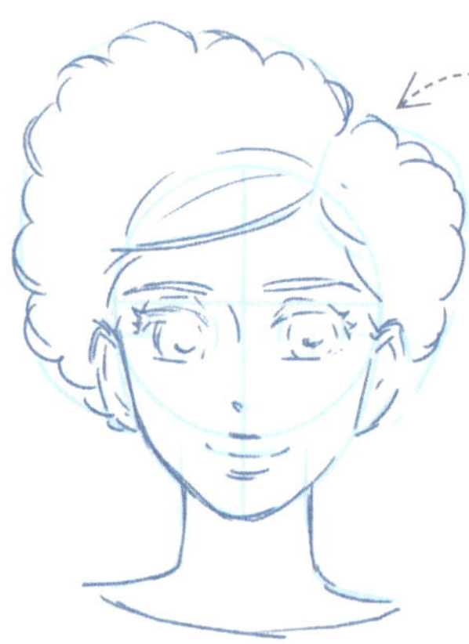

5 Nun die Zeichnung genau ausarbeiten. Bei den Gesichtszügen auf Ausgewogenheit achten. Lockige Haare mit welligen Strichen andeuten.

6 Die Striche mit Fineliner sauber nachziehen – zuerst den Umriss des Gesichts, dann die Gesichtszüge. Die Hilfslinien ausradieren.

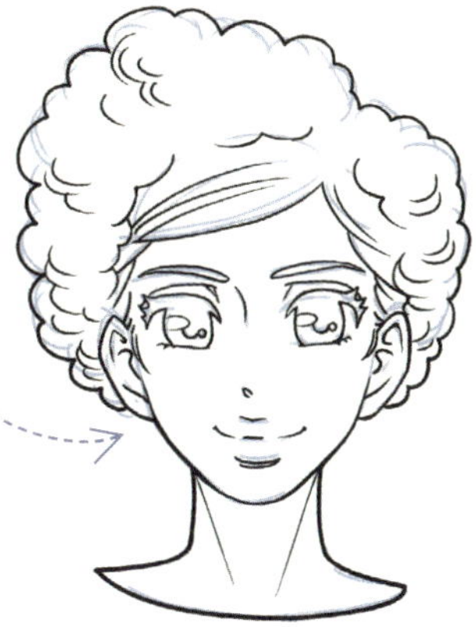

7 Für Schatten unter dem Kinn und den Haaren einige Striche verstärken.

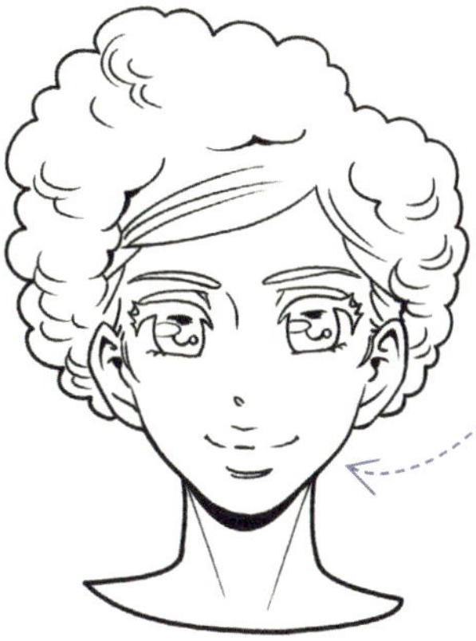

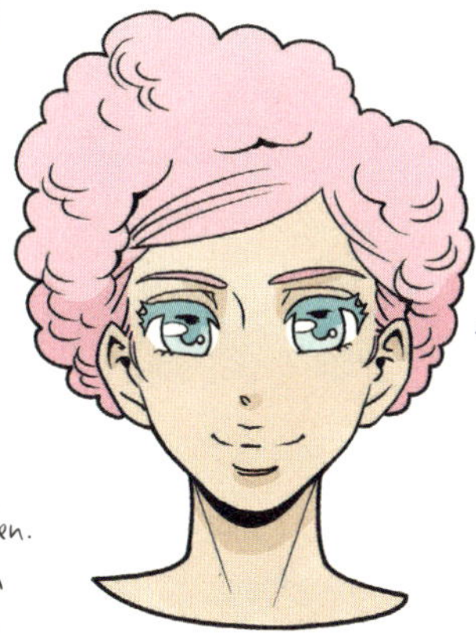

8 Die Farbpalette wählen (Vorschläge siehe unten). Mit der hellsten Farbe beginnen.

9 Schattenbereich abdunkeln, dabei auf die Lichtrichtung achten. Einige Bereiche betonen, z.B. den Nasenrücken, die Wangen oder die Partie unter den Augen. Helle und dunklere Töne ausgewogen verwenden.

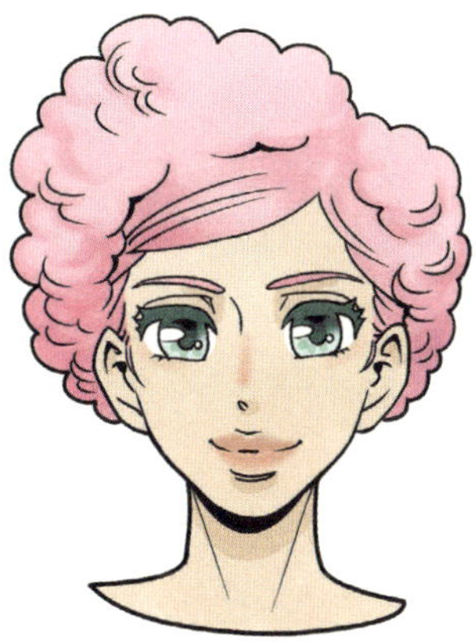

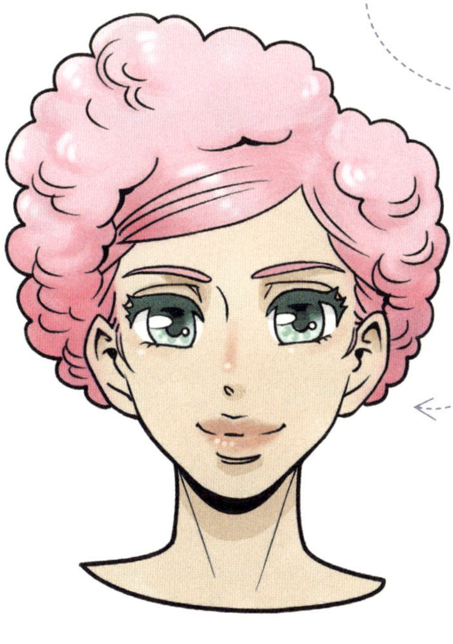

10 Lichter mit einem weißen oder pastellfarbigen deckenden Stift einfügen.

Tipp:
Beim Einzeichnen der Lichtreflexe auf Augen und Haaren immer auf die Lichtrichtung achten.

Männliches Gesicht von vorn

Männliche Gesichter werden normalerweise mit schärferen, kantigeren Strichen gezeichnet.

1 Einen Kreis zeichnen und in Viertel teilen.

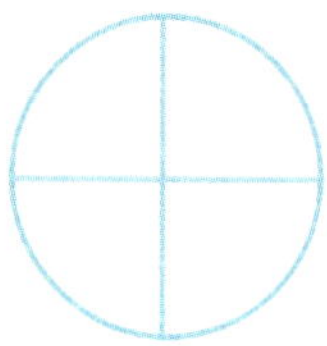

2 Die senkrechte Linie bis zur Kinnspitze verlängern. Das Ende dieser Linie mit dem Kreis verbinden.

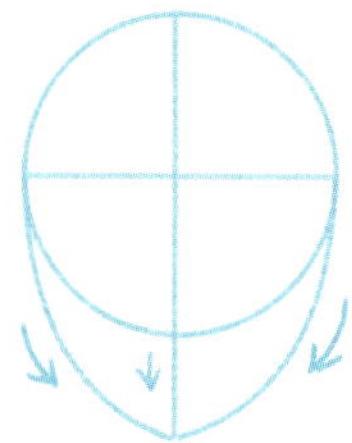

3 Die Positionen von Augen, Nase und Mund einzeichnen. Ohren und Halsbreite orientieren sich an der Position der Augen.

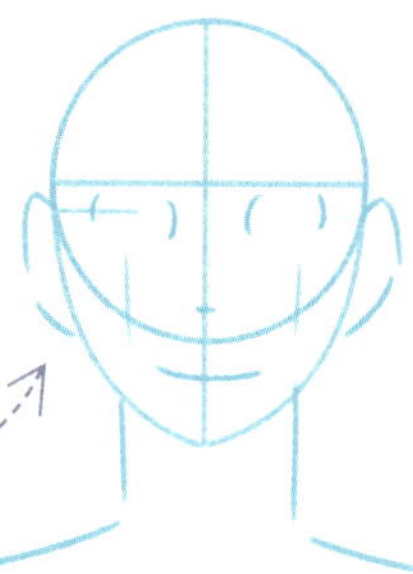

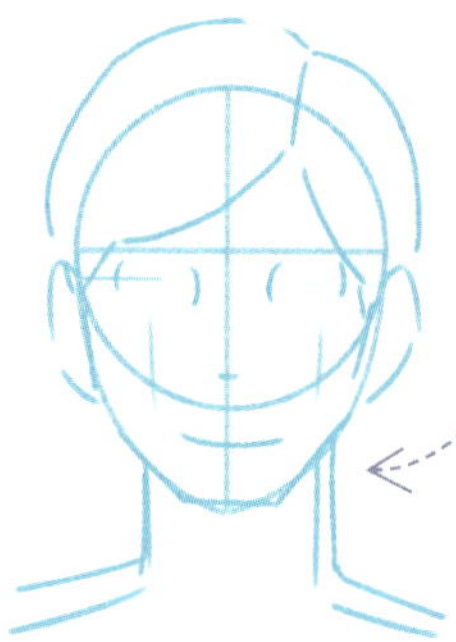

4 Frisur, Volumen der Haare und eventuell den Scheitel grob vorzeichnen. Gesicht, Hals und Schultern etwas kantiger ausarbeiten. Ein eckiges Kinn und ein breiter Hals wirken maskulin.

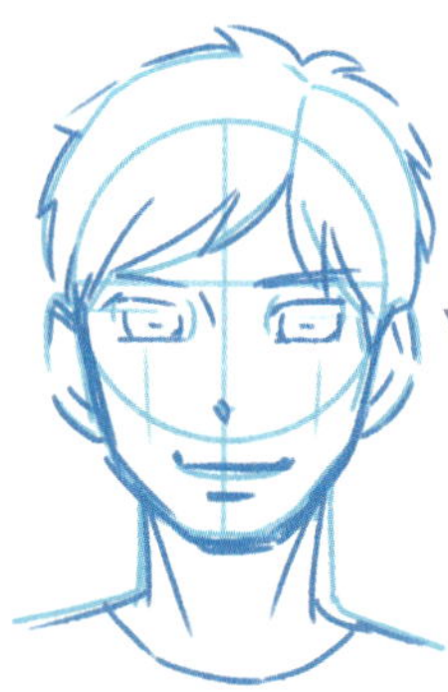

5 Das Gesicht genauer ausarbeiten, dabei auf Ausgewogenheit achten. Die Augen sind eckig.

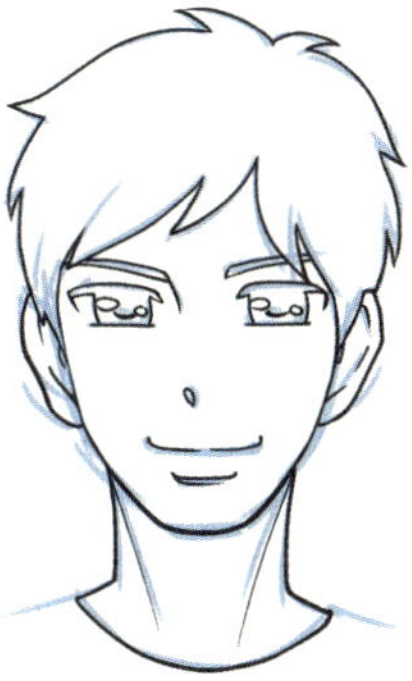

6 Die Striche mit Fineliner sorgfältig nachzeichnen. Die Hilfslinien ausradieren.

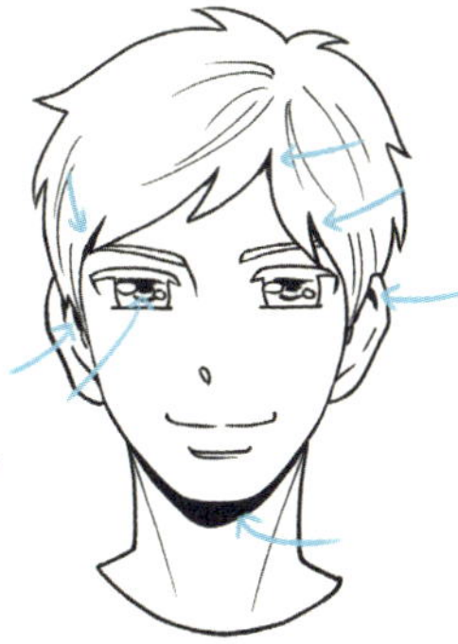

7 Für Schatten unter dem Kinn und den Haaren einige Striche verstärken (siehe Pfeile).

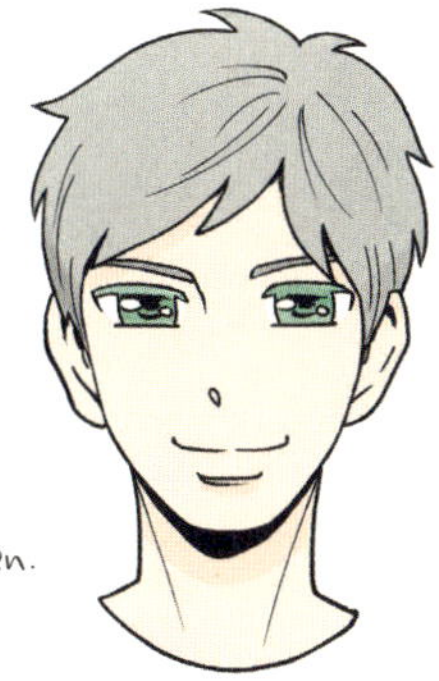

8 Die Farbpalette wählen (Vorschläge siehe unten). Mit der hellsten Farbe beginnen.

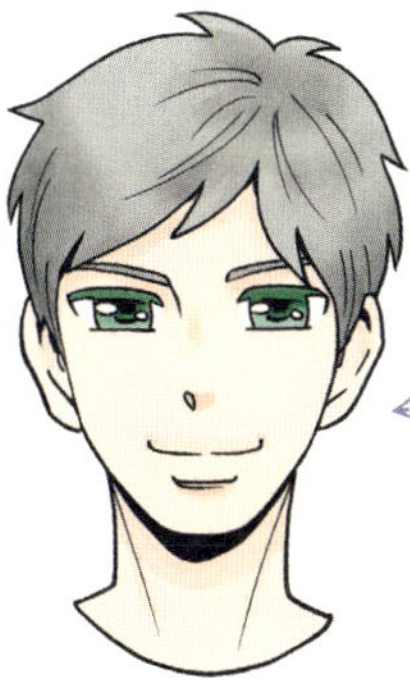

9 Schattenbereich abdunkeln, dabei auf die Lichtrichtung achten. Wangen und Mund bleiben hell, der Nasenrücken wird hervorgehoben.

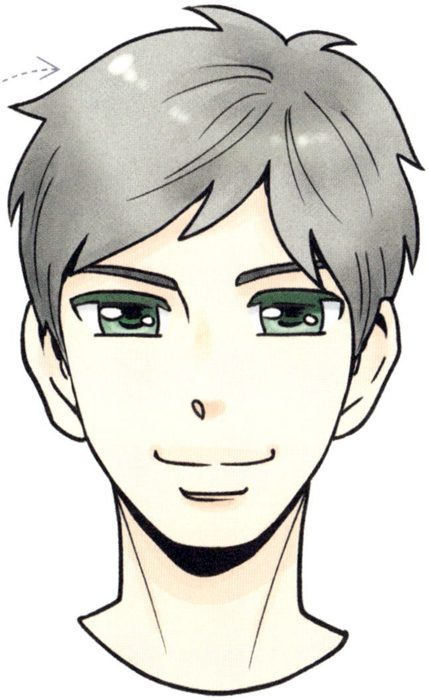

10 Lichter mit einem weißen oder pastellfarbigen deckenden Stift einfügen.

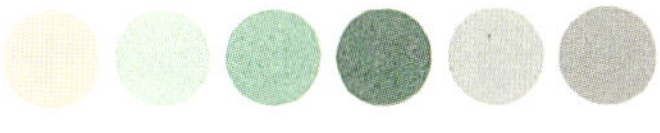

Weibliches Gesicht im Profil

Um dem Gesicht Charakter zu geben, werden die Details ganz allmählich ausgearbeitet.

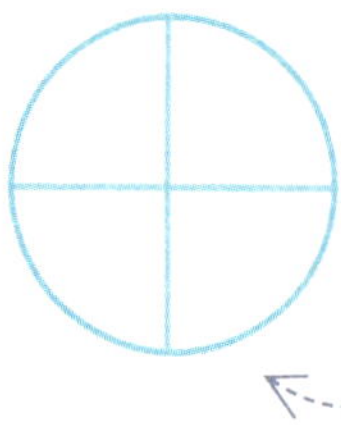

1 Einen Kreis zeichnen und in Viertel teilen.

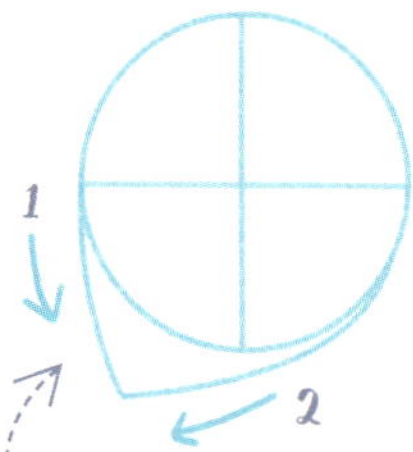

2 Für den Unterkiefer an eins der unteren Viertel zwei Bögen anfügen.

3 Die Gesichtszüge einzeichnen und die Kieferkontur verdeutlichen.

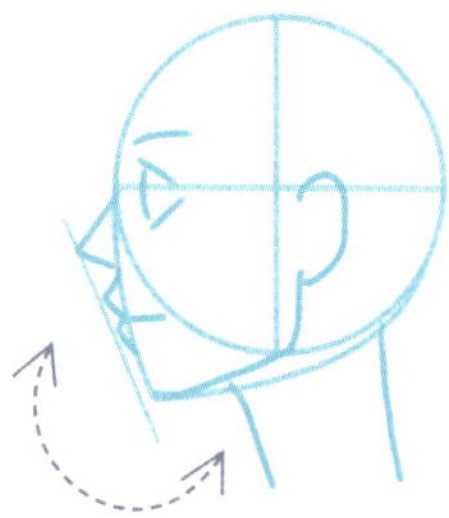

4 Den Hals mit zwei schrägen Strichen andeuten. Die Umrisse der Frisur skizzieren.

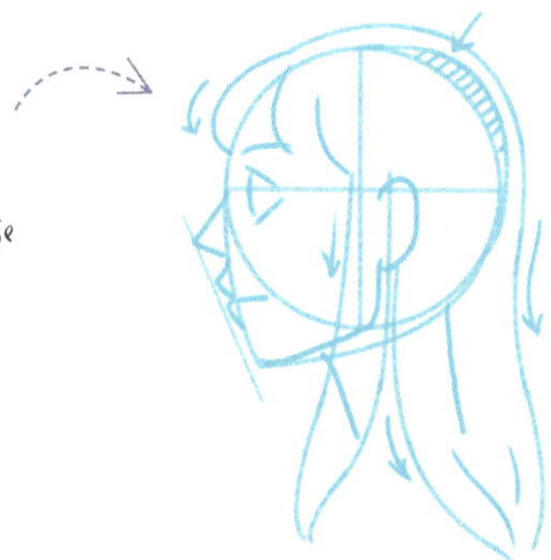

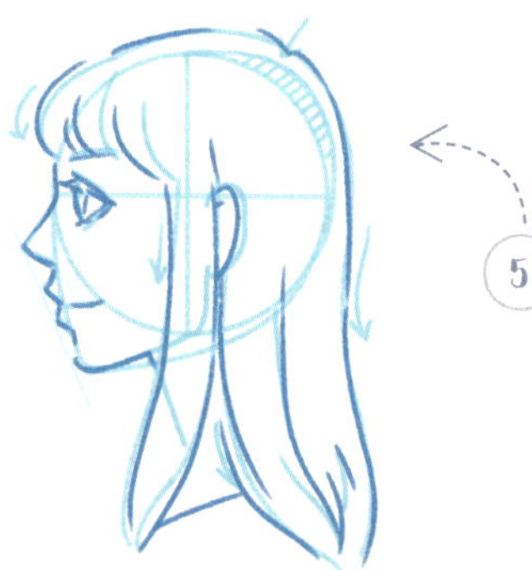

5 Die Frisur deutlicher ausarbeiten, dabei den Fall der Haare beachten.

6 Nur die besten Bleistiftstriche mit Fineliner nachziehen. Mit der Gesichtskontur beginnen, dann die Gesichtszüge ausarbeiten. Die Hilfslinien ausradieren.

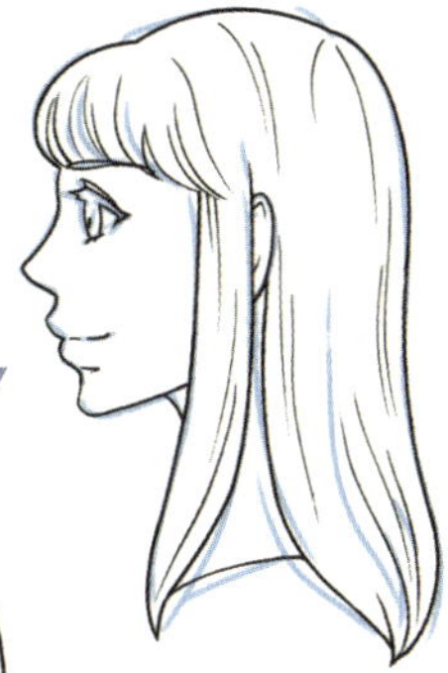

7 Weitere Details einfügen und die Gesichtszüge verfeinern. Auf Ausgewogenheit achten.

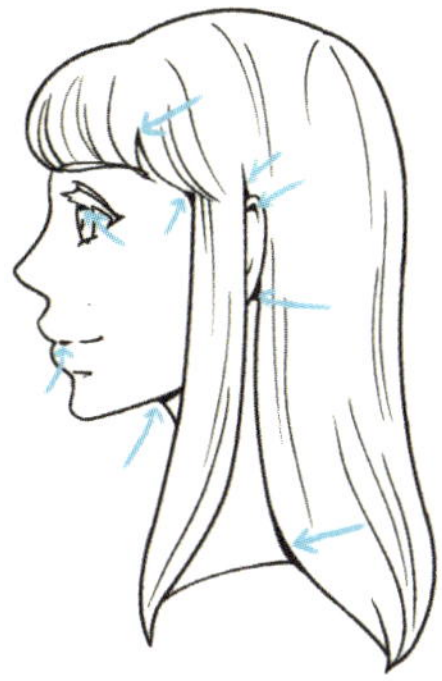

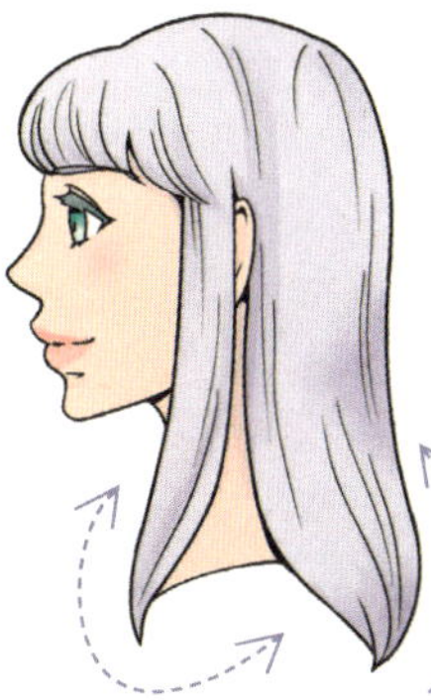

8 Beim Kolorieren mit den hellsten Farben beginnen (Vorschläge siehe unten), für Details dünne Stifte verwenden. Auf den Fall der Haare achten.

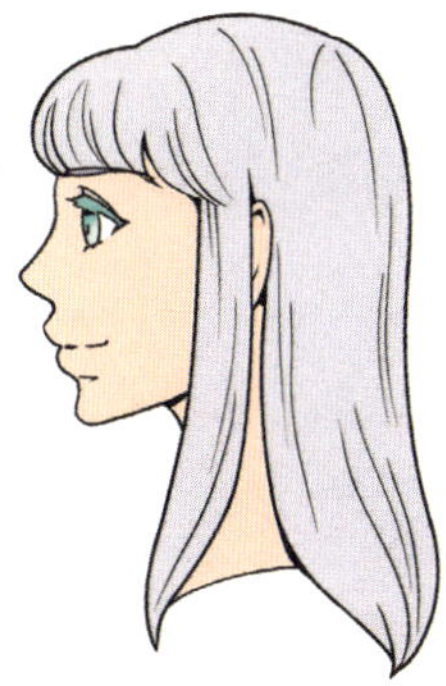

9 Schatten unter Kinn und Haaransatz andeuten. Teint und Haare mit dunkleren Nuancen ausarbeiten (siehe Palette unten).

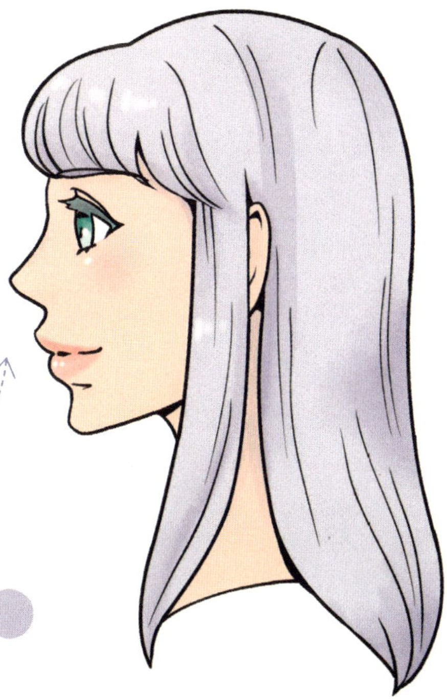

10 Für Lichter auf Augen, Mund und Haaren einen weißen oder pastellfarbigen Stift verwenden.

Männliches Gesicht im Profil

Hier ist es wichtig, mit Farben sparsam umzugehen.

1 Einen Kreis zeichnen und in Viertel teilen.

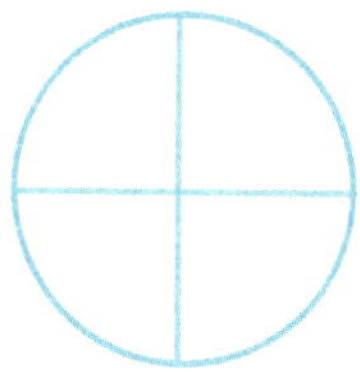

2 Für den Unterkiefer an eins der unteren Viertel zwei Bögen anfügen.

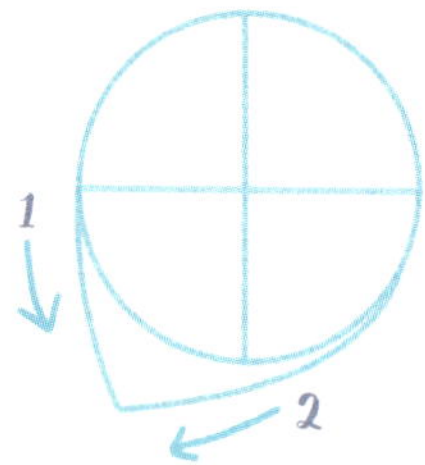

3 Die Gesichtszüge einzeichnen und die Kieferkontur verdeutlichen. Den Hals mit zwei schrägen Strichen andeuten.

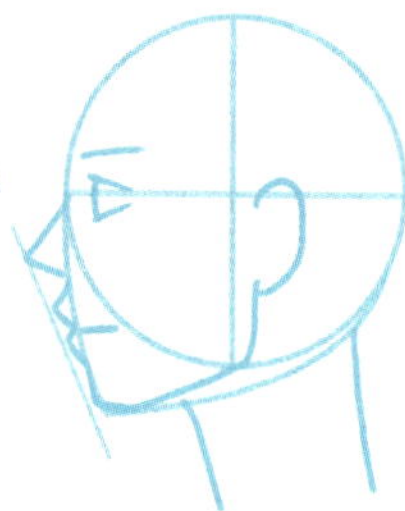

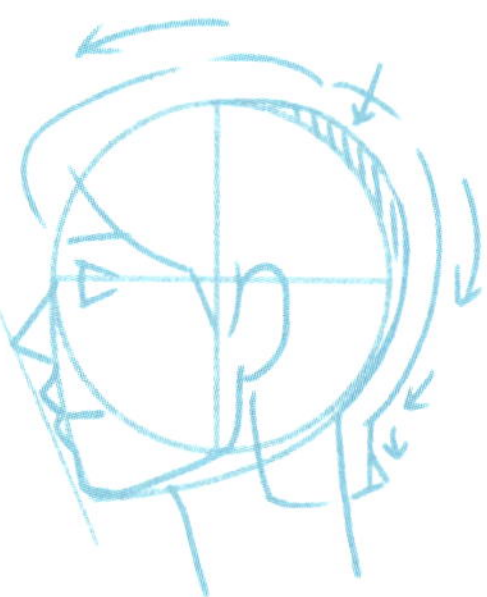

4 Die Umrisse der Frisur skizzieren, dabei den Fall der Haare beachten.

5 Gesicht und Frisur deutlicher ausarbeiten. Kinn und Kiefer sind bei männlichen Figuren etwas kantiger.

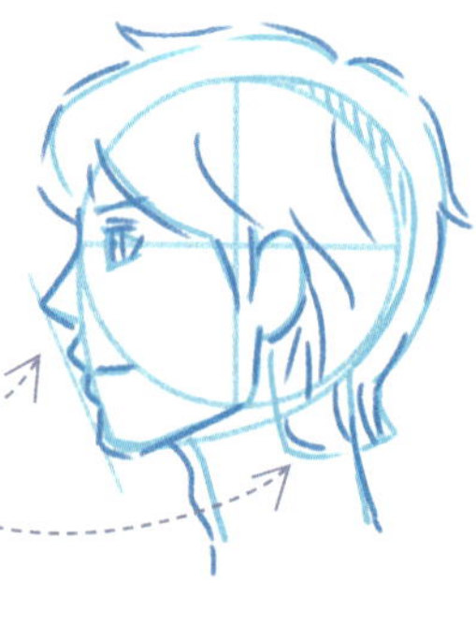

6 Die Bleistiftstriche mit Fineliner nachziehen. Mit der Gesichtskontur beginnen, dann die Gesichtszüge ausarbeiten. Die Hilfslinien ausradieren.

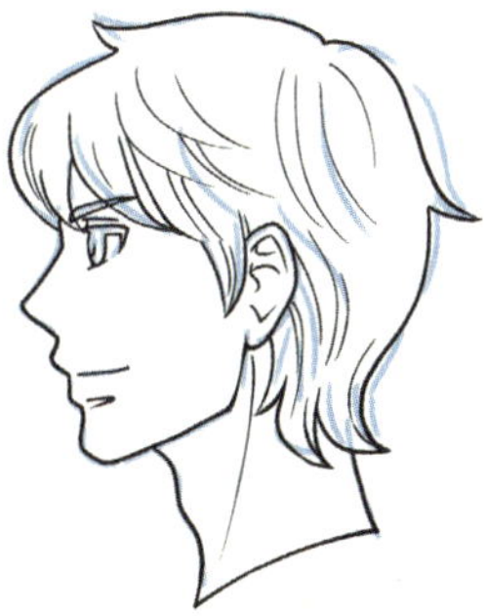

7 Für Schatten unter dem Kinn und den Haaren einige Striche verstärken.

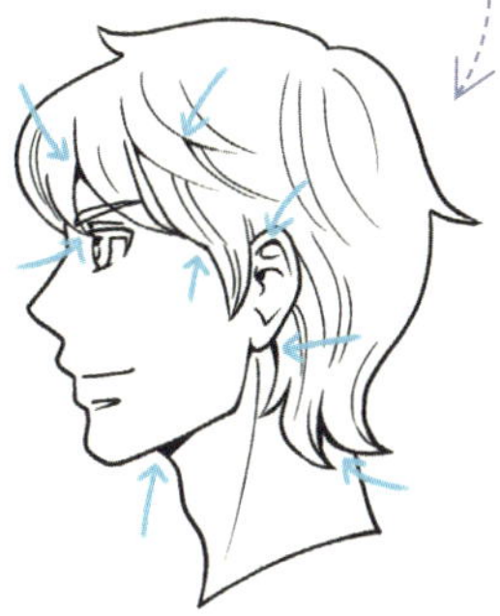

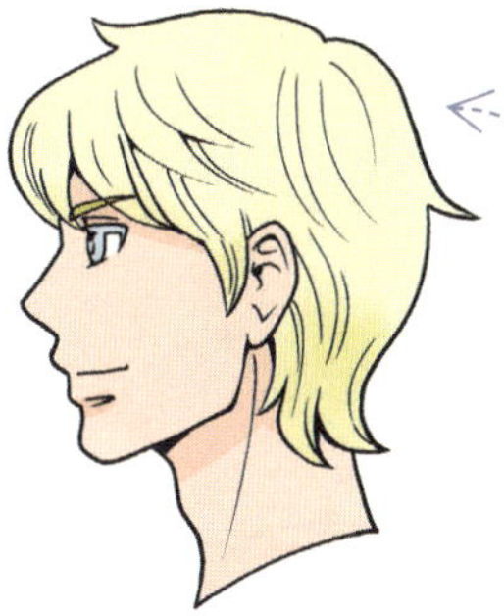

8 Beim Kolorieren mit den hellsten Farben beginnen (Vorschläge siehe unten).

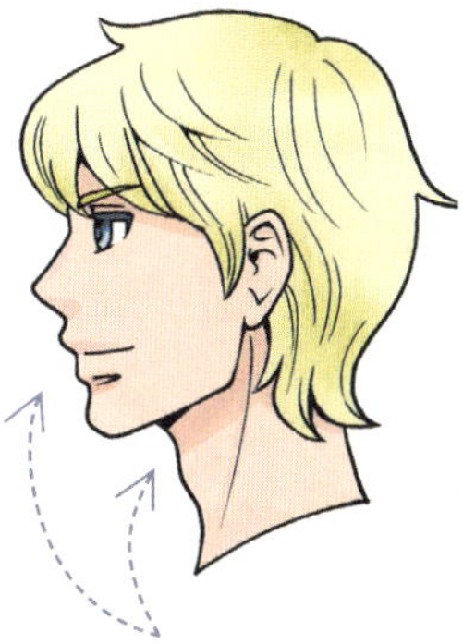

9 Schatten einfügen, dabei auf die Lichtrichtung achten. Wichtig ist ein ausgewogenes Hell-Dunkel-Verhältnis.

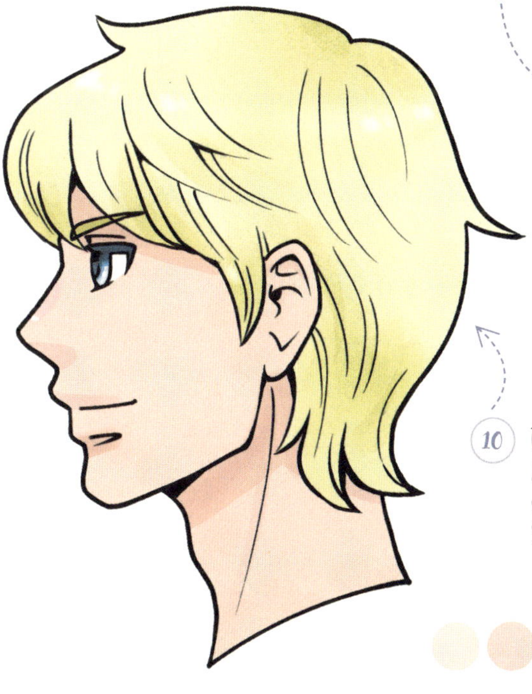

10 Für Lichter auf Augen, Mund und Haaren einen weißen oder pastellfarbigen Stift verwenden.

Niedliches Mädchengesicht

Damit dieses Gesicht rund und jung aussieht,
darf das Kinn nicht zu lang sein.

1. Einen Kreis zeichnen und in Viertel teilen.

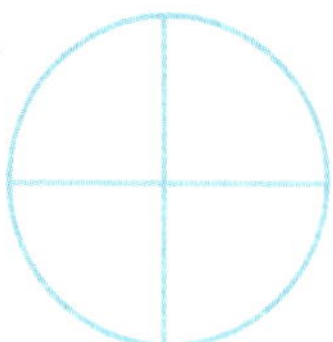

2. Die senkrechte Linie bis zur Kinnspitze verlängern – nicht zu viel! Das Ende dieser Linie mit dem Kreis verbinden.

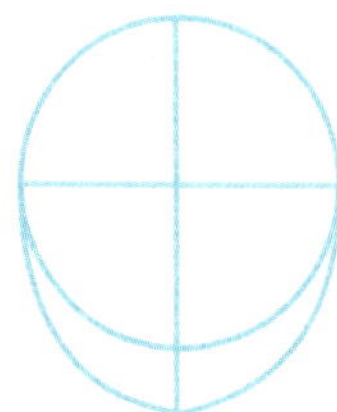

3. Die Positionen von Nase und Mund einzeichnen, die Augen etwas tiefer als sonst üblich. Ohren und Halsbreite orientieren sich an der Position der Augen.

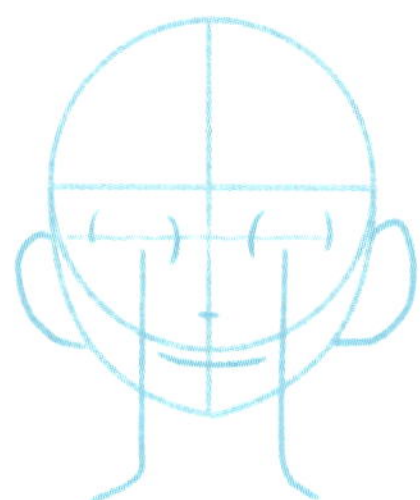

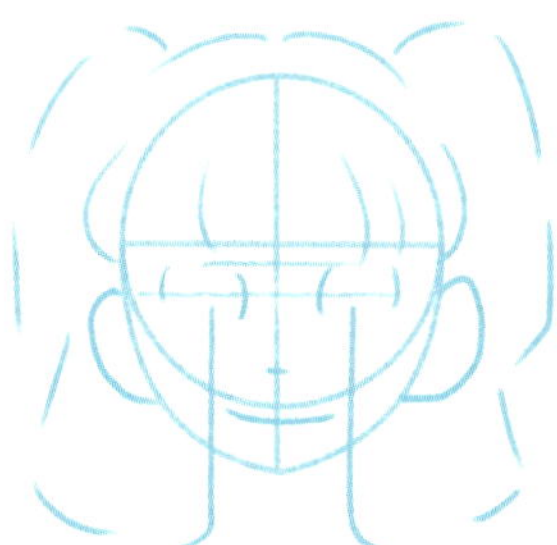

4. Die Frisur und ihr Volumen grob andeuten. Hat die Figur einen Pony? Einen Scheitel? Eine füllige, bauschige Frisur passt gut zu diesem Figurentyp.

5. Nun die Zeichnung genauer ausarbeiten. Bei den Gesichtszügen auf Ausgewogenheit achten. Die Augen sitzen schräg, vom weißen Augapfel ist nur wenig zu sehen. Die Nase ist stark reduziert.

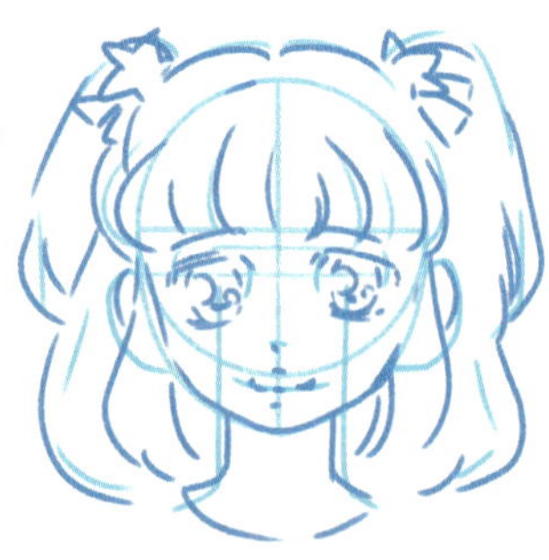

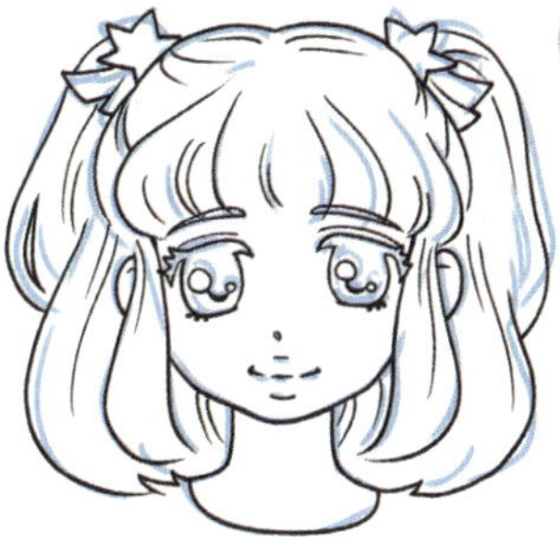

6 Die Striche mit Fineliner sauber nachziehen. Die Hilfslinien ausradieren.

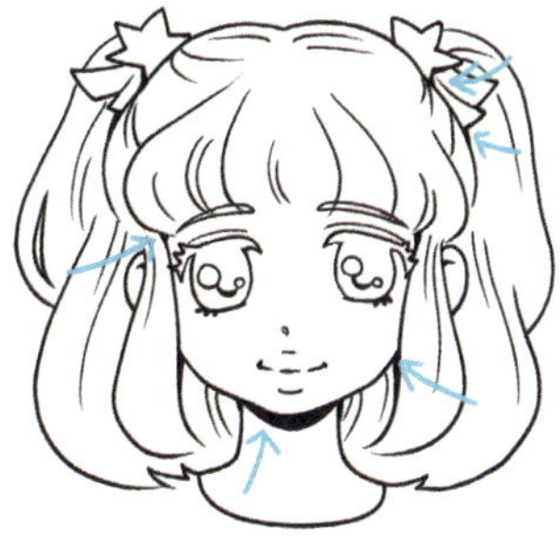

7 Für Schatten unter dem Kinn und den Haaren einige Striche verstärken (siehe Pfeile). Für ein niedliches Gesicht die Schatten auf ein Minimum beschränken.

8 Die Farbpalette wählen (Vorschläge siehe unten). Pastellfarben wirken besonders stimmig. Mit der hellsten Farbe beginnen.

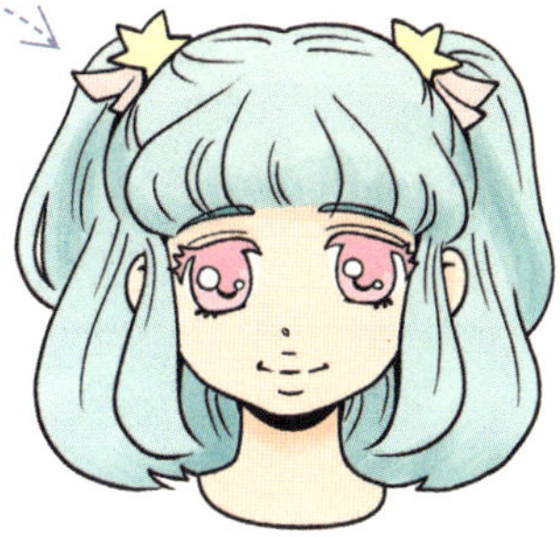

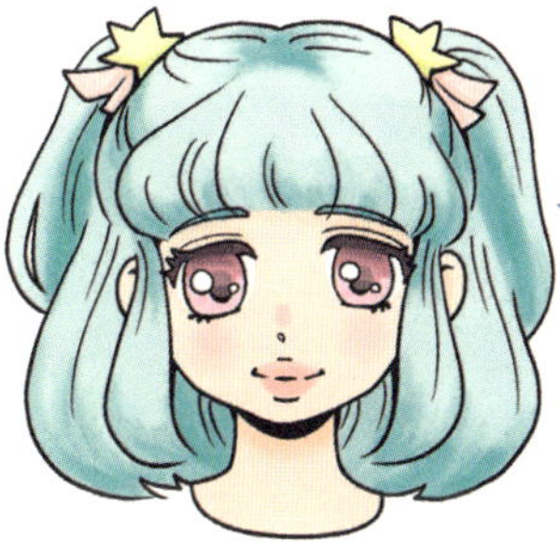

9 Schattenbereiche abdunkeln, aber nicht übertreiben. Nasenrücken, Wangen und Lippen etwas hervorheben.

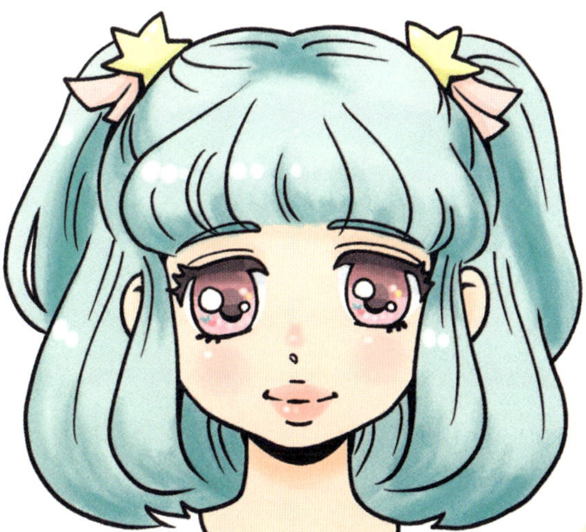

10 Lichter mit einem weißen oder pastellfarbigen deckenden Stift einfügen.

Tipp:
Für niedliche Figuren sollten die Lichtreflexe kreisrund sein.

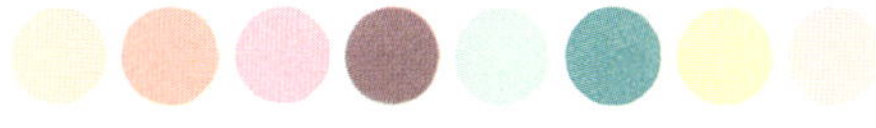

Niedliches Jungsgesicht

Durch die rosa Wangen wirkt dieses Kerlchen ein bisschen schüchtern.

1 Einen Kreis zeichnen und in Viertel teilen.

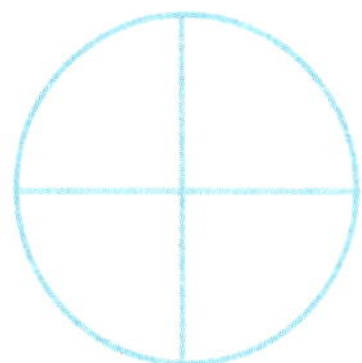

2 Die senkrechte Linie bis zur Kinnspitze verlängern – nicht zu viel! Das Ende dieser Linie mit dem Kreis verbinden.

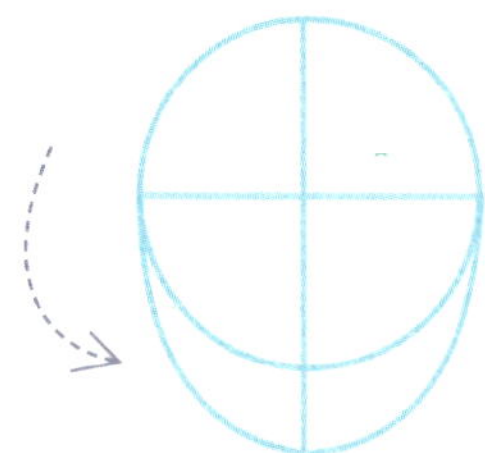

3 Die Positionen von Nase und Mund einzeichnen, die Augen etwas tiefer als sonst üblich. Ohren und Halsbreite orientieren sich an der Position der Augen.

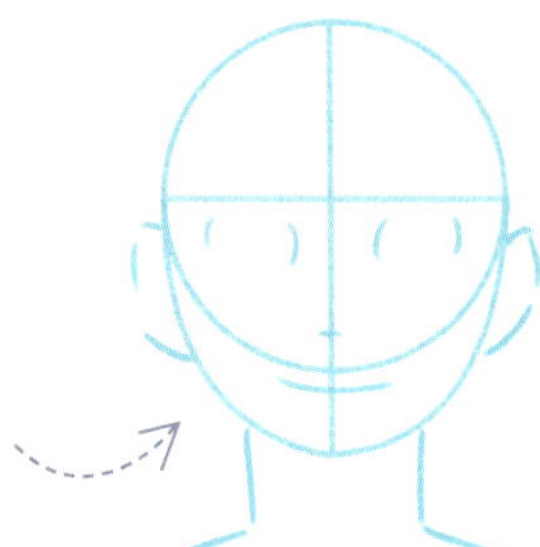

4 Die Frisur und ihr Volumen grob andeuten. Hier wird zuerst die Form der Stirn festgelegt. Danach den Umriss der Haare und die Brille skizzieren.

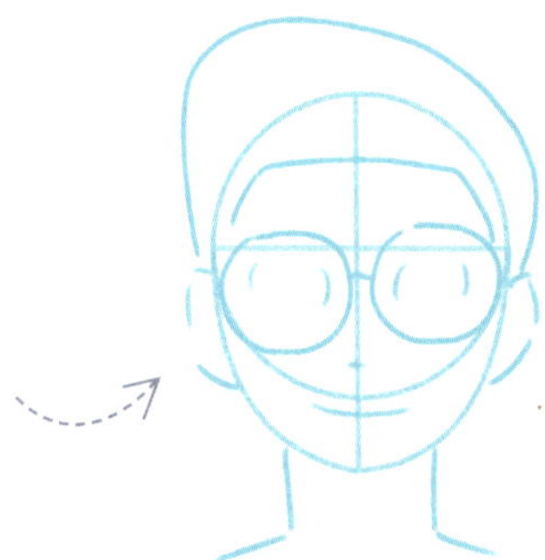

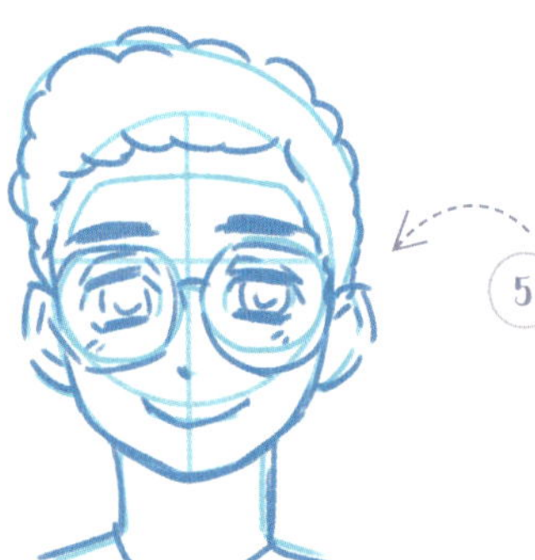

5 Nun die Gesichtszüge genauer ausarbeiten, dabei auf Ausgewogenheit achten. Schräge Augen mit großer Iris sehen niedlich aus. Der Abstand zwischen Augen und Augenbrauen wirkt entspannt. Die Nase ist stark reduziert.

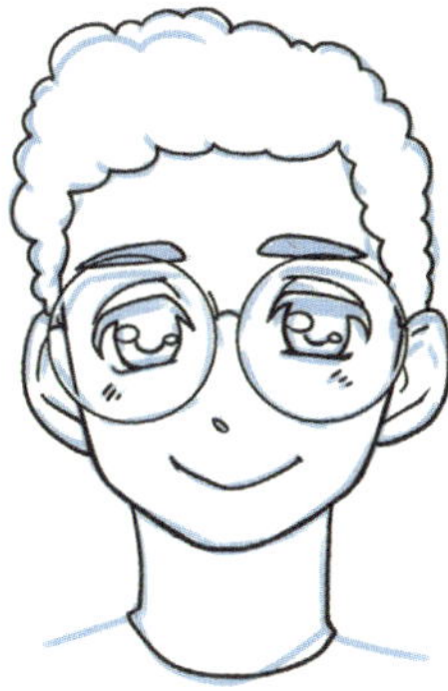

6 Die Striche mit Fineliner sauber nachziehen. Wellige Striche für die krausen Haare verwenden. Die Rötung der Wangen leicht andeuten. Die Hilfslinien ausradieren.

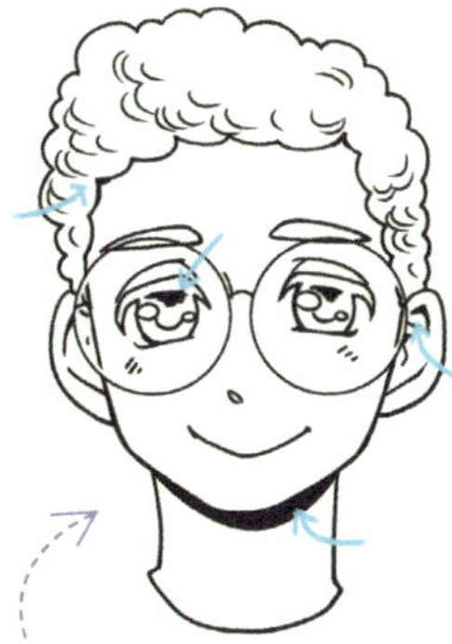

7 Für Schatten unter dem Kinn und den Haaren einige Striche verstärken (siehe Pfeile). Für ein niedliches Gesicht die Schatten auf ein Minimum beschränken.

8 Die Farbpalette wählen (Vorschläge siehe unten). Mit der hellsten Farbe beginnen.

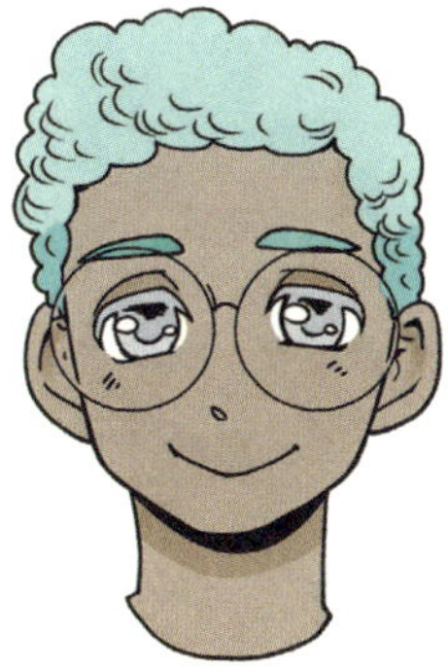

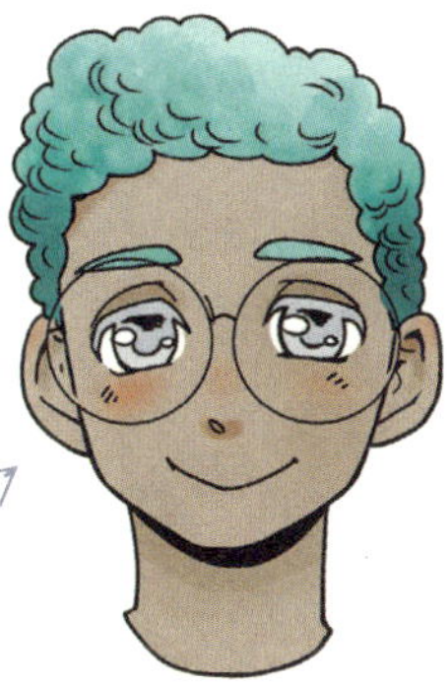

9 Schattenbereiche abdunkeln, aber nicht übertreiben. Nasenrücken, Wangen und Lippen etwas hervorheben.

10 Lichter mit einem weißen oder pastellfarbigen deckenden Stift einfügen.

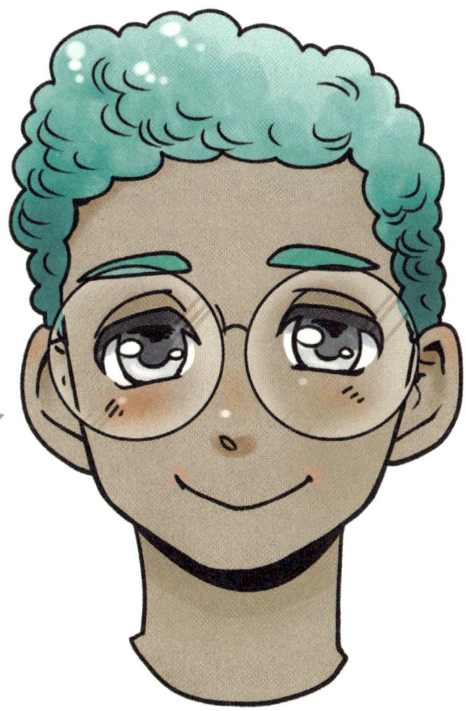

Cooles Frauengesicht

Längere Gesichter wirken erwachsen, darum wird hier die Mittelsenkrechte des Gesichts verlängert.

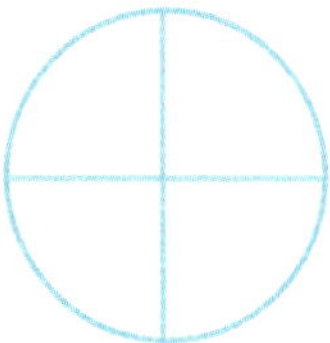

1 Einen Kreis zeichnen und in Viertel teilen.

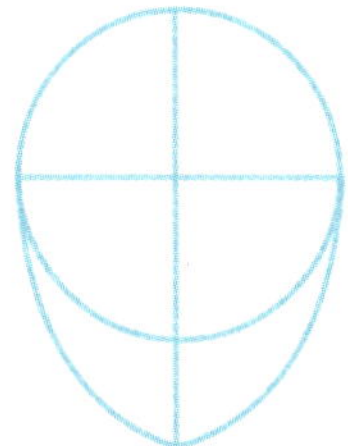

2 Die senkrechte Linie bis zur Kinnspitze verlängern. Das Ende dieser Linie mit dem Kreis verbinden.

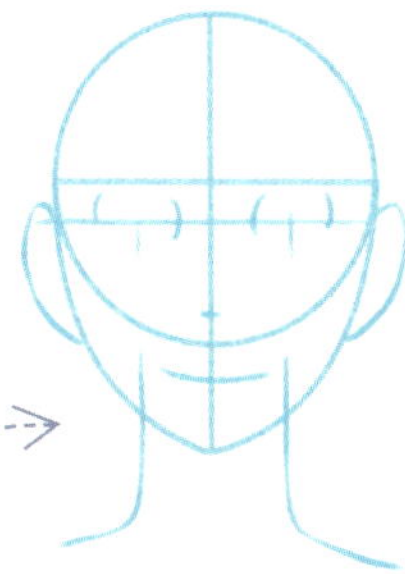

3 Die Positionen von Augen, Nase und Mund einzeichnen. Ohren und Halsbreite orientieren sich an der Position der Augen.

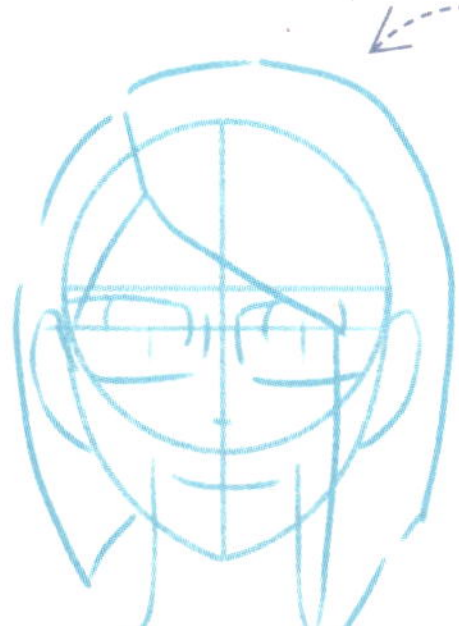

4 Die Frisur und ihr Volumen grob andeuten, hier glatte Haare mit einem asymmetrischen Haarschnitt. Falls die Figur eine Brille trägt, wird sie jetzt eingezeichnet.

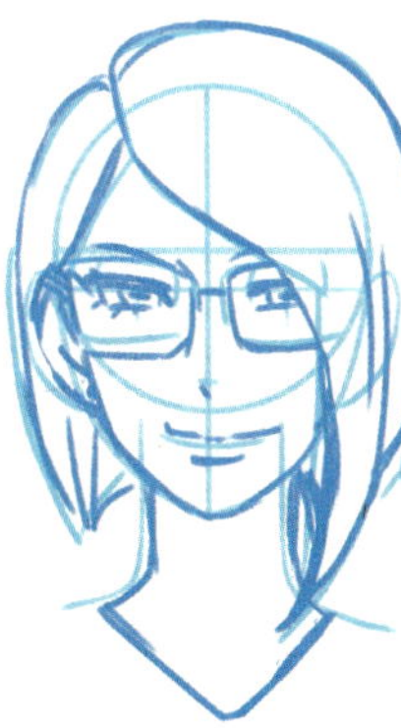

5 Nun Gesichtszüge und Details genauer ausarbeiten, dabei auf Ausgewogenheit achten. Kantige Elemente und breitere Augen sorgen für die coole Ausstrahlung.

6 Die Striche mit Fineliner sauber nachziehen. Dabei mit den größeren Umrissen beginnen, dann folgen die Details. Die Hilfslinien ausradieren.

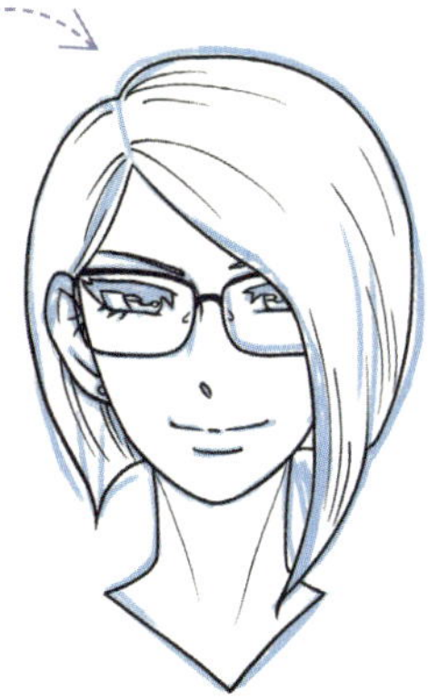

7 Für Schatten unter dem Kinn und den Haaren einige Striche verstärken (siehe Pfeile).

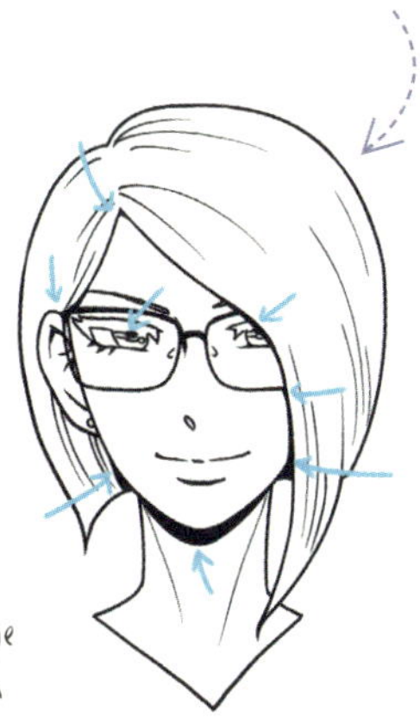

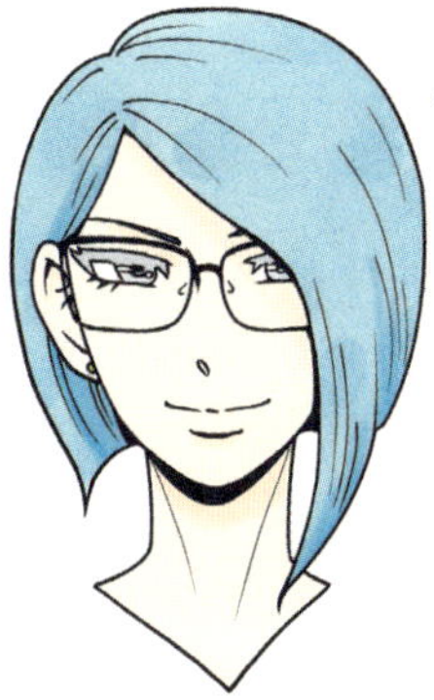

8 Die Farbpalette wählen (Vorschläge siehe unten). Kühle Farben passen hier besonders gut. Mit der hellsten Farbe beginnen.

9 Schattenbereiche abdunkeln, dabei auf die Lichtrichtung achten. Starke Kontraste erzeugen Spannung.

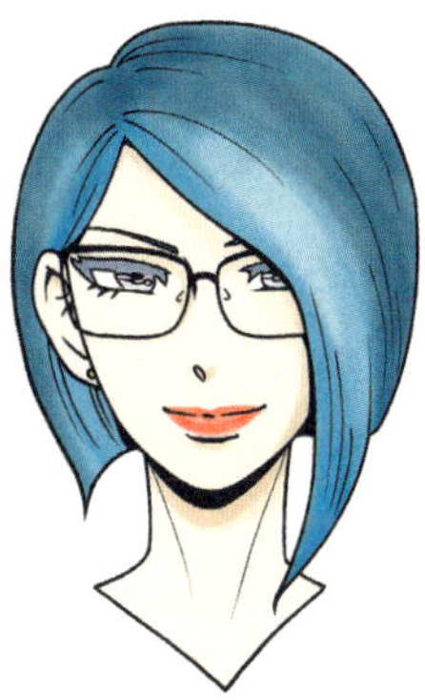

10 Lichter mit einem weißen oder pastellfarbigen deckenden Stift einfügen. Ihre Form ist klar und geradlinig.

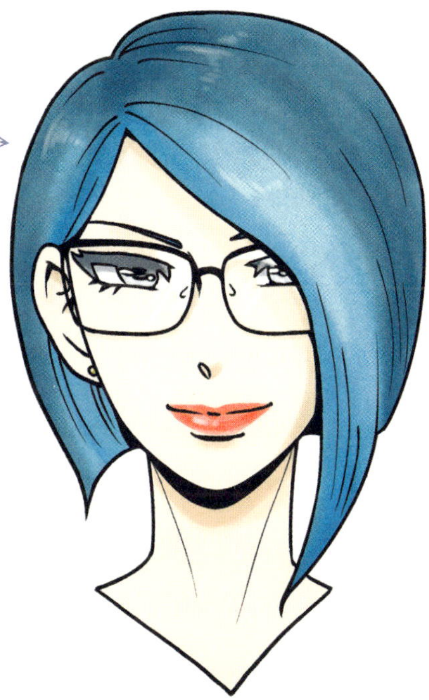

Cooles Männergesicht

Ein frecher Haarschnitt, mandelförmige Augen und ein schiefes Lächeln geben dieser Figur ihre coole Ausstrahlung. Wichtig sind entschlossene Striche.

1 Einen Kreis zeichnen und in Viertel teilen.

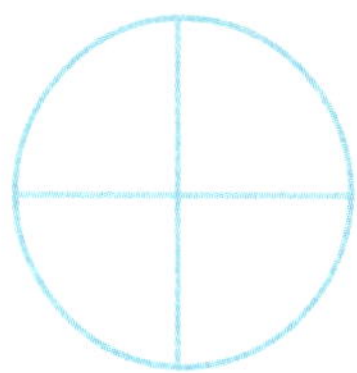

2 Die senkrechte Linie bis zur Kinnspitze verlängern – nicht zu kurz für ein cooles Gesicht. Das Ende dieser Linie mit dem Kreis verbinden.

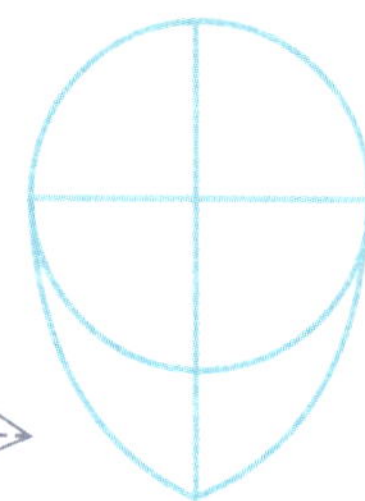

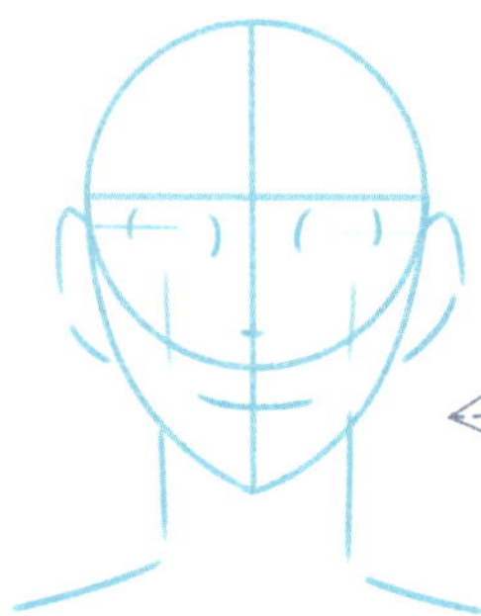

3 Die Positionen von Augen, Nase und Mund einzeichnen. Ohren und Halsbreite orientieren sich an der Position der Augen.

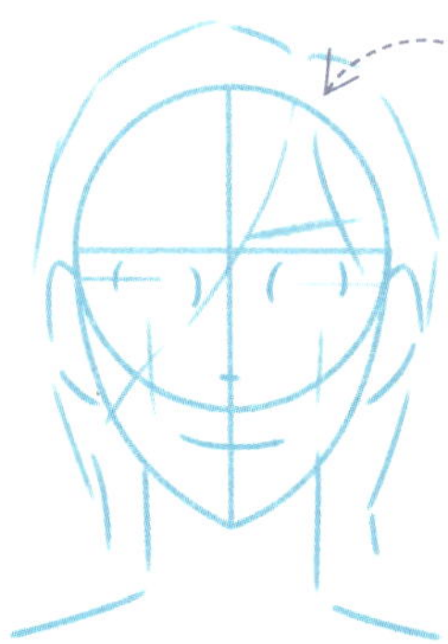

4 Die Frisur grob andeuten, hier verdeckt sie ein Auge. Den Scheitel und das Volumen skizzieren.

5 Nun Gesichtszüge und Details genauer ausarbeiten, dabei auf Ausgewogenheit achten. Das halb geschlossene Auge und das schiefe Lächeln sorgen für die coole Ausstrahlung.

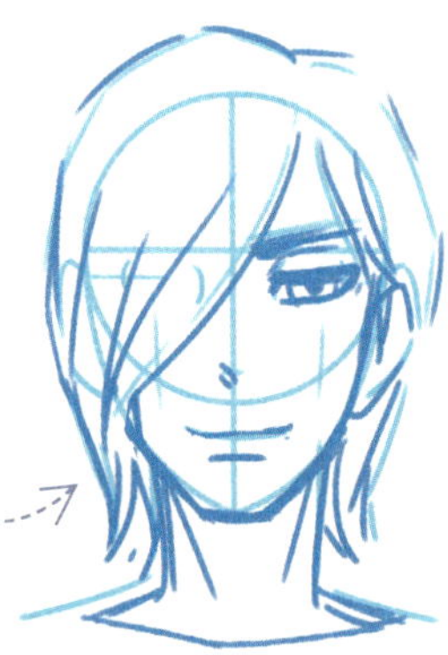

6 Die Striche mit Fineliner sauber nachziehen. Dabei mit den größeren Umrissen beginnen, dann folgen die Details. Die Hilfslinien ausradieren.

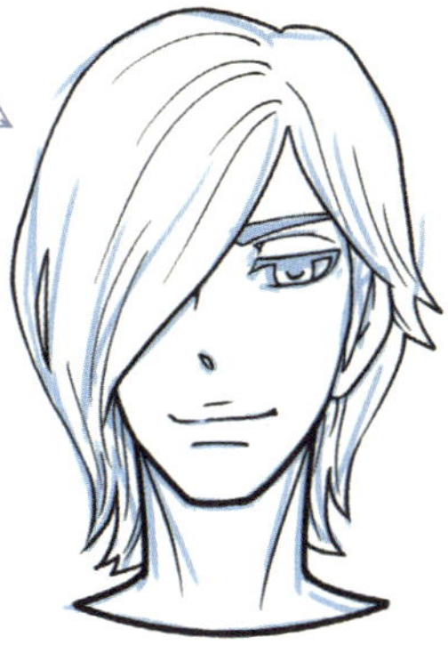

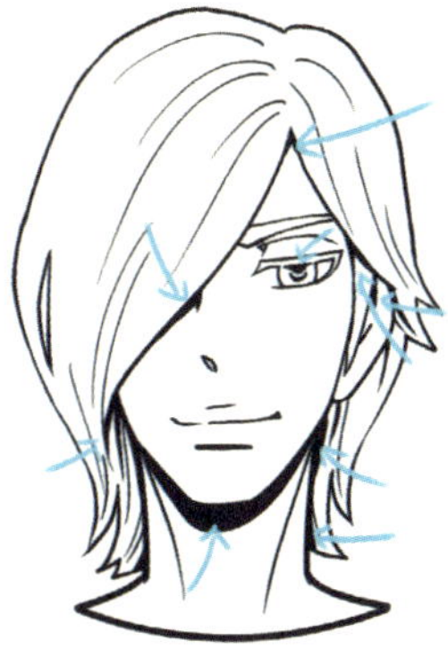

7 Für Schatten unter dem Kinn und den Haaren einige Striche verstärken (siehe Pfeile). Coole Figuren sollten mehr Schatten haben als niedliche.

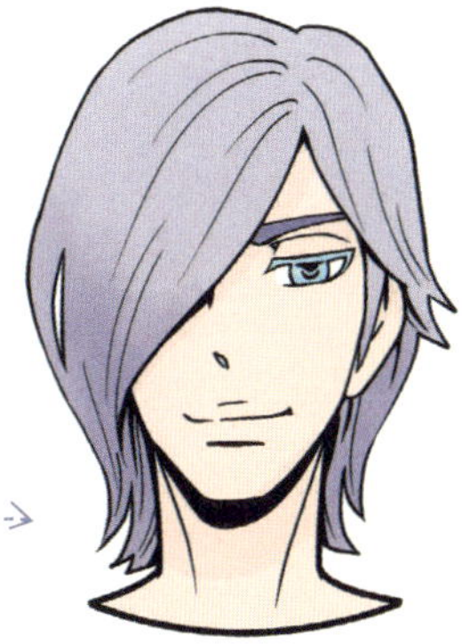

8 Die Farbpalette wählen (Vorschläge siehe unten). Kühle Farben passen hier besonders gut. Mit der hellsten Farbe beginnen.

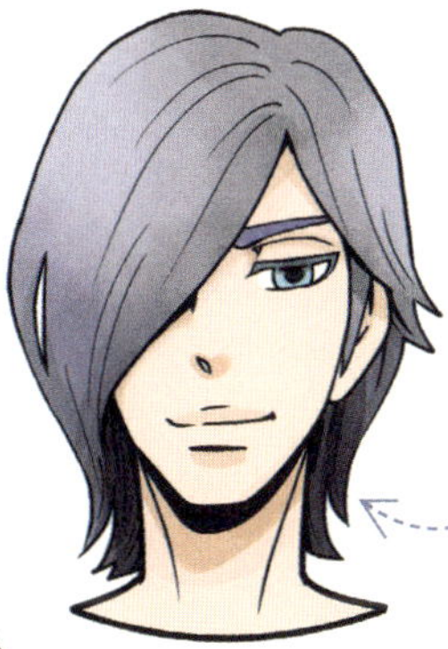

9 Schattenbereiche abdunkeln, dabei auf die Lichtrichtung achten. Je größer der Kontrast, desto mehr Spannung entsteht.

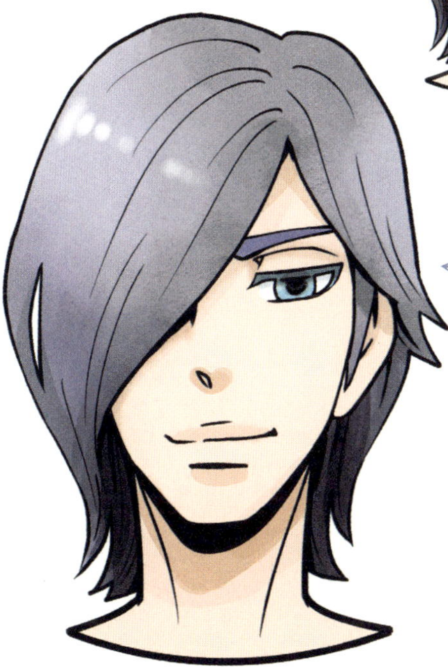

10 Lichter mit einem weißen oder pastellfarbigen deckenden Stift einfügen. Für zynische oder düstere Figuren auf Lichtreflexe in den Augen verzichten.

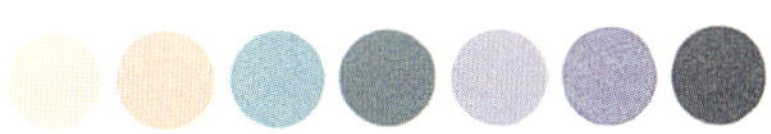

Mehr weibliche Gesichter

Wer das Prinzip verstanden hat, kann sich nun an weiteren Varianten versuchen.

Für ein pummeliges Gesicht das Kinn sehr kurz, aber den Kiefer breit zeichnen. Rote Wangen geben diesem Gesicht seine niedliche, gesunde Ausstrahlung.

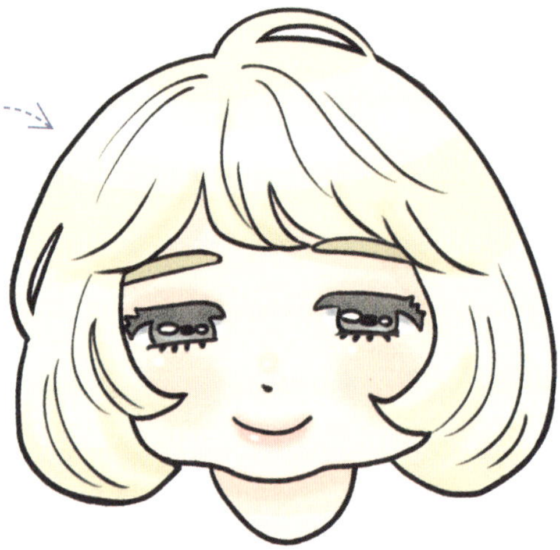

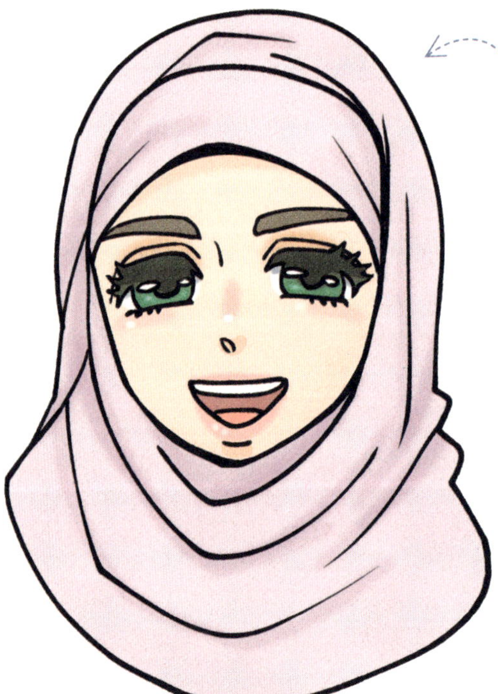

Für einen Hijab zuerst den Kopf grob vorzeichnen, dann das Kopftuch skizzieren. Große Falten, z.B. über der Stirn und unter dem Kinn, mit etwas dickeren Strichen zeichnen. Danach die kleineren Falten andeuten.

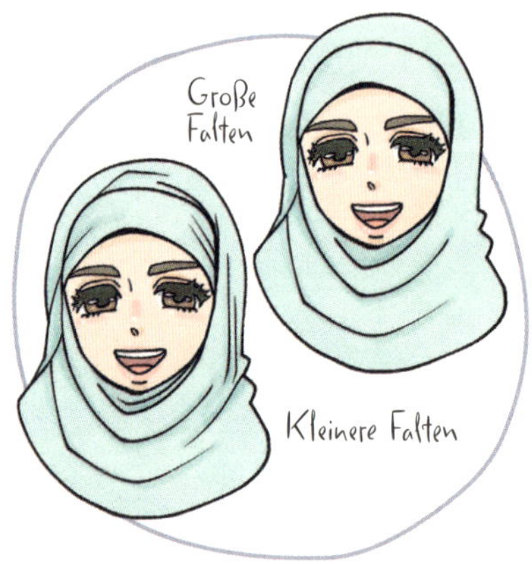

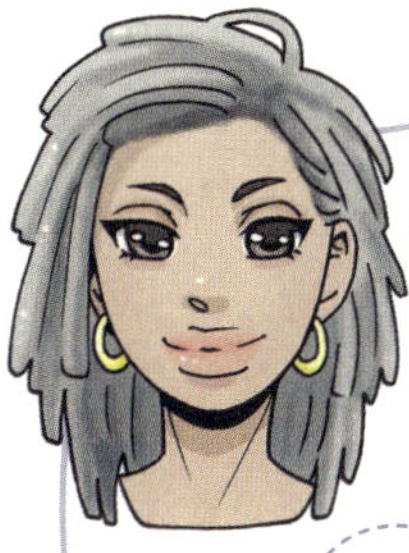

Zuerst die Grundformen der Zöpfe zeichnen.

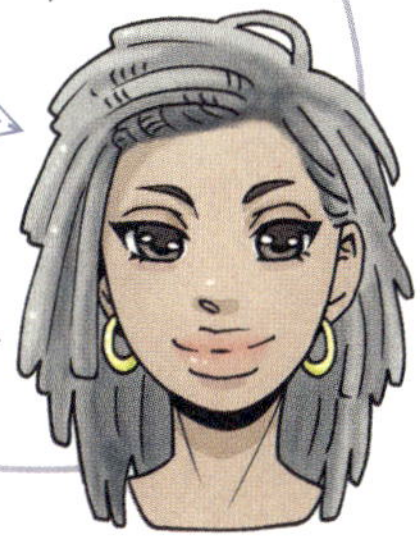

Kurze Striche deuten das Flechtmuster an.

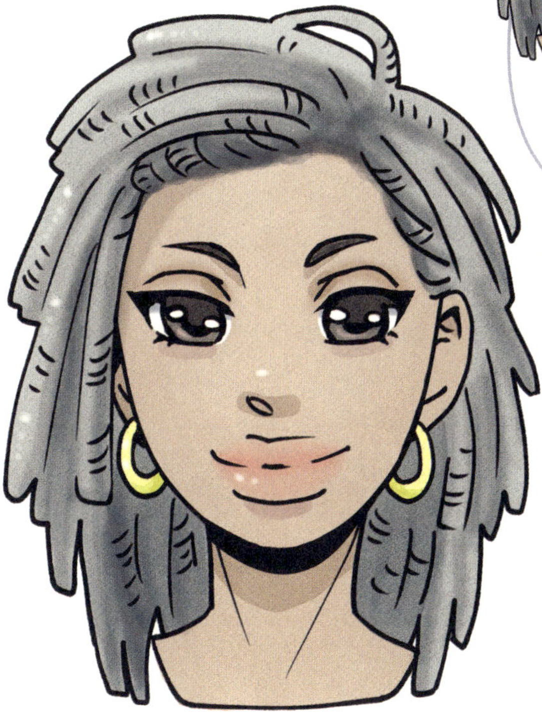

Für die Dreadlocks zuerst die Zöpfe als einfache Stränge zeichnen, dann das Flechtmuster mit kleinen Strichen andeuten. Den oberen Bogen des Munds und die untere Linie verbreitern, um die vollen Lippen darzustellen. Auch Lichtreflexe betonen ihr Volumen.

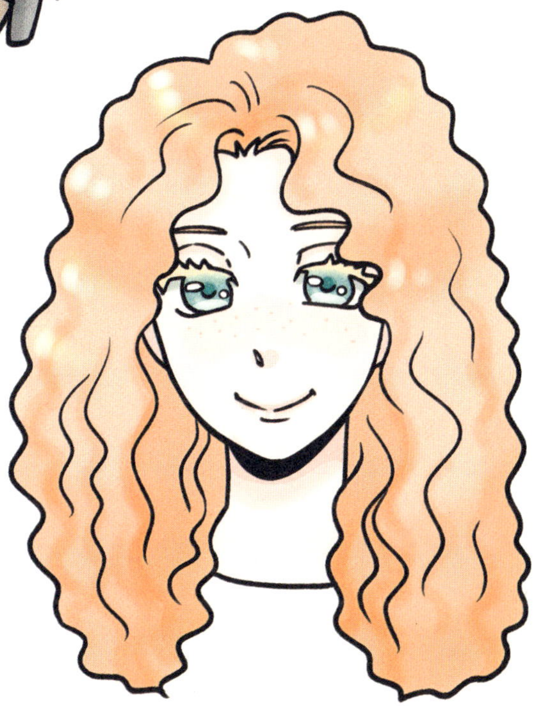

Wellige Haare werden mit welligen Strichen dargestellt. Die Größe der Wellen kann variiert werden. Für schmale Lippen genügt es, die Trennlinie zu zeichnen und ringsum wenig Lippenfarbe aufzutragen. Für durchschnittliche Lippen auch die Linie darunter zeichnen. Natürlich wirkt der Mund, wenn seine Farbkontur etwas unscharf ist.

Mehr männliche Gesichter

Auch die Herren der Schöpfung kommen in zahllosen Variationen vor.

Das pummelige, niedliche Gesicht ist insgesamt rund, das Kinn ist kurz und der Kiefer ist breit. Dass die Wangen füllig sind, erkennt man an den Rötungen, die knapp unter den Augen liegen.

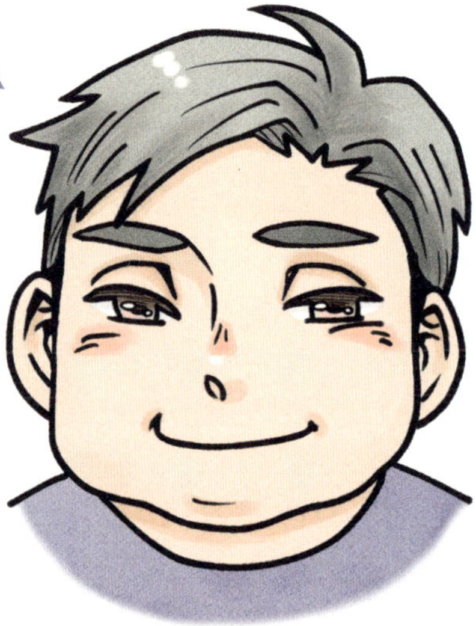

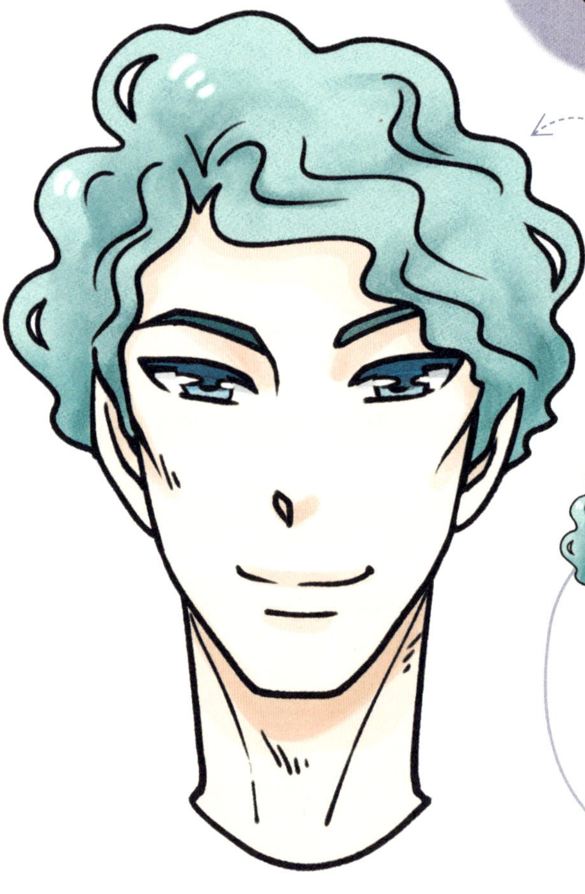

Für ein hageres Gesicht die Wangenknochen an den Seiten mit kurzen Strichen andeuten. Schräge Linien und kurze Striche zeigen, dass der Hals sehnig ist. Den Adamsapfel mit wenigen kurzen Strichen andeuten.

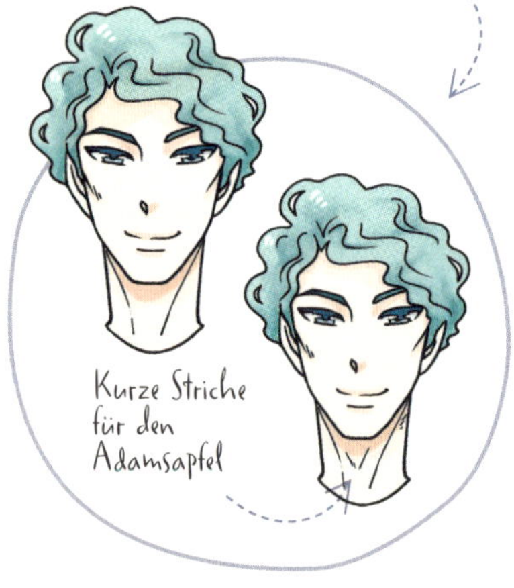

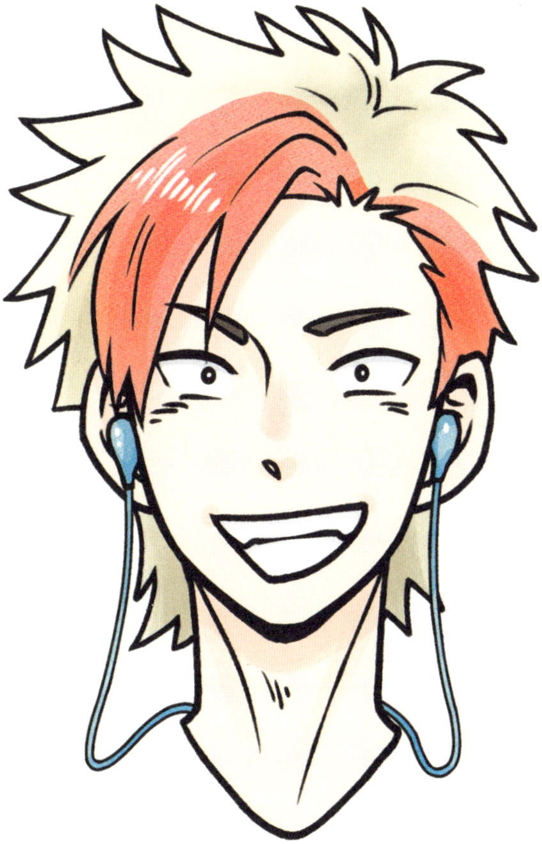

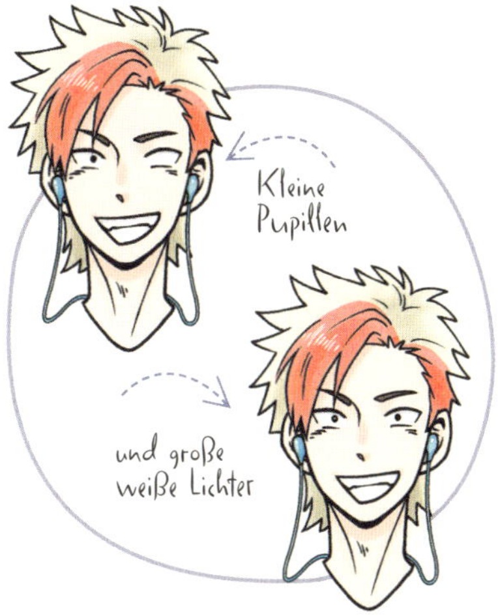

Typisch für ein boshaftes Gesicht sind kleine Pupillen. Auch ihre Position ist sehr wichtig. Die Ohrhörer müssen gleich geformt sein. Weiße Lichter bringen den Glanz des Materials zum Ausdruck.

Für ein kantiges Gesicht das Kinn verbreitern und den Kiefer mit geraden Strichen zeichnen. Der breite Hals vermittelt, dass diese Figur kräftig ist. Der volle Mund wird durch die Oberlippenlinie angedeutet, aber der Bogen ist kaum ausgeprägt. Lichter auf der Nase zeigen, wie breit und hoch sie ist.

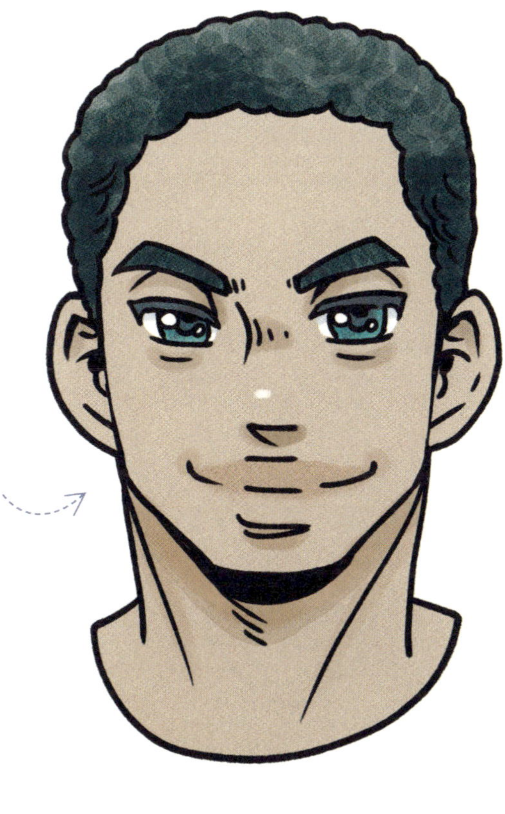

Mimik im Manga

Gesichter können viele Emotionen ausdrücken: vergnügt, überrascht, wütend oder traurig. All das lässt sich darstellen.

Im traurigen Gesicht zeigen viele Elemente nach unten. Zwischen den Augenbrauen befindet sich eine Sorgenfalte. Die Mundwinkel sind herabgezogen, selbst der Blick ist nach unten gerichtet.

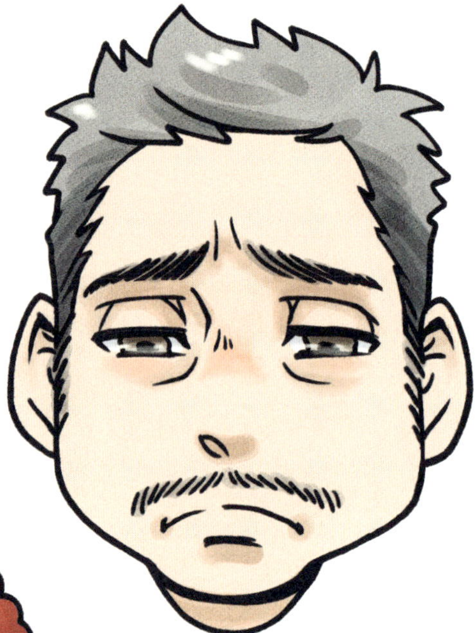

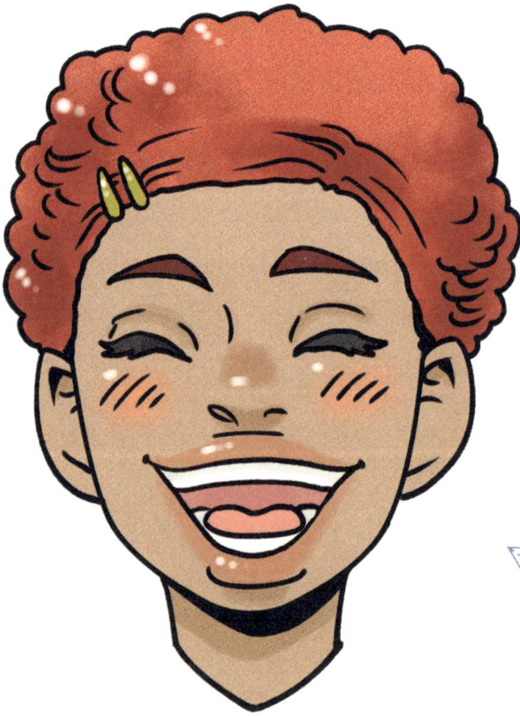

Das Wichtigste im lachenden Gesicht ist der Mund. Die Wangen sind gewölbt, die Augen ganz oder halb geschlossen. Zeichnet man normale Augen, wirkt das Lachen unglaubwürdig. Geschlossene Augen im lachenden Gesicht sehen ganz anders aus als im schlafenden oder traurigen (siehe S. 58). Die Augenbrauen sind angehoben, aber entspannt, und die Wangen können vor Begeisterung gerötet sein.

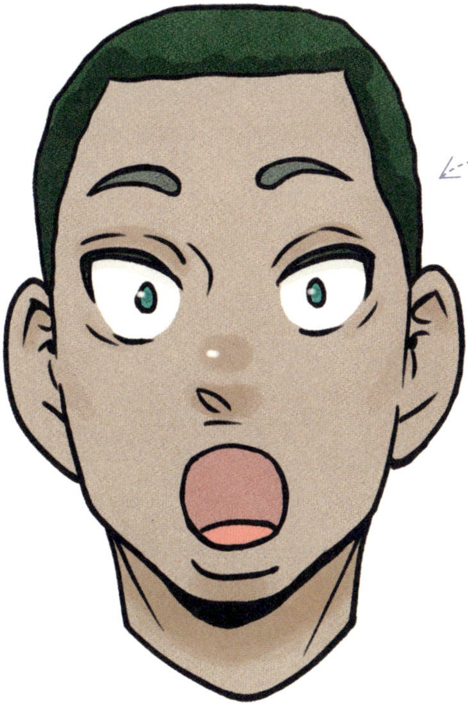

Im diesem erstaunten Gesicht sind Augen und Mund weit geöffnet. Selbst wenn der Mund geschlossen ist, drücken die aufgerissenen Augen Überraschung aus. Die Augenbrauen sind normal. Mit gerunzelten Augenbrauen (siehe unten) würde dieses Gesicht schockiert oder angewidert wirken. Mit normalen Augenbrauen und einem lachenden Mund wirkt die Figur angenehm überrascht.

Ein wütendes Gesicht ist angespannt. Zwischen den gerunzelten Augenbrauen sind Zornfalten zu sehen. Der Mund ist verzerrt, vielleicht beißt die Figur die Zähne zusammen? Die Augen können aufgerissen oder, wie hier, zusammengekniffen sein. Sie werden etwas eckiger gezeichnet. Die leichte Schrägstellung drückt die Anspannung aus. Im Manga werden Emotionen auch durch Symbole vermittelt, wie hier auf der Stirn. Es steht für Zorn und soll angeschwollene Adern darstellen. Zeichnet man das Symbol auf die Stirn einer lächelnden Figur, drückt es aus, dass sie ihren Zorn zu verstecken versucht. Mit Symbolen sollte man sparsam umgehen, denn sie können auch komisch wirken.

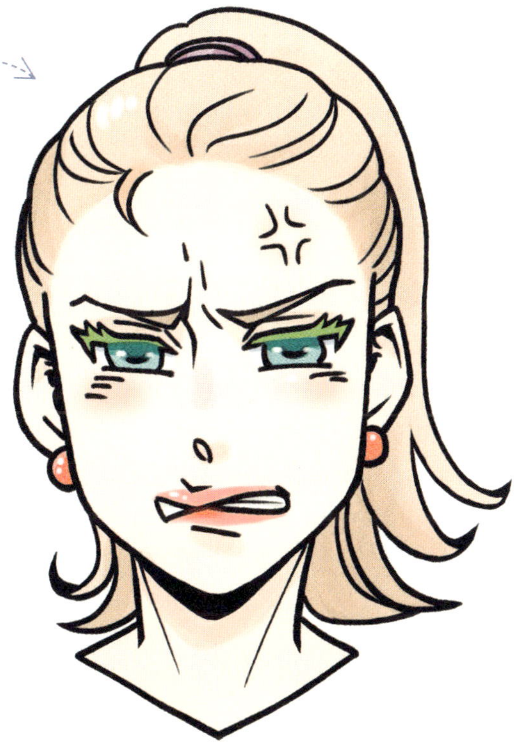

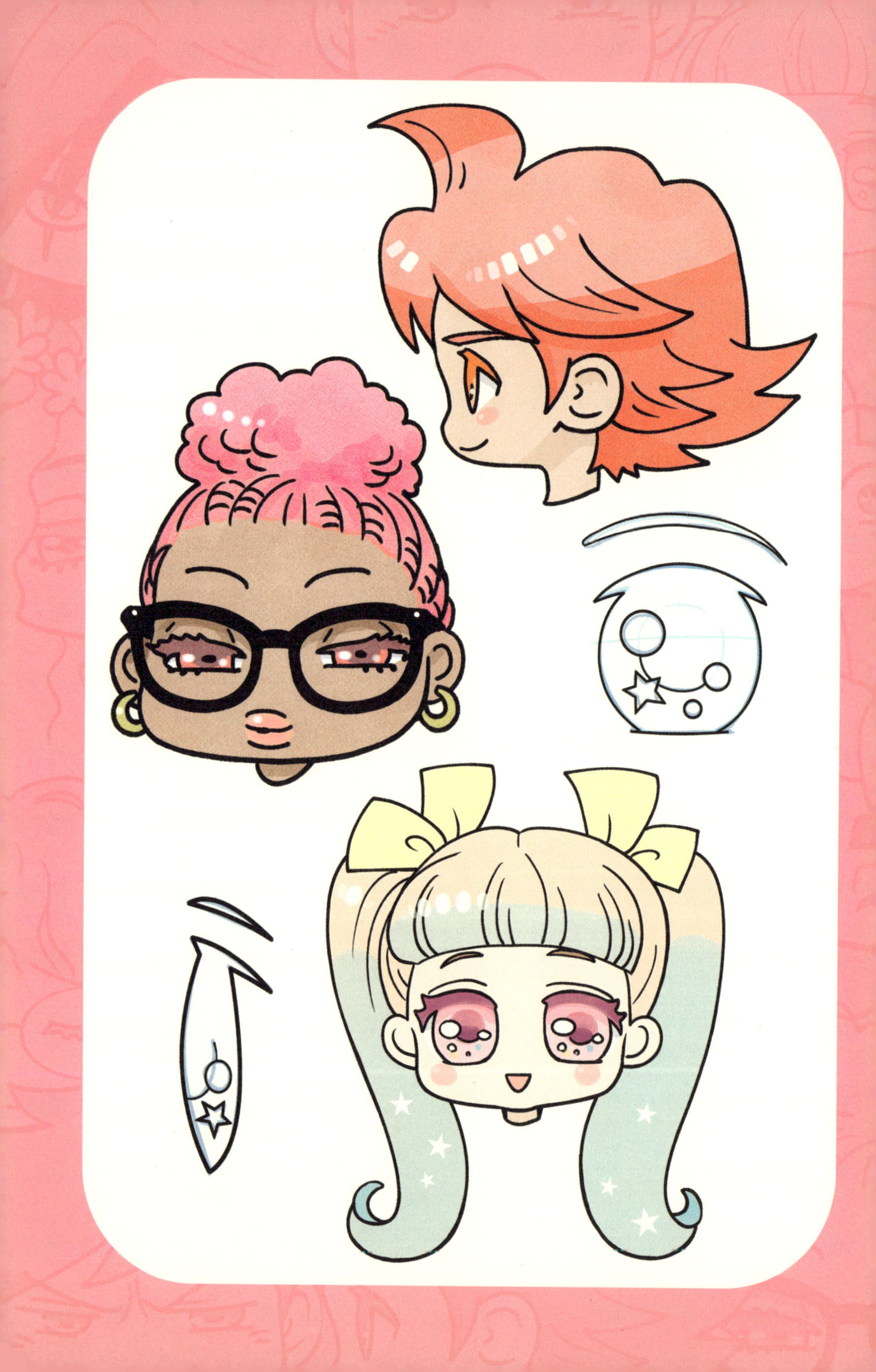

Chibi-Gesichter

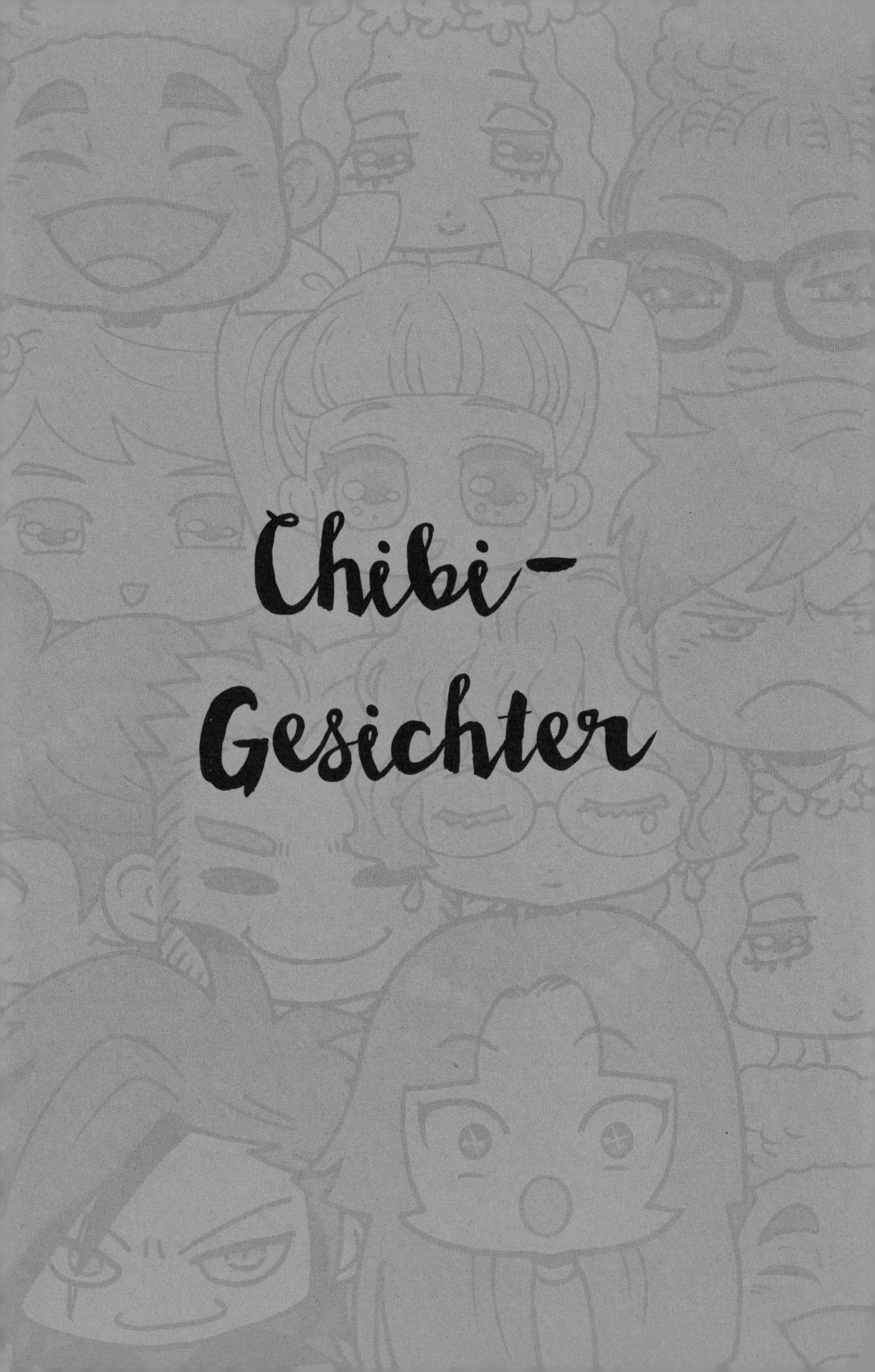

Chibi-Auge von vorn

Durch ungewöhnliche Farben, Details und witzige Reflexe
wirkt dieses Auge niedlich.

1 Mit einem flachen Bogen beginnen. Darunter einen großen Kreis und einen kurzen Strich setzen.

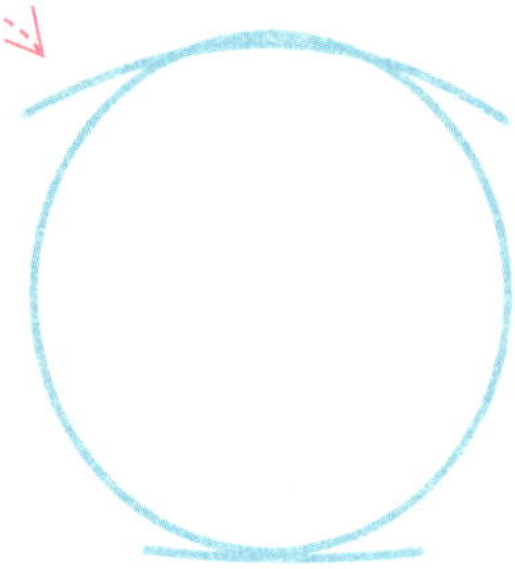

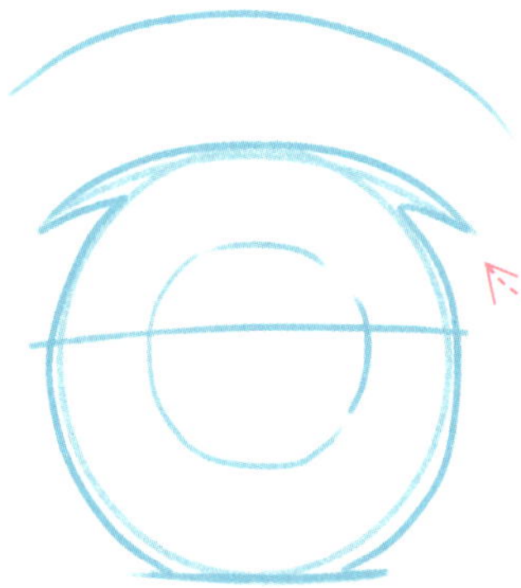

2 Das Oberlid etwas verstärken. Die Pupille einzeichnen und einen Strich quer durch das Auge ziehen. Die Augenbraue verläuft parallel zum Oberlid.

3 Die Augenbraue genauer ausarbeiten. Die Lichtrichtung festlegen. Einen nahezu runden Lichtreflex in die Iris zeichnen, einen kleineren schräg gegenüber. Die Lichtreflexe können auch andere lustige Formen haben.

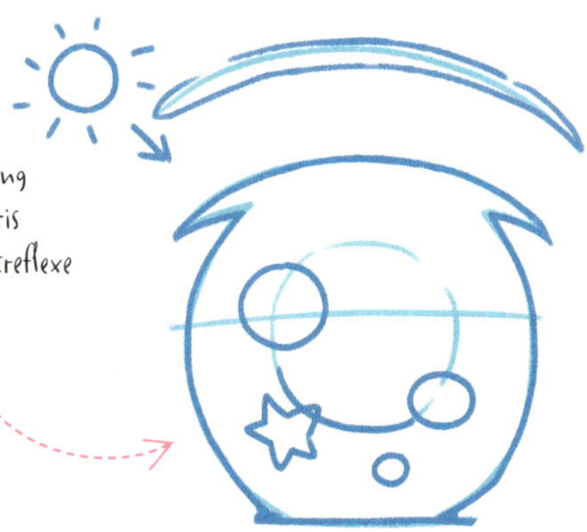

Tipp:
Das rechte und linke Auge werden normalerweise spiegelbildlich gezeichnet. Das gilt aber nicht für die Lichtreflexe.

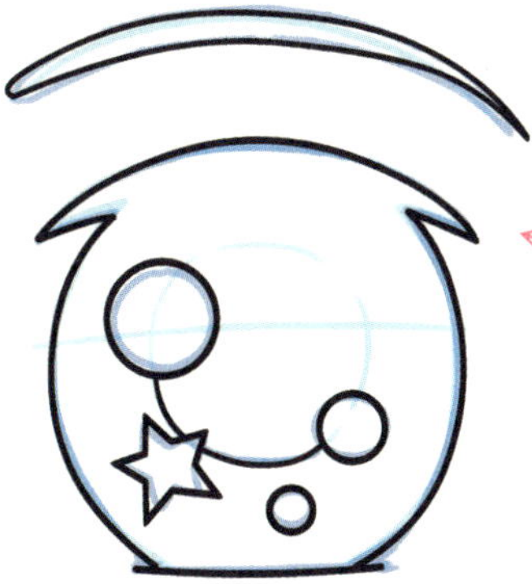

4 Alle Striche sorgfältig mit Fineliner nachziehen. Danach die Hilfslinien ausradieren.

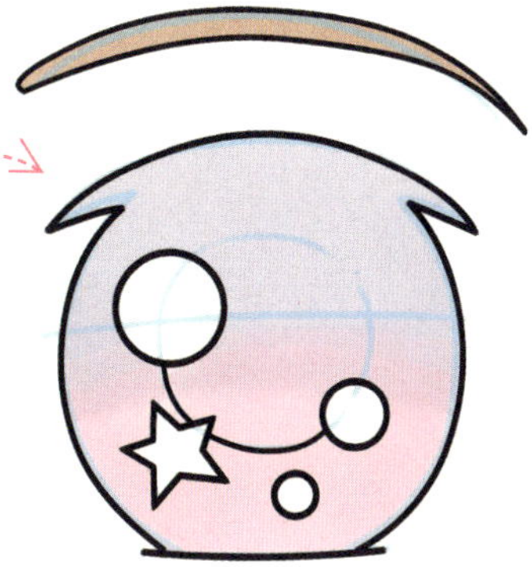

5 Die Farben für das Auge wählen. Mit der hellsten beginnen.

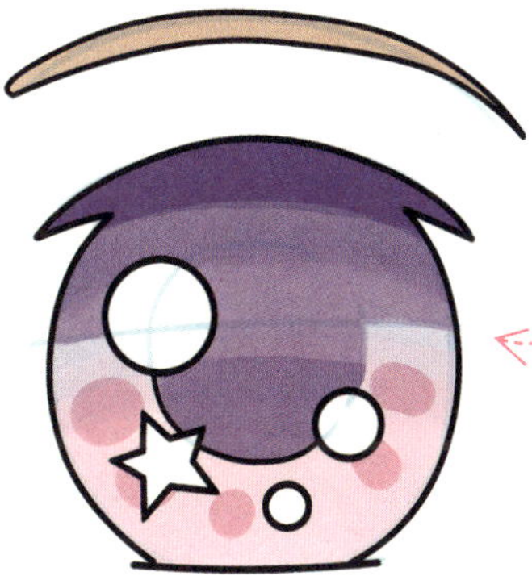

6 Beim weiteren Kolorieren soll das Auge von oben nach unten heller werden.

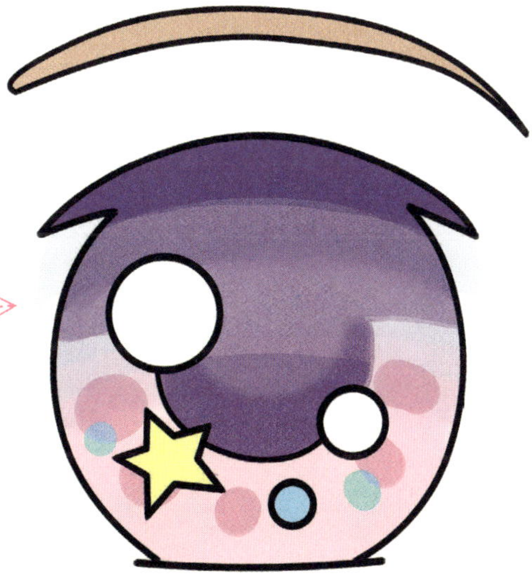

7 Zuletzt Details wie den Schatten unter dem Oberlid einfügen. Falls gewünscht, einige Lichter mit hellen Farben ausfüllen.

Chibi-Auge von der Seite

In der Profilansicht legt ein großer Winkel die Grenzen des Augapfels fest.

1. Eine liegende, offene V-Form zeichnen.

2. Den Winkel mit einem Bogen schließen (Pfeil 1) und für die Iris einen weiteren Bogen zeichnen (Pfeil 2). Der kurze Strich darüber wird die Augenbraue.

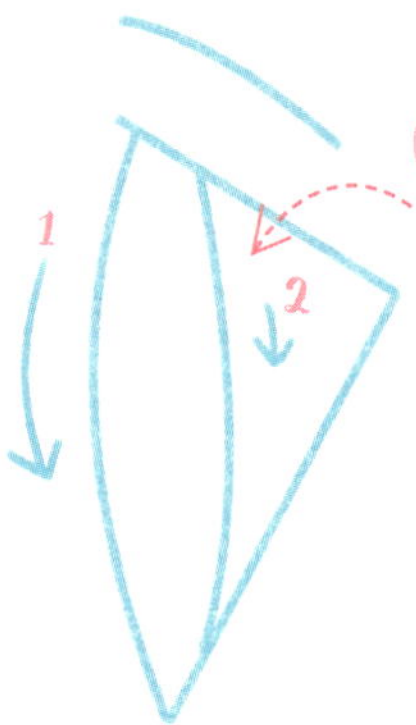

3. Jetzt Iris und Oberlid deutlicher ausarbeiten. Chibi-Augen sind einfacher (und niedlicher) als Manga-Augen.

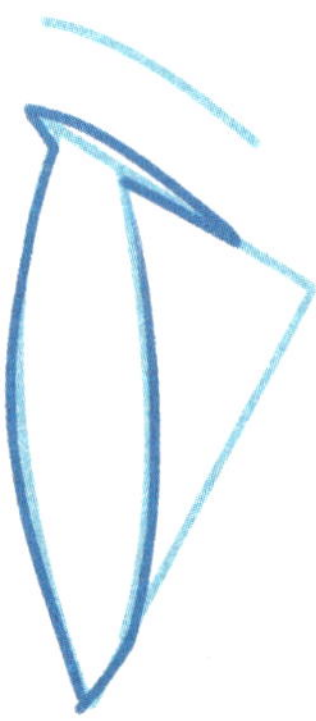

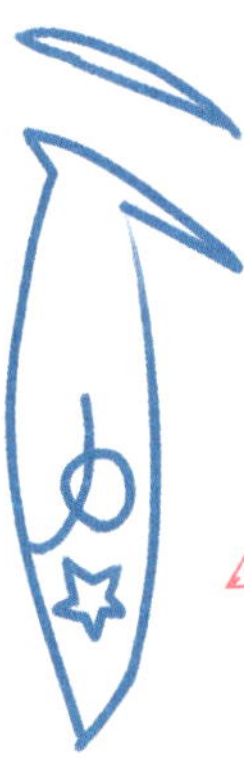

4. In der unteren Hälfte der Iris die Pupille und die Lichtreflexe einzeichnen. Die Augenbraue ausarbeiten.

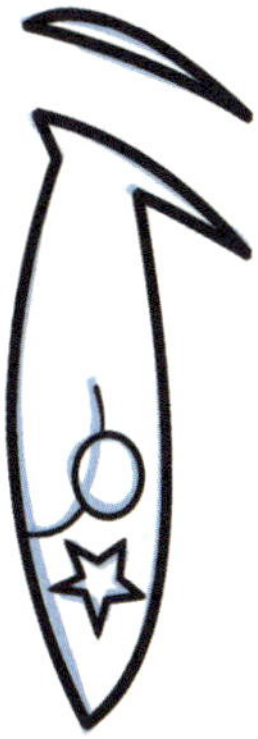

5 Die Striche sorgfältig mit Fineliner nachzeichnen. Die Hilfslinien ausradieren.

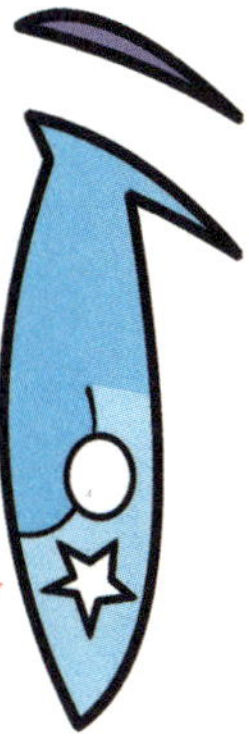

6 Beim Kolorieren mit der hellsten Farbe beginnen.

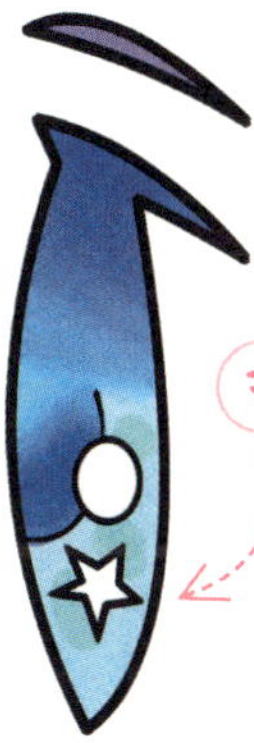

7 Von oben nach unten einen Hell-Dunkel-Verlauf gestalten.

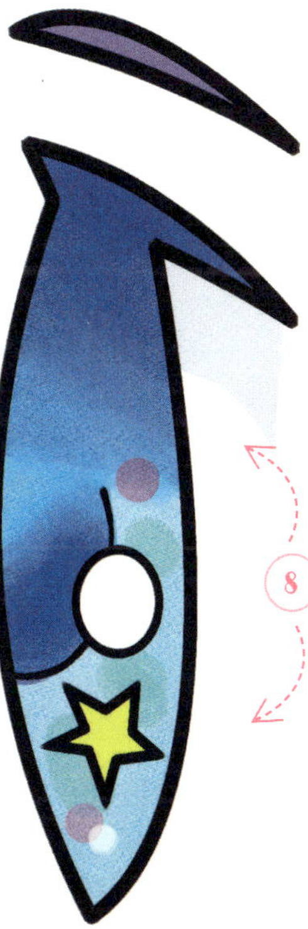

8 Den Schatten unter dem Lid einfügen. Für zusätzliche Lichter deckende Stifte in hellen Farben verwenden.

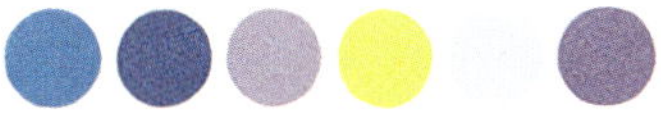

Chibi-Gesicht von vorn

Jetzt werden die großen Augen in ein rundliches Gesicht eingefügt.

1 Einen Kreis zeichnen.

2 Den Kreis in Viertel teilen, dann die untere Hälfte halbieren.

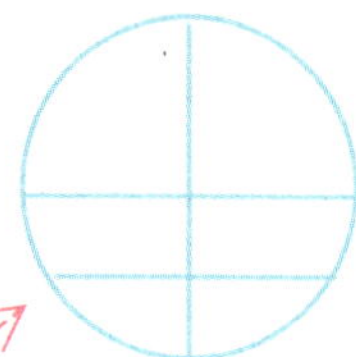

3 In den unteren Abschnitt ein flaches Oval einfügen. Es steht seitlich leicht über den Kreis hinaus.

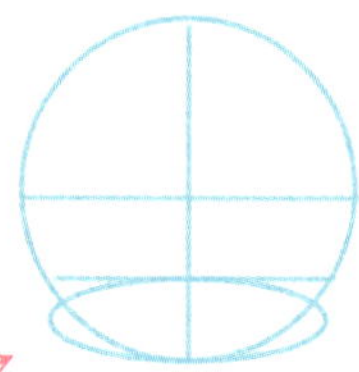

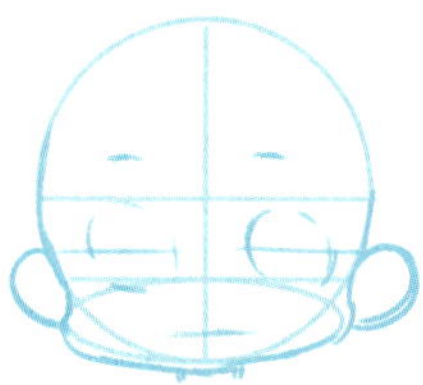

4 Die Gesichtsform ausarbeiten. Augen, Augenbrauen, Nase und Mund andeuten.

5 Die Frisur schrittweise entwickeln, dabei Pony, Scheitel, Volumen oder Form und Länge von Zöpfen berücksichtigen.

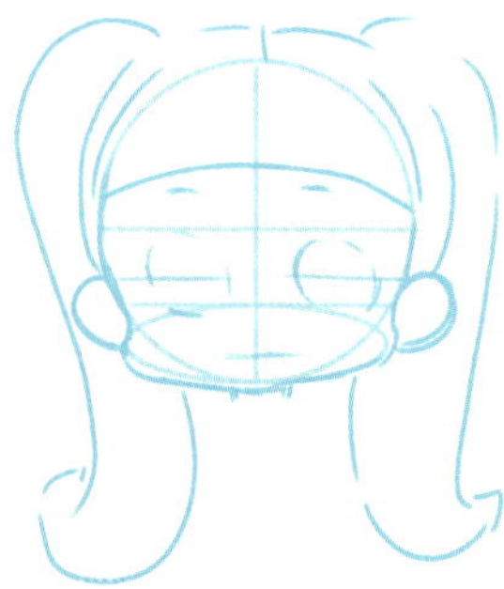

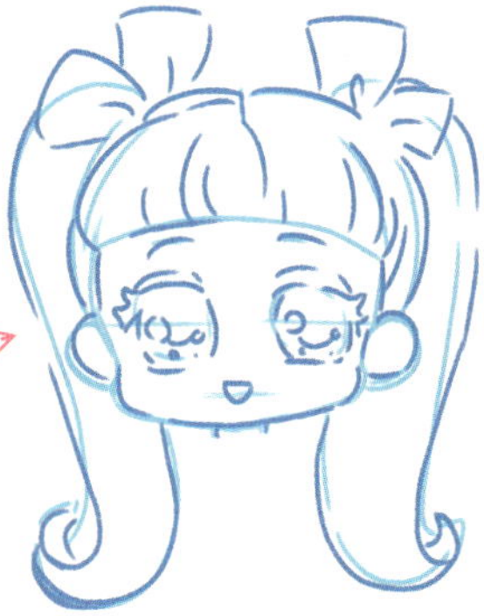

6 Alle Elemente deutlicher ausarbeiten, dabei Details der Augen und die Haarschleifen einzeichnen.

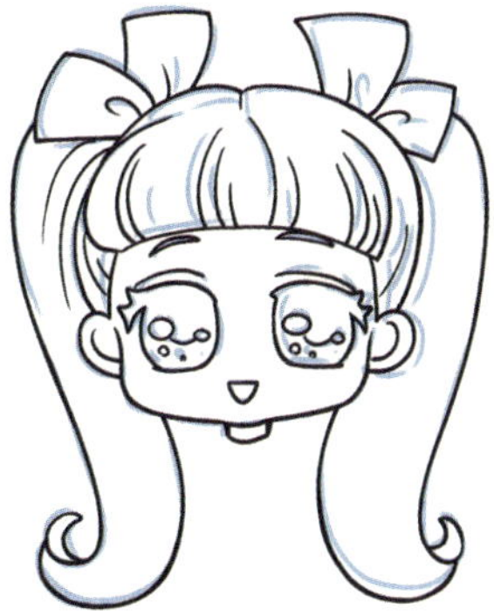

7 Das Motiv sauber mit einem Fineliner nachzeichnen. Die Hilfslinien ausradieren.

8 Die Farben wählen (Vorschläge siehe unten) und mit den hellsten Tönen beginnen.

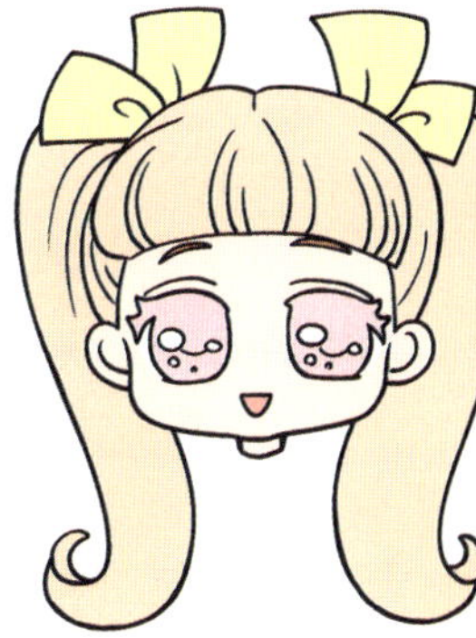

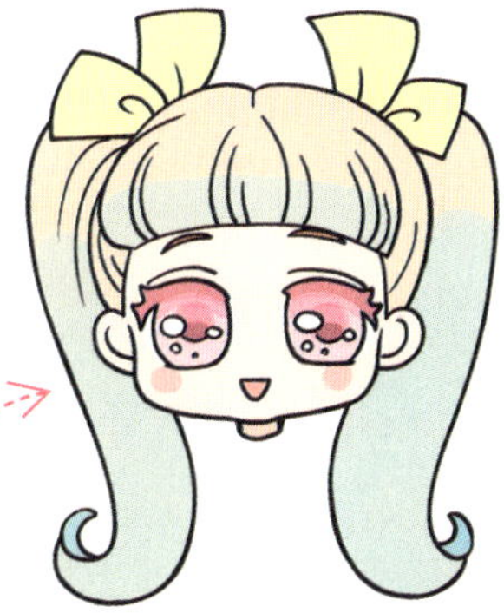

9 Schatten einfügen und Details wie rosa Wangen und Augen ausarbeiten. Chibi sind oft stärker stilisiert als normale Manga-Figuren, die Schatten sind aber sparsam.

10 Letzte Details wie die Schatten unter den Lidern andeuten. Für zusätzliche Lichter auf den Augen und Haaren einen deckenden weißen oder pastellfarbigen Stift verwenden.

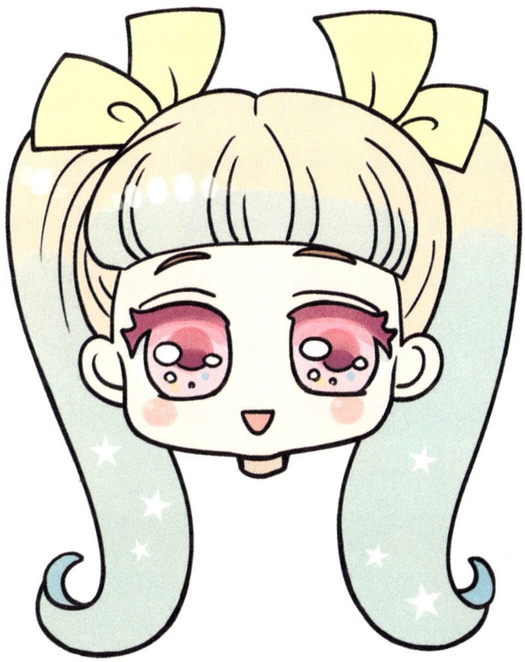

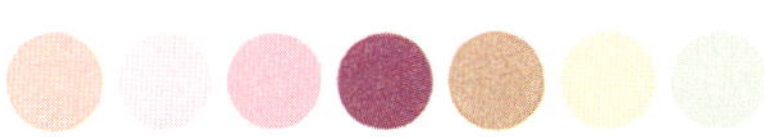

Chibi-Gesicht von der Seite

Bei diesem Motiv wird die interessante Frisur aus einfachen Dreiecken entwickelt.

1 Mit einem Kreis beginnen.

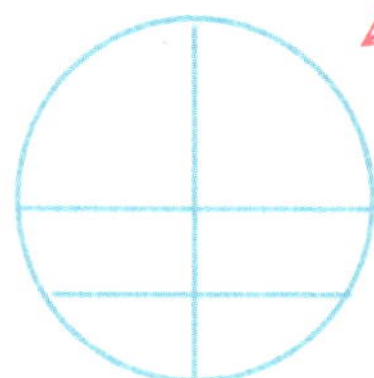

2 Den Kreis in Viertel teilen, dann die untere Hälfte halbieren.

3 In den unteren Abschnitt ein flaches Oval einfügen. Es steht einseitig leicht über den Kreis hinaus (siehe Pfeil).

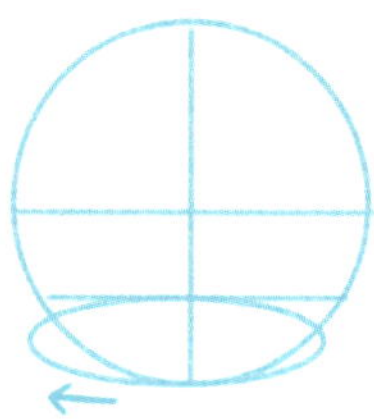

4 Die Gesichtsform ausarbeiten. Augen, Augenbrauen, Nase und Mund andeuten.

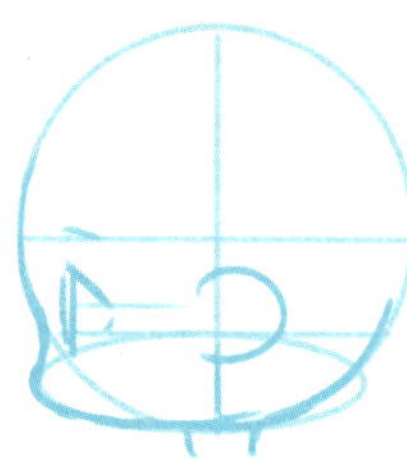

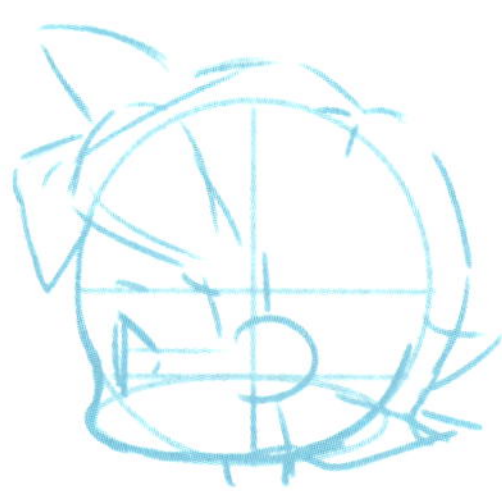

5 Die Frisur schrittweise entwickeln, dabei die Formen des Ponys und der abstehenden Strähnen berücksichtigen.

Tipp:
Auch bei übertriebenen Manga-Frisuren ist es wichtig, die Wuchsrichtung und den Fall der Haare zu beachten. Nur dann wirkt die Frisur glaubwürdig.

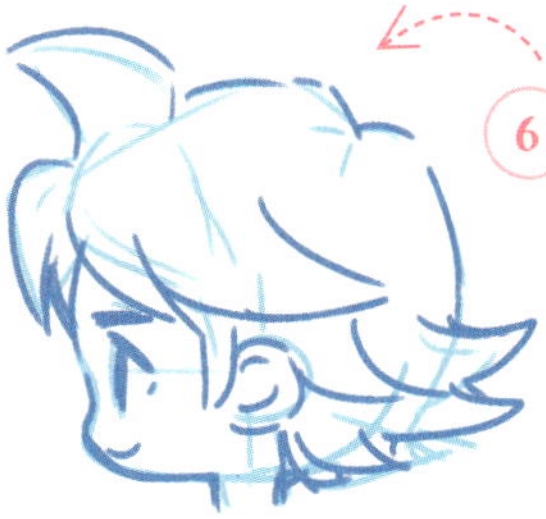

6 Alle Elemente deutlicher ausarbeiten. Auf die Nase kann verzichtet werden.

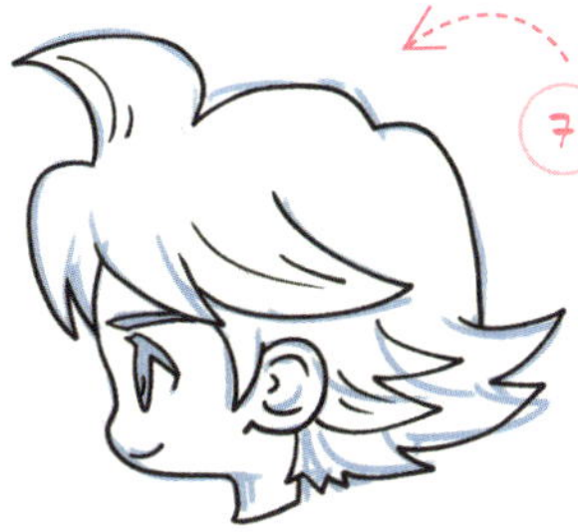

7 Das Motiv sauber mit einem Fineliner nachzeichnen. Die Hilfslinien ausradieren.

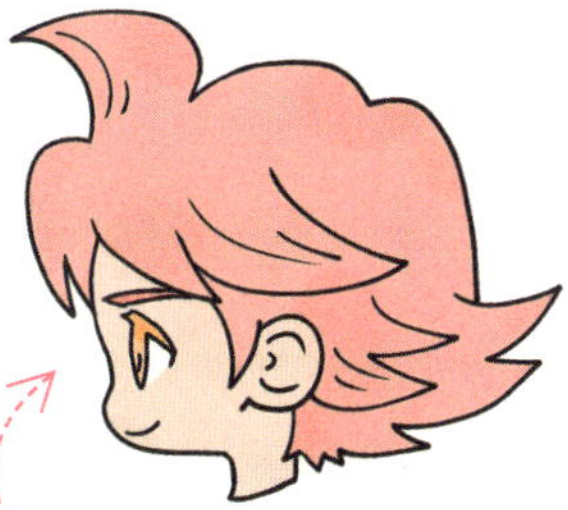

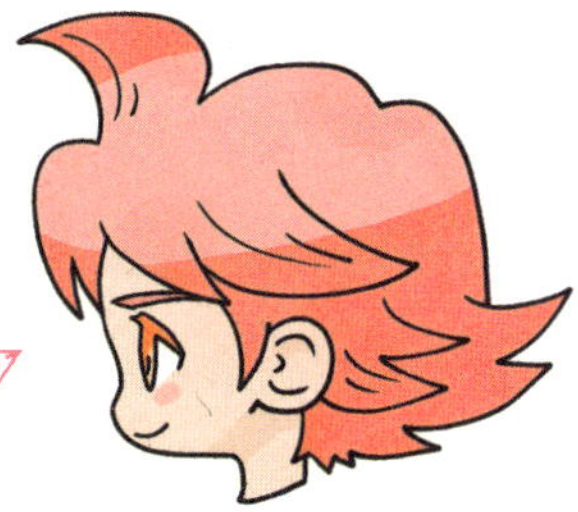

8 Die Farben wählen (Vorschläge siehe unten) und mit den hellsten Tönen beginnen.

9 Im Gesicht nur wenige Schatten einfügen. Details wie rosa Wangen und Augen ausarbeiten. Die unteren Haare stärker abdunkeln.

10 Letzte Details wie den Schatten unter dem Lid andeuten. Für zusätzliche Lichter in stilisierten Formen einen deckenden weißen Stift verwenden.

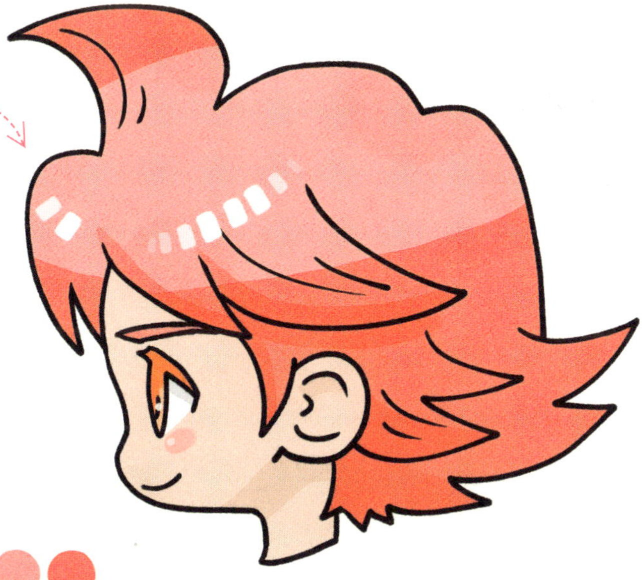

Mehr Chibi-Gesichter

Wer das Grundprinzip verstanden hat, kann mit diesen Varianten experimentieren.

Sogar Bösewichter kann man im Chibi-Stil zeichnen. Die Augen sind einfache Halbkreise. Sie sind sehr groß, aber die Pupillen müssen eher klein sein, damit die Figur nicht zu niedlich wirkt. Für »böse« Lichtreflexe einen Marker in Neonfarbe verwenden.

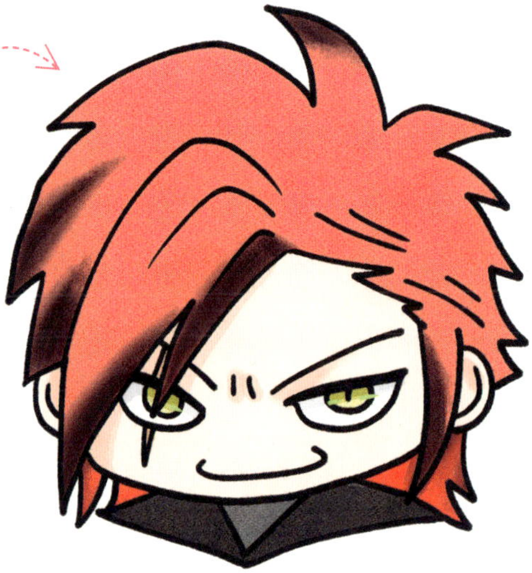

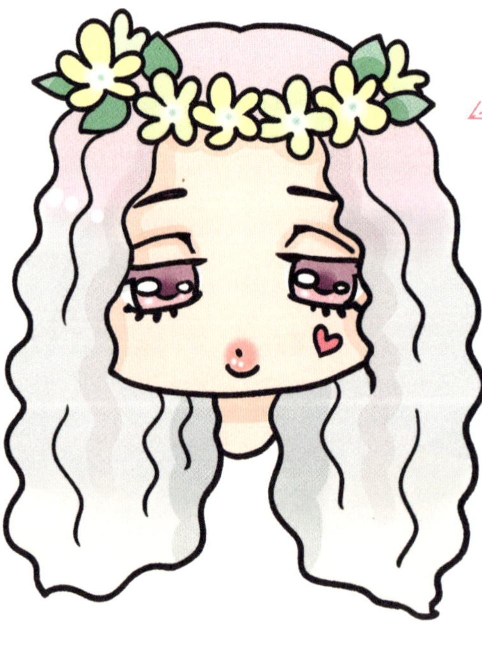

Accessoires wie dieser Blütenkranz können stark vereinfacht werden. Sie sind auch ohne viele Details eindeutig zu erkennen. Für die unteren Wimpern sind einige längliche Punkte ausreichend.

Chibi-Lichter

Für Lichtreflexe genügen einfache Formen wie Kreise und abgerundete Vierecke.

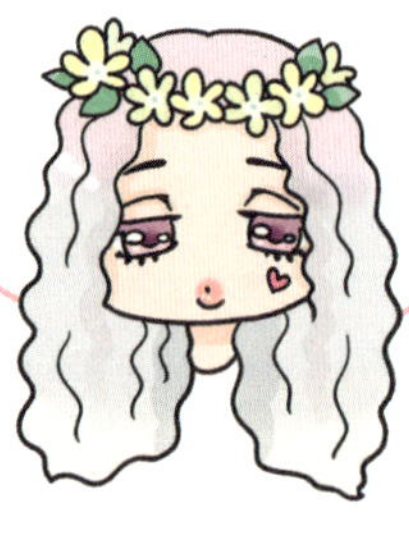

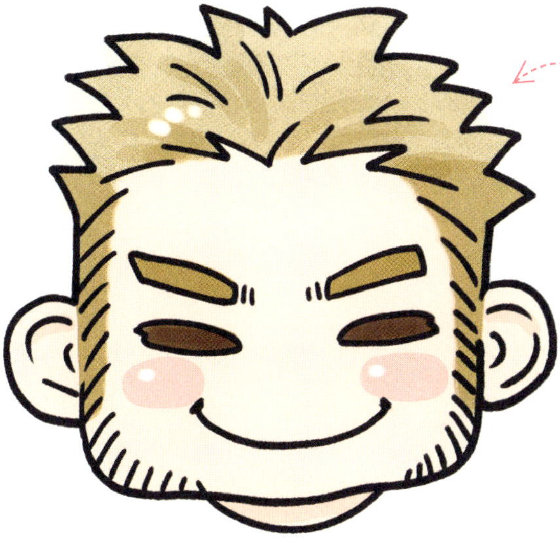

Diese männliche Figur hat ein kantiges Gesicht aber – im Chibi-Stil – mit abgerundeten Ecken. Bart und Koteletten können einfach mit kurzen schrägen Strichen angedeutet werden.

Auch komplexe Frisuren können vereinfacht werden. Wichtig ist, dass die Gesamtform gut erkennbar ist. Mit Details bitte nicht übertreiben.

Zuerst das Gesicht zeichnen, dann die Brille.

Beim Nachzeichnen mit dem Fineliner auf saubere, gleichmäßige Striche achten. Accessoires besonders sorgfältig zeichnen.

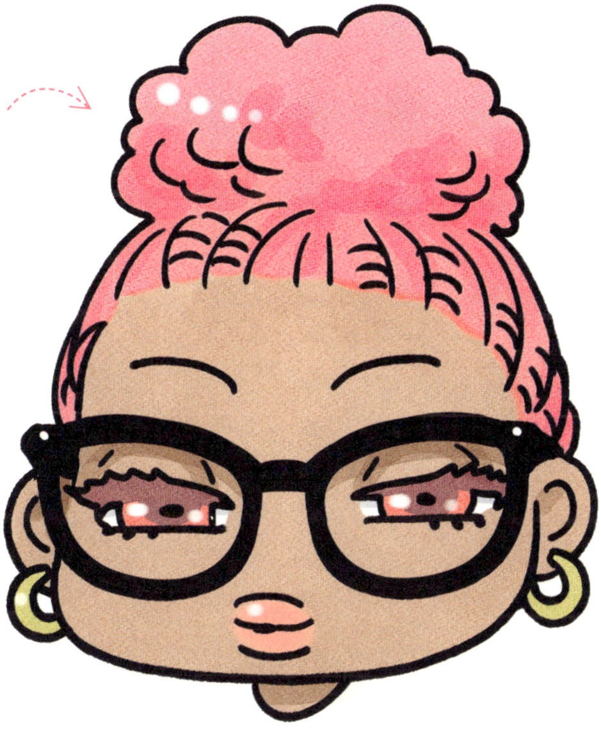

Chibi-Mimik

Im Grunde gelten für die Mimik von Manga- und Chibi-Figuren dieselben Regeln. Beim Chibi wird aber alles etwas stärker übertrieben und vereinfacht.

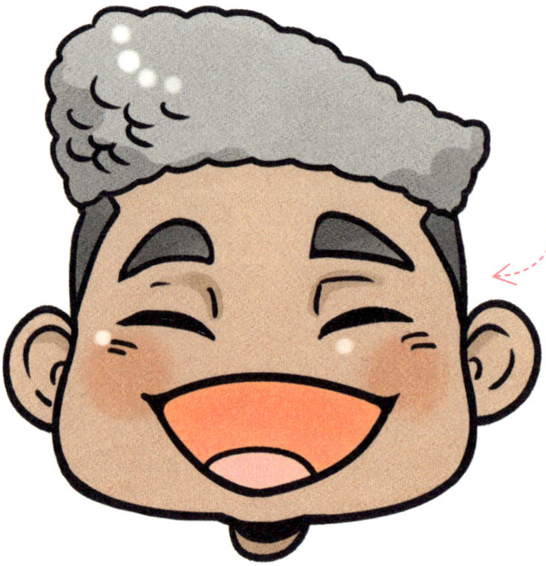

Zum lachenden Gesicht gehört ein offener Mund, sein Inneres wird aber vereinfacht. Beim echten Lachen wölben sich die Wangen, sodass die Augen ganz oder halb geschlossen sind. Rote Wangen zeigen, dass die Figur begeistert oder glücklich ist.

Im lachenden und im traurigen Gesicht sind die Augen geschlossen, sie unterscheiden sich aber in der Form. Traurige Augen werden nicht durch die Wangen geschlossen, darum verläuft ihr Bogen nach unten. Solche Augen kann auch eine schlafende Figur haben.

Auch die Augenbrauen sind ein Merkmal des traurigen Gesichts. Sie steigen zur Gesichtsmitte hin an, oft liegen zwischen ihnen Falten. Dieses Gesicht hat einen seufzenden Mund. Denkbar ist auch ein Mund mit herabgezogenen Mundwinkeln.

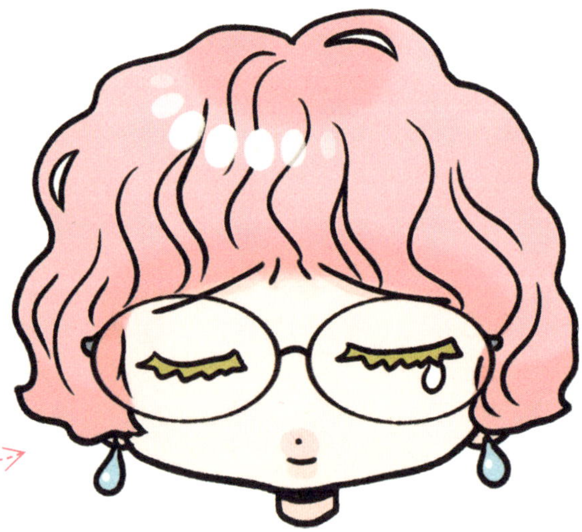

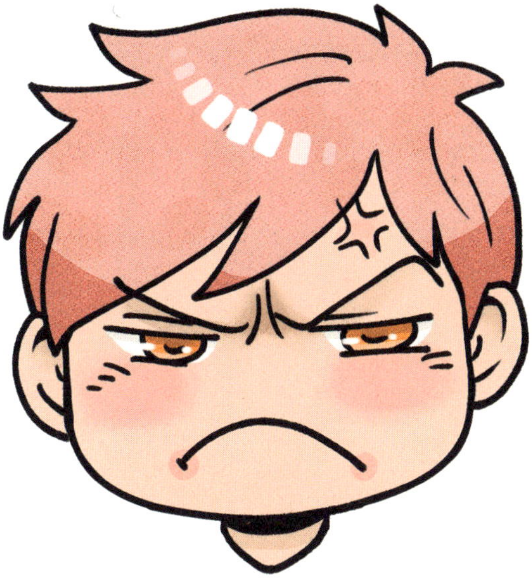

Zusammengekniffene Augen und gerunzelte Augenbrauen drücken Zorn aus. Dazu passt auch das Symbol auf der Stirn.

Die rosigen Wangen mit den kurzen Strichen sorgen dafür, dass diese Figur zornig und dennoch niedlich aussieht.

Im überraschten Gesicht sind Augen und Mund weit geöffnet. Glitzereffekte verstärken den Eindruck von Überraschung und Staunen. Lässt man das Glitzern und die rosigen Wangen weg und ersetzt die runden Augen durch zornige, entsteht ein schockierter oder angewiderter Gesichtsausdruck.

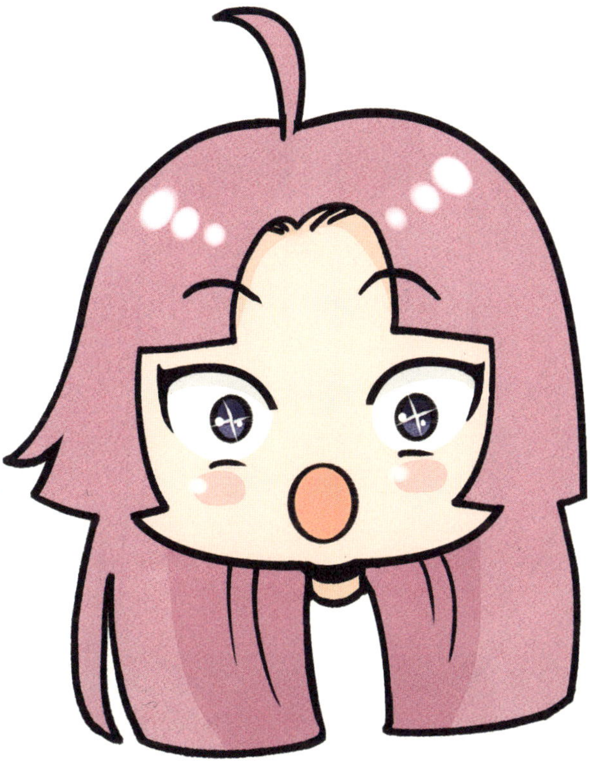

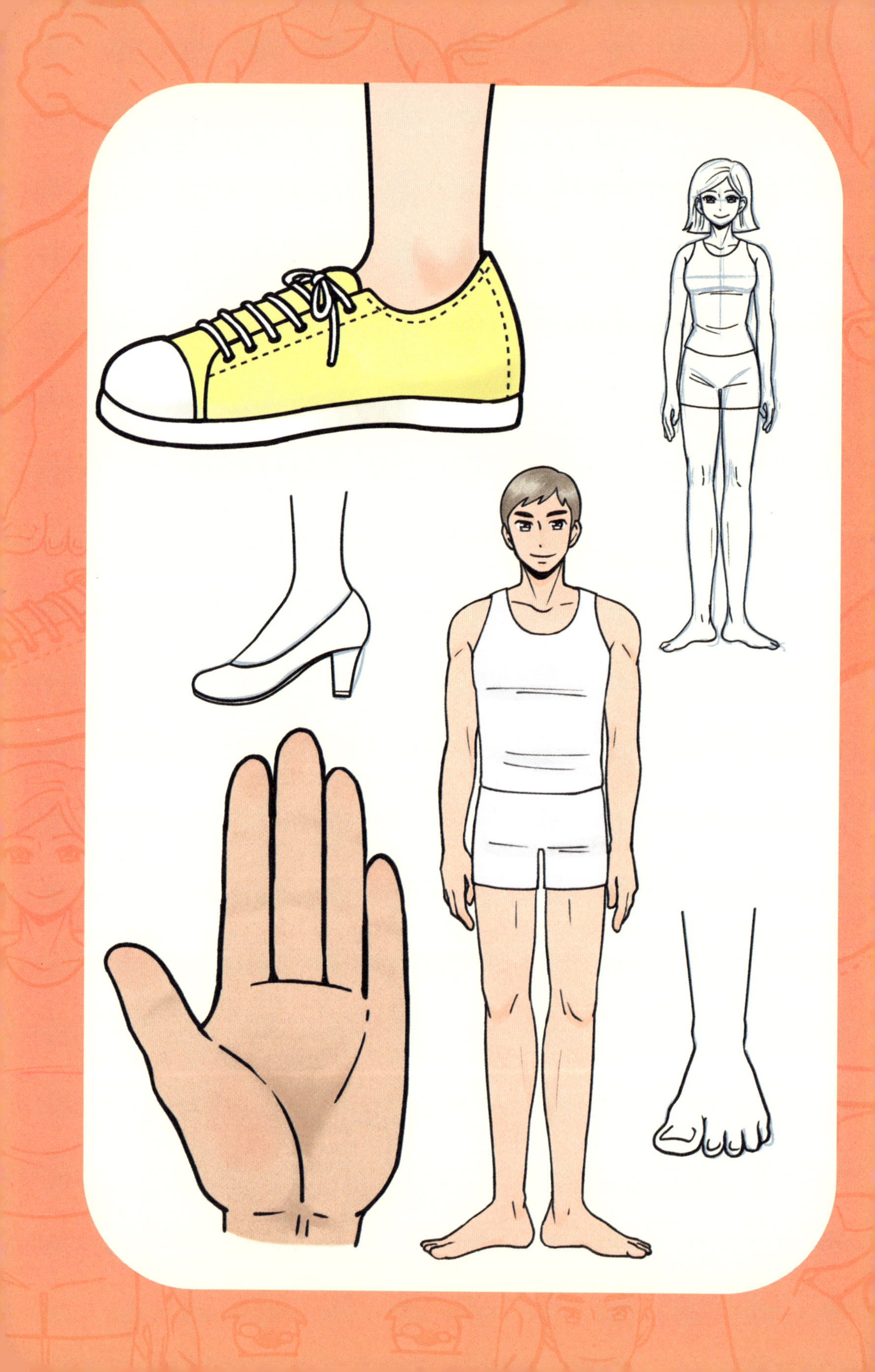

Manga-Körper

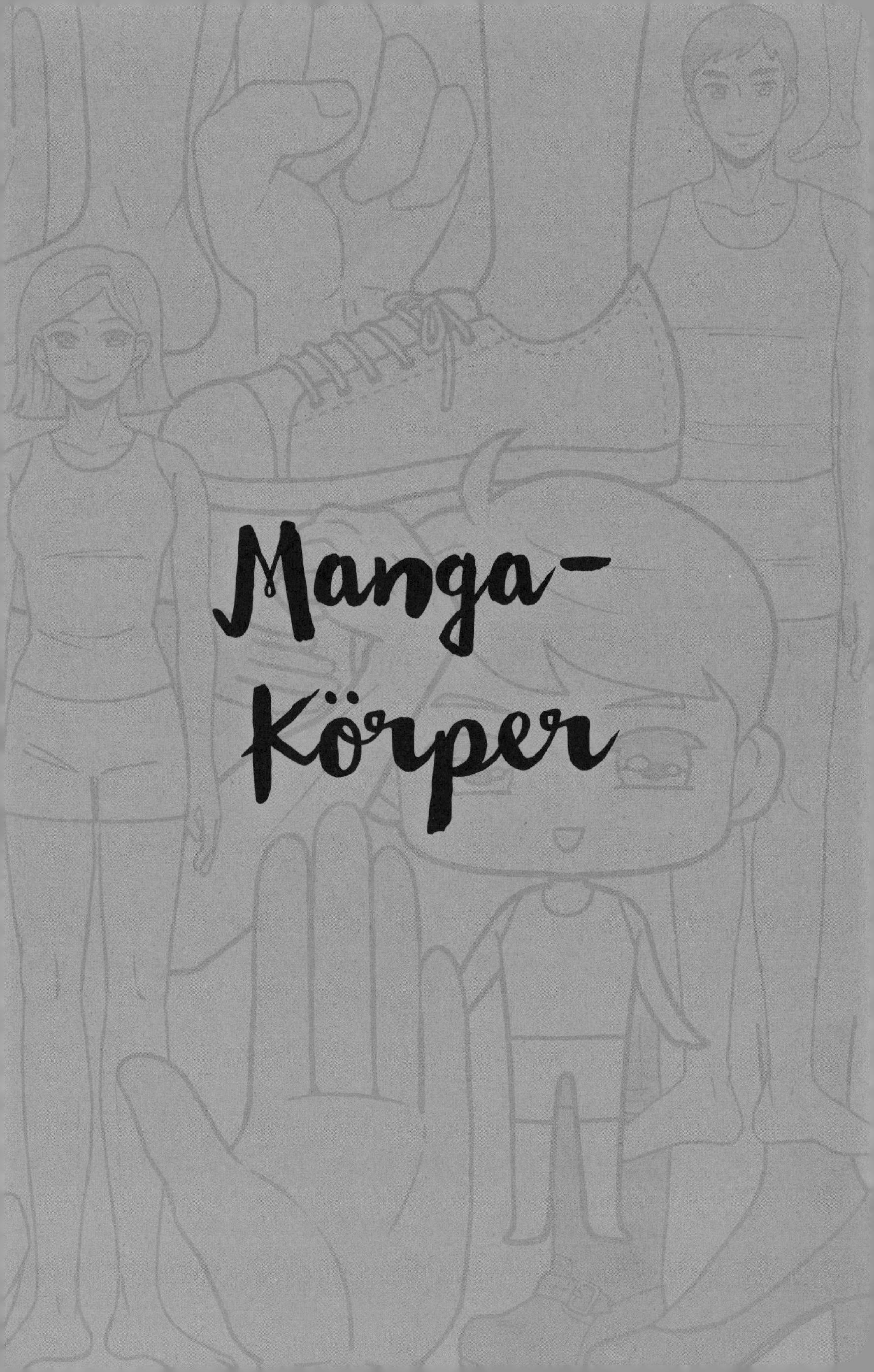

Weiblicher Körper

Zuerst geht es darum, den Körper korrekt zu konstruieren.
Details kommen danach an die Reihe. Auf flüssige Striche achten!

1 Eine normale Manga-Figur ist 7 bis 8 Kopfhöhen groß. Diese Anzahl der Kreise übereinander zeichnen und mitten durch alle eine senkrechte Linie ziehen.

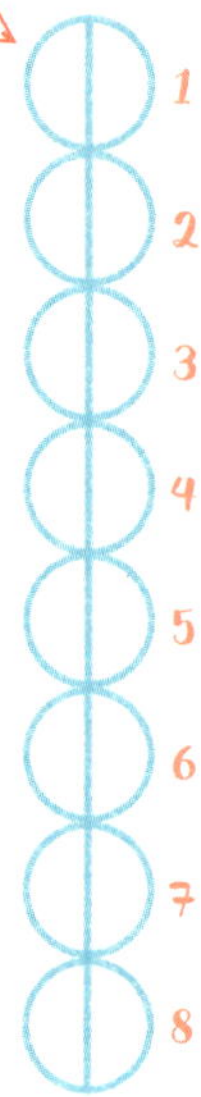

Tipp:
Das Zeichnen der Gliedmaßen wird auf Seite 72–79 genauer erklärt.

2 Mit Querstrichen die Höhen der einzelnen Körperpartien anzeichnen.

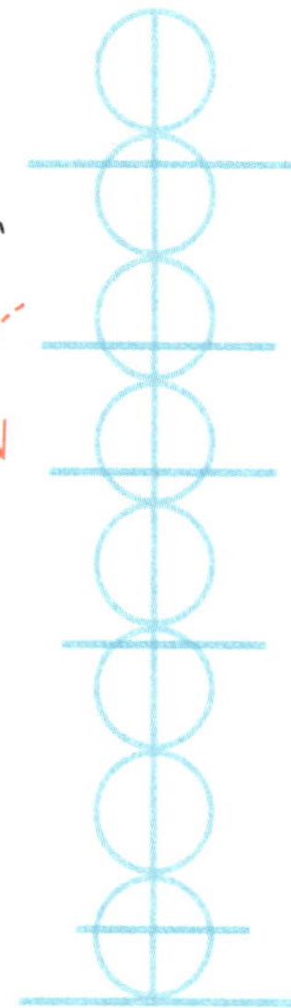

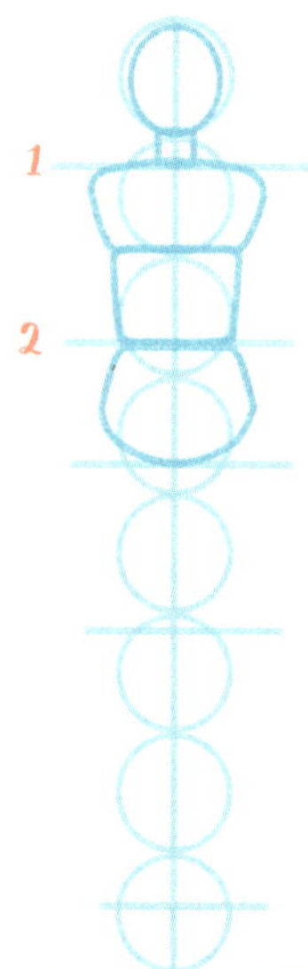

3 Unter dem oberen Kreis – dem Kopf – den Hals einzeichnen. Direkt unter dem ersten Querstrich folgen schmale Schultern. Der zweite Querstrich ist die Taille. Zwischen Schultern und Taille zwei grobe Rechtecke für Brustkorb und Magenbereich zeichnen. Darunter folgt das rundere Becken.

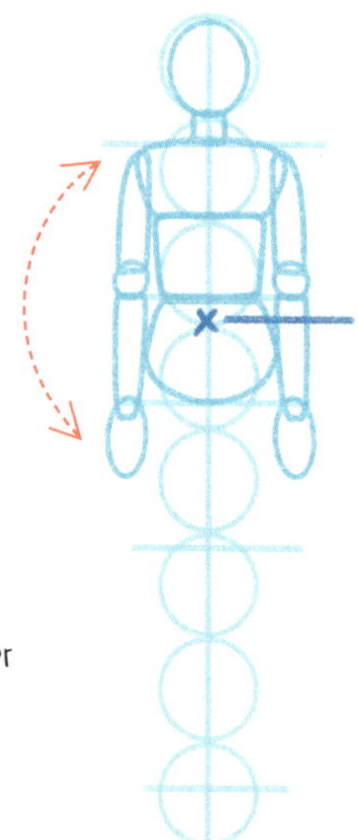

4 Den Bauchnabel mit einem X markieren. Der Ellenbogen liegt etwas höher (dunkelblaue Linie). Oberarme, Ellenbogen, Unterarme, Handgelenke und Hände grob vorzeichnen.

5 Der dritte Querstrich von unten zeigt die Kniehöhe, der zweite Querstrich von unten entspricht der Knöchelhöhe. Im Stehen enden die Hände auf halber Höhe der Oberschenkel (dunkelblaue Linie). Anhand dieser Maße Oberschenkel, Knie, Unterschenkel, Knöchel und Füße skizzieren.

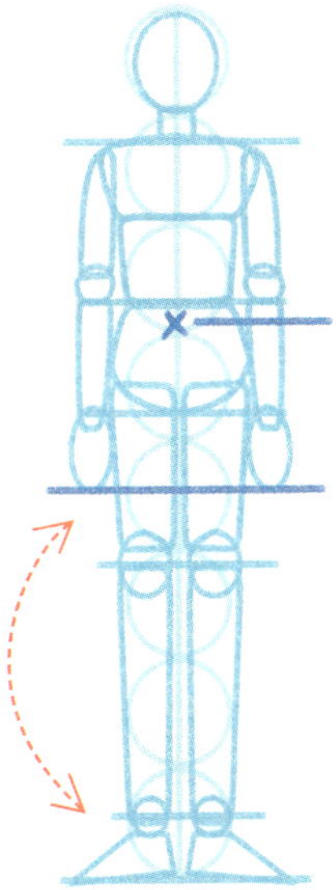

6 Nun alle Linien etwas natürlicher nachzeichnen. Beim weiblichen Körper vor allem Schultern, Hüften und Taille weich runden. Unter dem Brustkorb (Schritt 3) können die Brüste angedeutet werden.

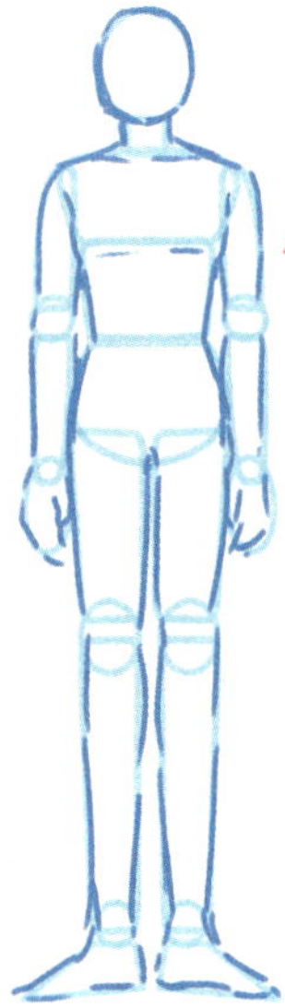

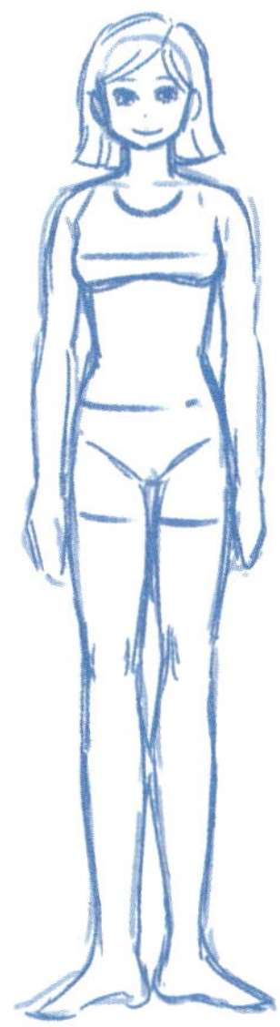

7 Die Figur detailliert ausarbeiten, dabei auf die Proportionen achten.

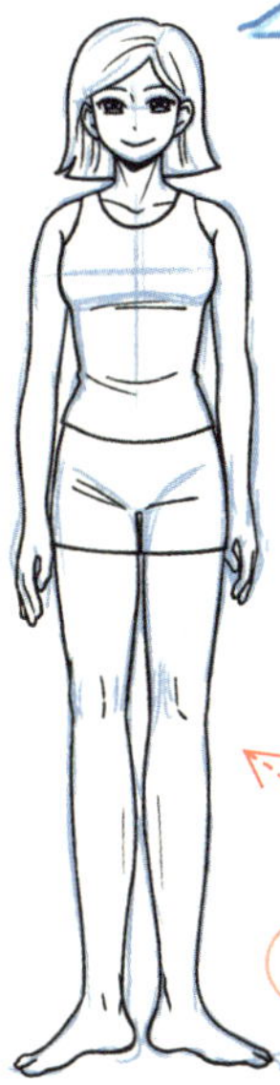

8 Die Linien mit Fineliner nachzeichnen, dann die Hilfslinien ausradieren.

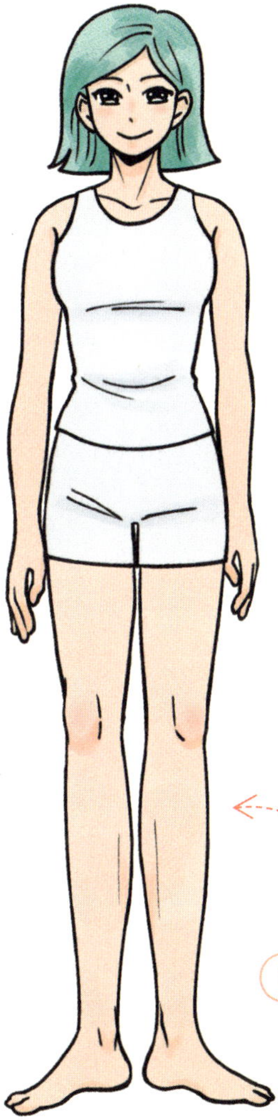

9 Zuletzt kolorieren, zum Beispiel in den vorgeschlagenen Farben.

Hauttöne

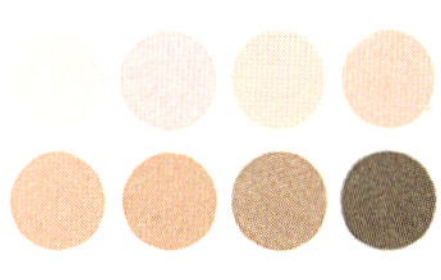

Männlicher Körper

Auch der männliche Körper wird zuerst konstruiert und dann detailliert ausgearbeitet. Breitere Schultern wirken maskulin.

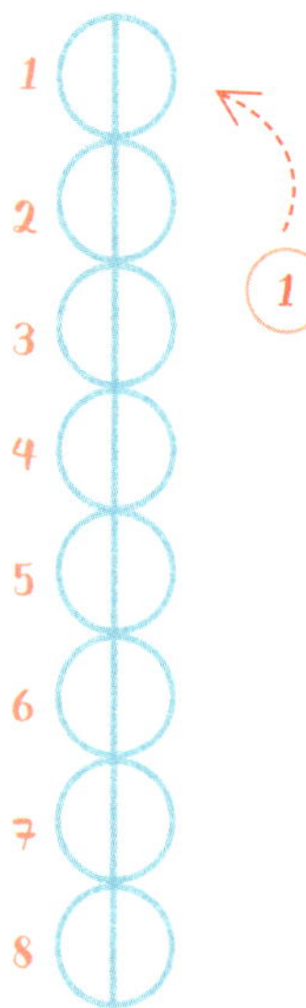

1 Eine normale Manga-Figur ist 7 bis 8 Kopfhöhen groß. Diese Anzahl der Kreise übereinander zeichnen und mitten durch alle eine senkrechte Linie ziehen.

2 Mit Querstrichen die Höhen der einzelnen Körperpartien anzeichnen.

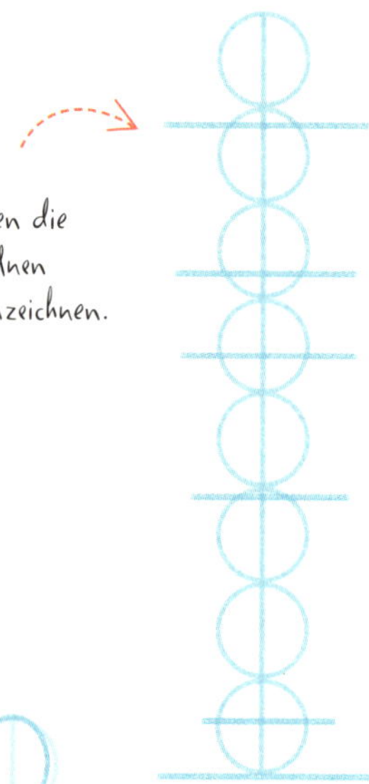

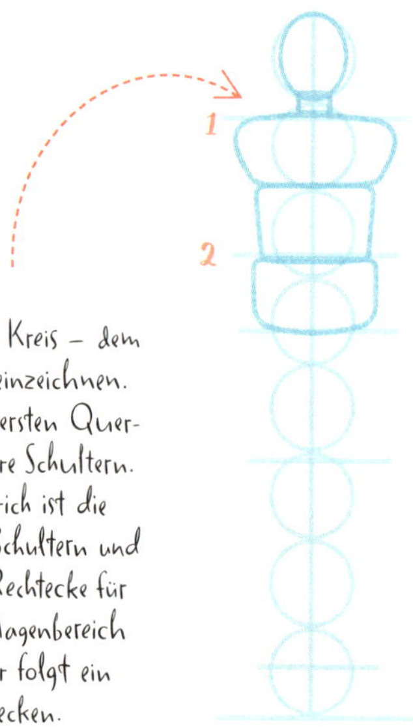

3 Unter dem oberen Kreis – dem Kopf – den Hals einzeichnen. Direkt unter dem ersten Querstrich folgen breitere Schultern. Der zweite Querstrich ist die Taille. Zwischen Schultern und Taille zwei grobe Rechtecke für Brustkorb und Magenbereich zeichnen. Darunter folgt ein Rechteck für das Becken.

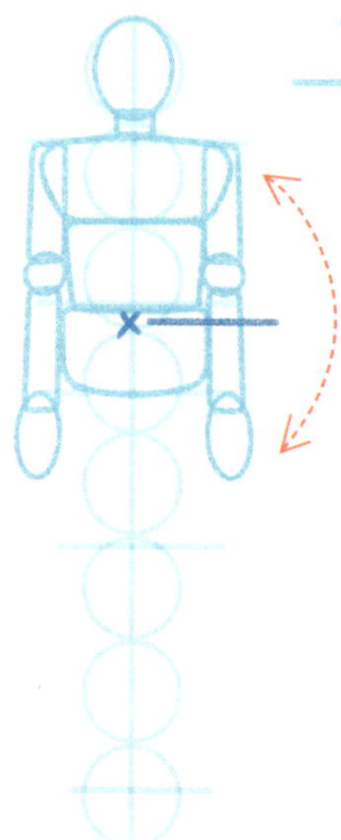

4 Den Bauchnabel mit einem X markieren. Der Ellenbogen liegt etwas höher (dunkelblaue Linie). Oberarme, Ellenbogen, Unterarme, Handgelenke und Hände grob vorzeichnen.

5 Der dritte Querstrich von unten zeigt die Kniehöhe, der zweite Querstrich von unten entspricht der Knöchelhöhe. Im Stehen enden die Hände auf halber Höhe der Oberschenkel (dunkelblaue Linie). Anhand dieser Maße Oberschenkel, Knie, Unterschenkel, Knöchel und Füße skizzieren.

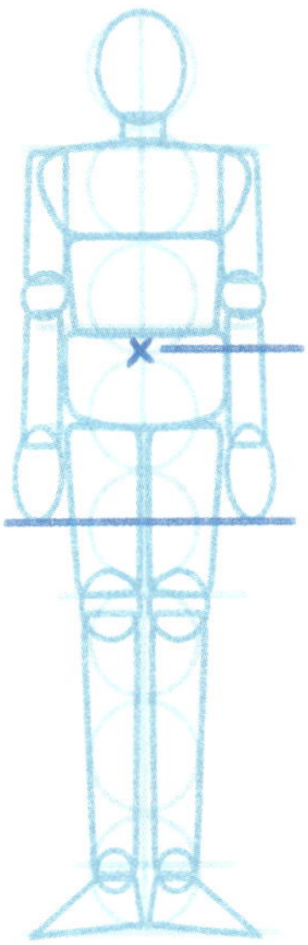

6 Nun alle Linien etwas natürlicher nachzeichnen. Beim männlichen Körper mit relativ geraden Strichen arbeiten. Die Taille darf nicht zu schmal sein, der Gesamteindruck nicht zu kurvig.

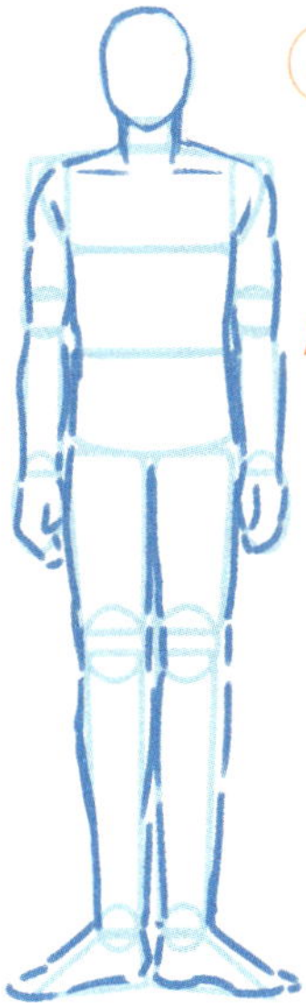

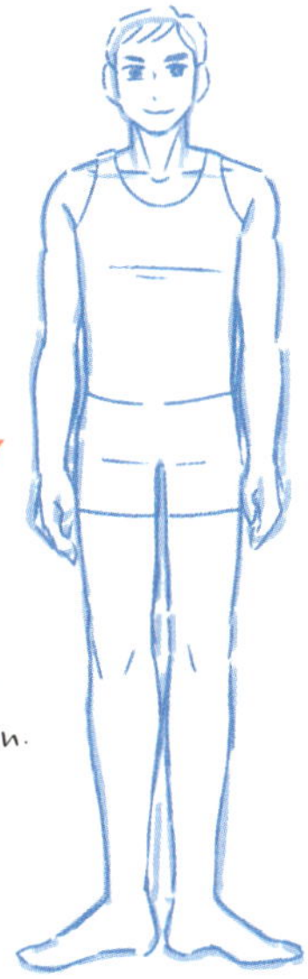

7 Die Figur detailliert ausarbeiten, dabei auf die Proportionen achten. Falls gewünscht, Kleidung hinzufügen.

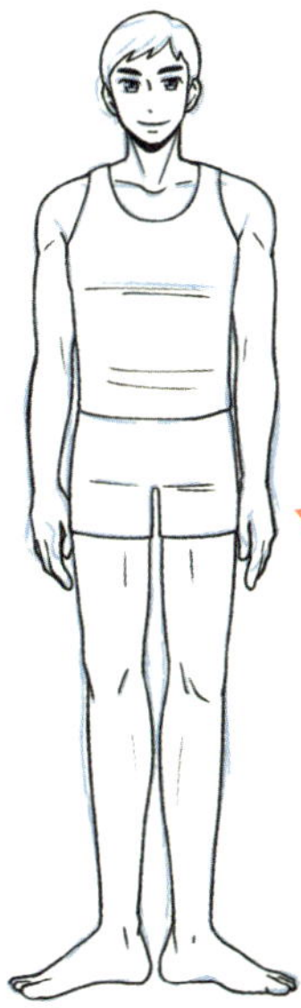

8 Die Linien mit Fineliner nachzeichnen, dann die Hilfslinien ausradieren.

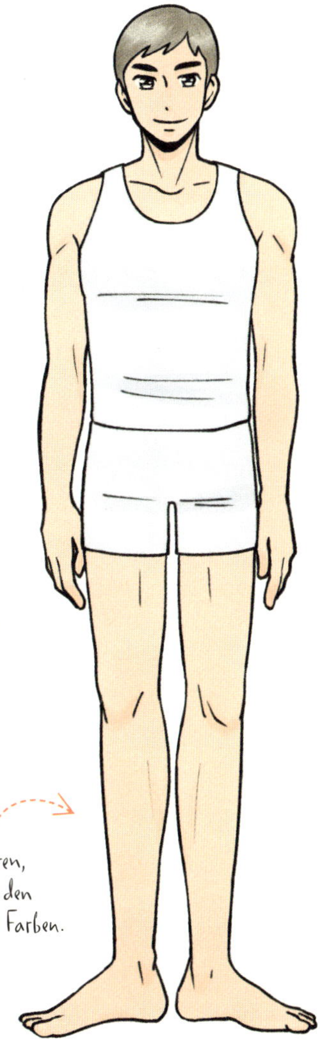

9 Zuletzt kolorieren, zum Beispiel in den vorgeschlagenen Farben.

Hauttöne

Chibi-Körper

Chibis haben ganz andere Proportionen. Zum Konstruieren genügen zwei Kreise – einer für den Kopf und einer für den ganzen Körper.

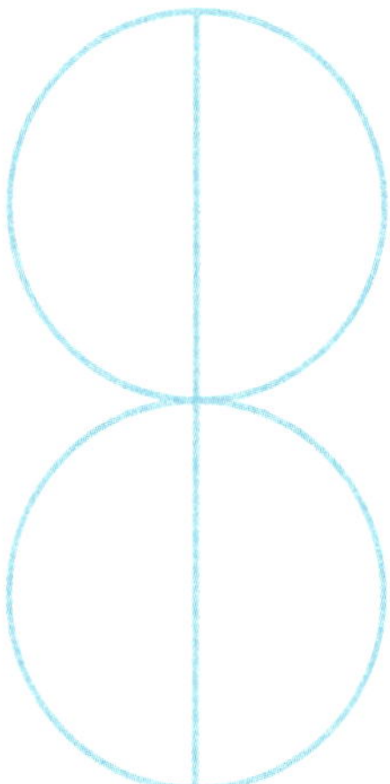

1 Chibi-Figuren sind meist zwei Kopfhöhen groß. Zwei Kreise und eine Mittelsenkrechte zeichnen.

2 Beide Kreise waagerecht halbieren. Die untere Hälfte des oberen Kreises nochmals halbieren (1), dann ein Oval einfügen (2).

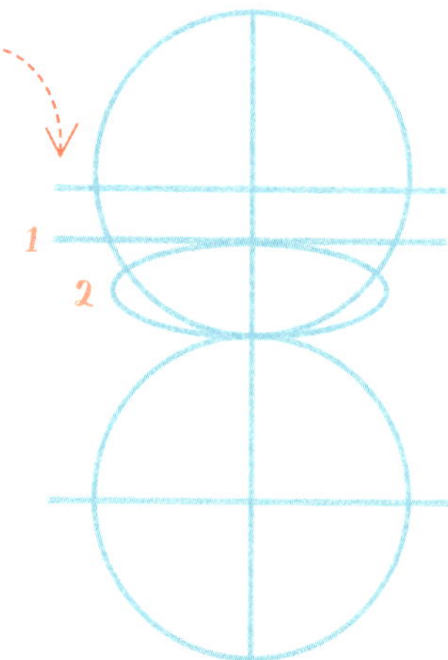

Tipp:
Chibi-Gesichter werden auf Seite 56–59 vorgestellt.

3 In die obere Hälfte des unteren Kreises drei Vierecke zeichnen: Hals (1), Rumpf (2) und Hüften (3).

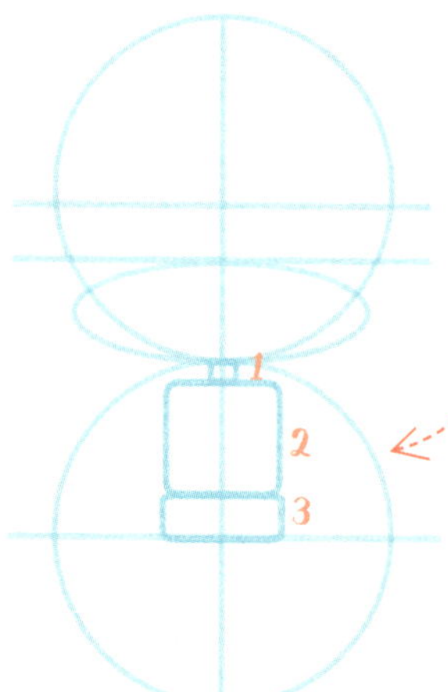

Tipp:
Für eine weibliche Figur die Vierecke abrunden und die Taille etwas schmaler zeichnen.

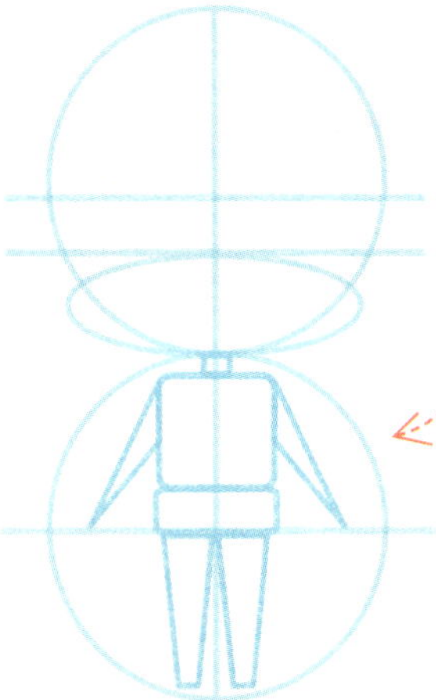

4 Für Arme und Beine längliche Dreiecke einzeichnen.

5 Die Figur deutlicher ausarbeiten und die Kleidung hinzufügen.

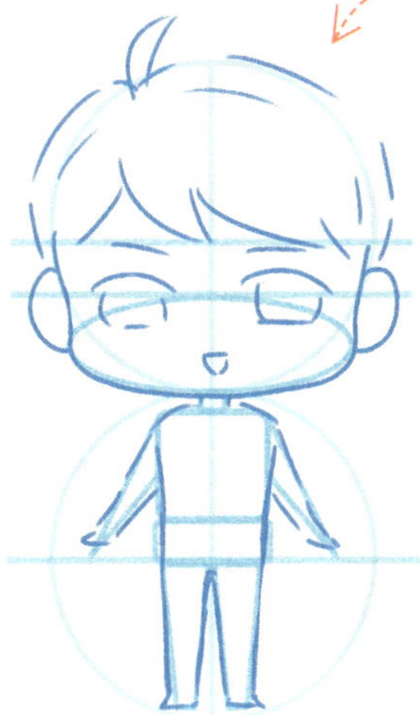

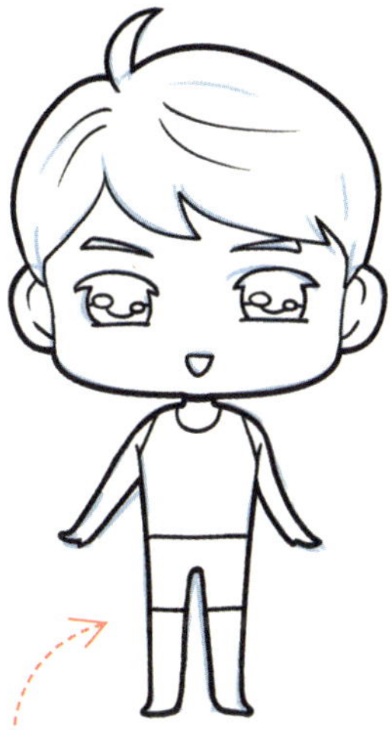

6 Die Linien mit dem Fineliner sorgfältig nachziehen. Die Hilfslinien ausradieren.

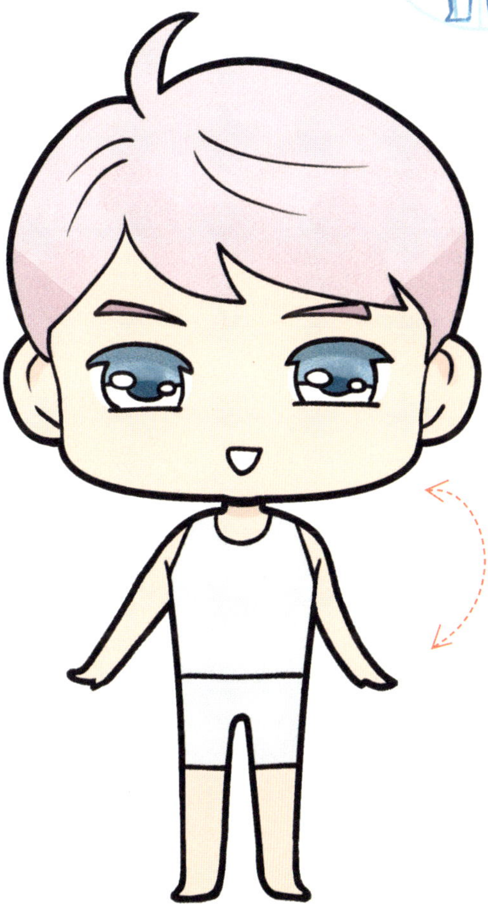

7 Zuletzt kolorieren (Vorschläge siehe unten).

Hauttöne

Offene Hand

Wenn man methodisch Schritt für Schritt vorgeht, sind Hände gar nicht so schwierig zu zeichnen.

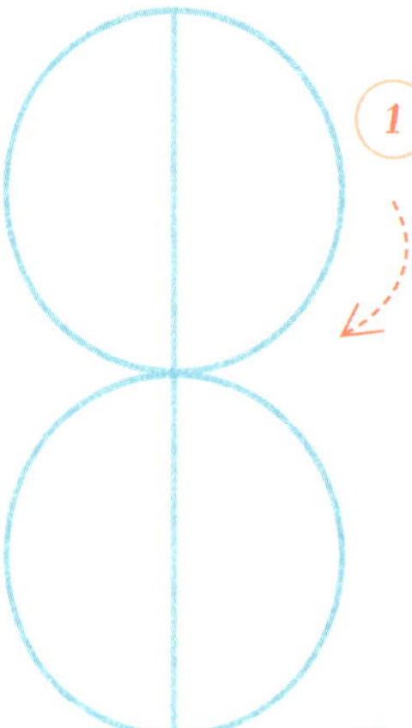

1 Zuerst zwei Kreise mit einer Mittelsenkrechten zeichnen.

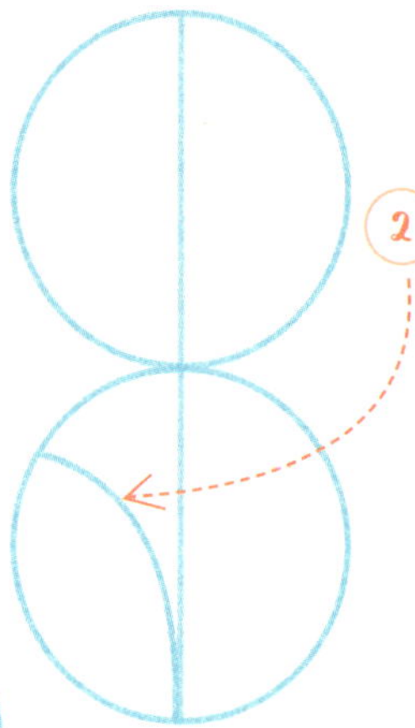

2 In die untere linke Hälfte einen Bogen einfügen.

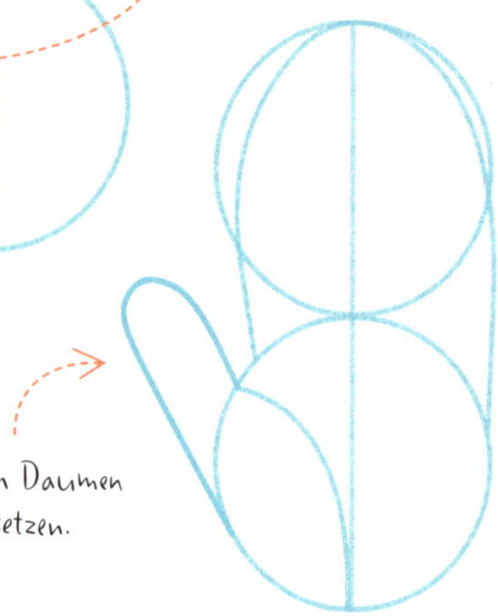

3 Den Daumen ansetzen.

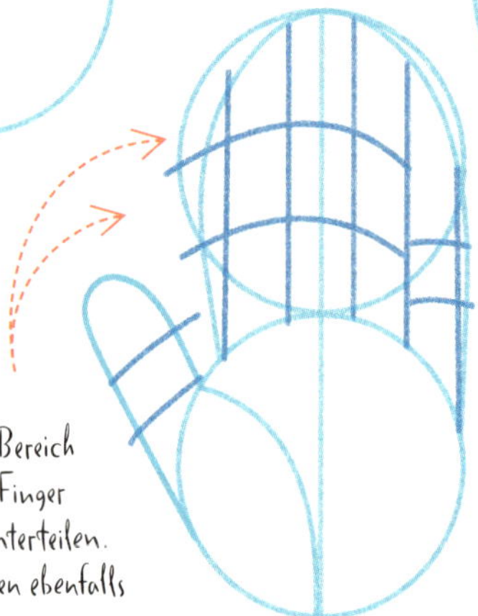

4 Den oberen Bereich für die vier Finger senkrecht unterteilen. Den Daumen ebenfalls unterteilen.

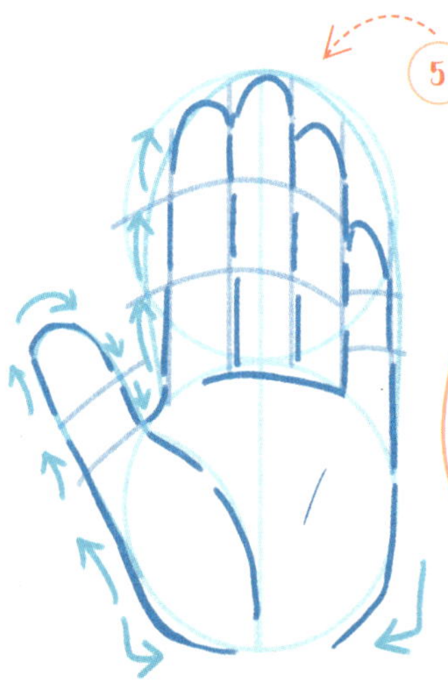

5 Die Linien in Pfeilrichtung nachzeichnen. Die untere Handfläche ist etwas kantig.

Tipp:
Mit diesen Grundregeln gelingen überzeugende Hände: Der Daumen sitzt tiefer als die Finger, sein unteres Gelenk liegt dicht an der Handfläche. Der Mittelfinger ist am längsten, der kleine Finger am kürzesten.

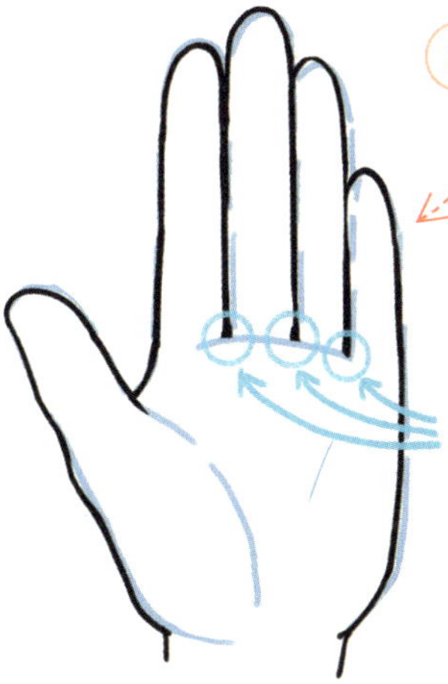

6 Die Konturen nicht in einem Zug, sondern schrittweise nachziehen. Auf die kleinen Lücken an den Fingeransätzen achten (siehe Pfeile). Die Hilfslinien ausradieren.

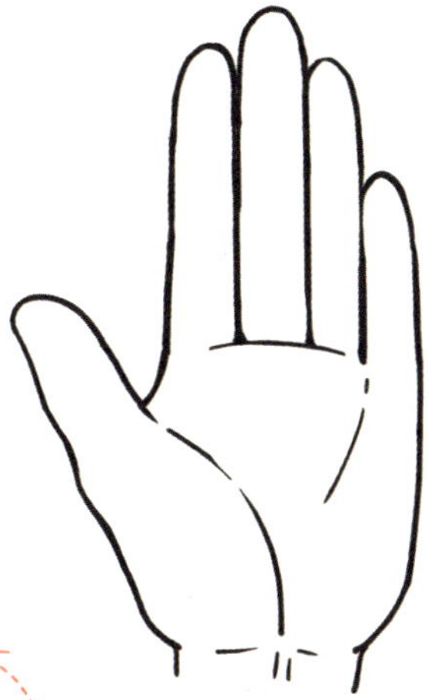

7 Einige der großen Handlinien einzeichnen.

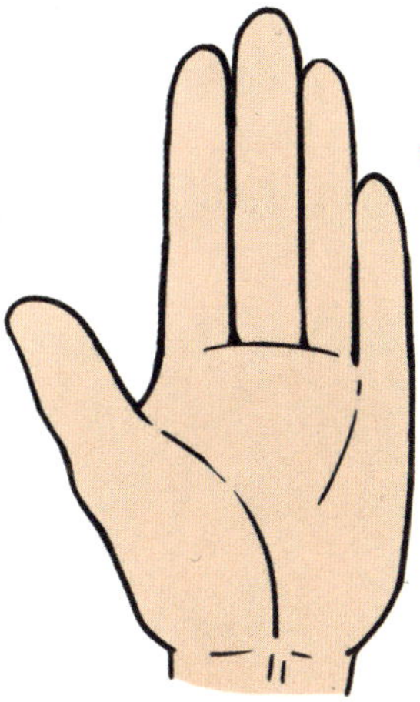

8 Die Hand in einer Hautfarbe kolorieren.

9 In der Mitte der Handfläche und an den Fingeransätzen leichte Schatten einfügen. Wenn die Figur viel an der frischen Luft unterwegs ist, können auch Fingerspitzen und Daumenballen abgedunkelt werden.

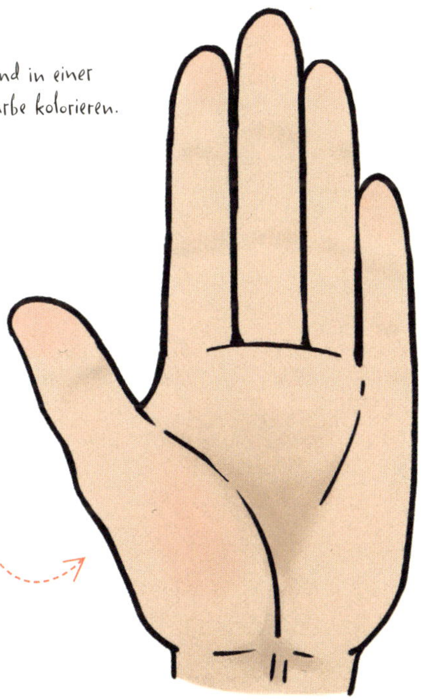

Hauttöne

Faust

Wer die flache Hand zeichnen kann, darf sich an die nächste Variante wagen – die Faust.

1 Einen Kreis zeichnen und senkrecht halbieren.

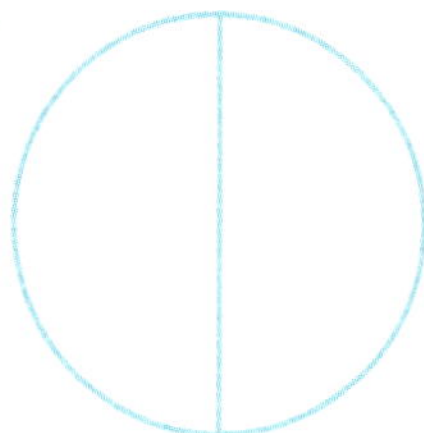

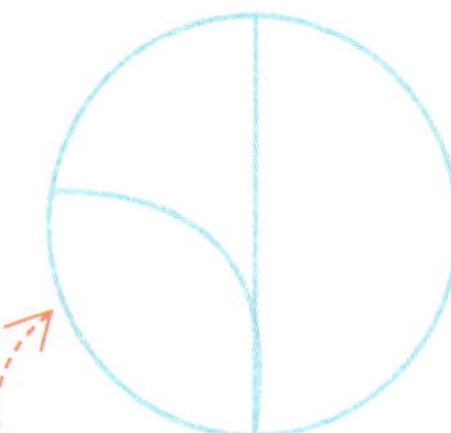

2 In die linke untere Hälfte einen Bogen zeichnen.

3 Ein unregelmäßiges Viereck einfügen. Es bedeckt etwa drei Viertel des Kreises.

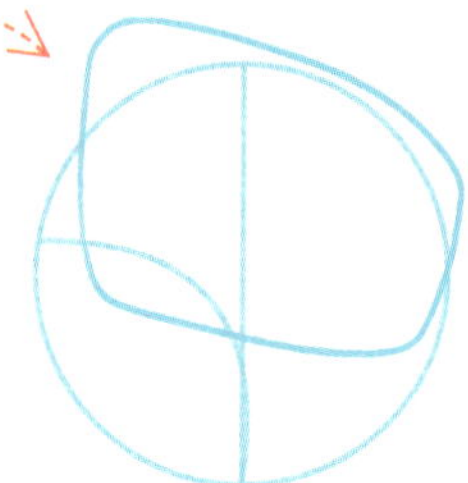

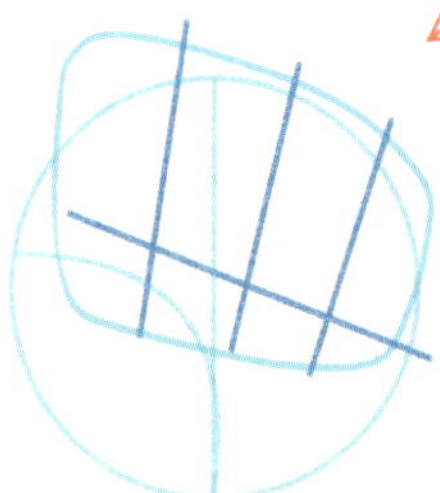

4 Das Rechteck für die Finger in vier senkrechte Teile gliedern. Ein Querstrich zeigt an, wo die Gelenke liegen.

5 Den Daumen aus zwei abgerundeten Rechtecken konstruieren.

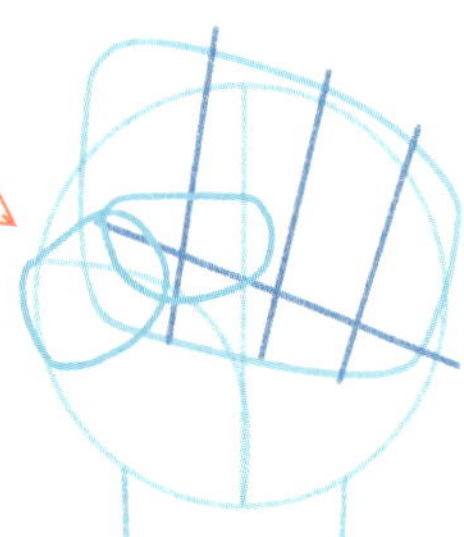

6 Die Striche schrittweise nachzeichnen (siehe Pfeile). Die unteren Ecken der Handfläche sind leicht kantig.

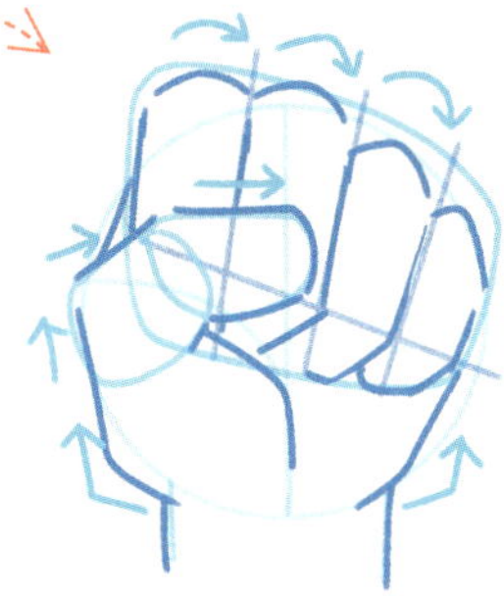

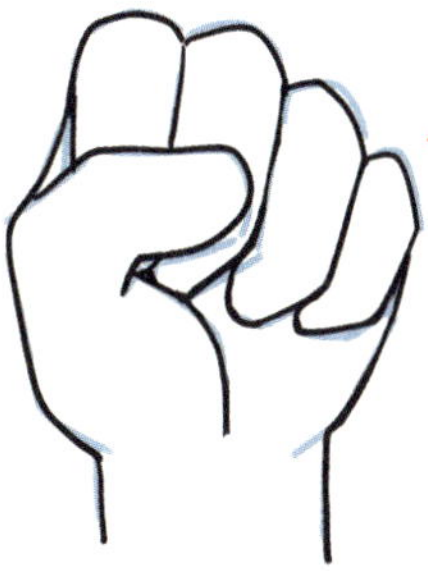

7 Die Umrisse mit Fineliner nachziehen – nicht in einem Zug, sondern Stück für Stück. Die Hilfslinien ausradieren.

8 Einige Details einzeichnen, beispielsweise die L-förmige Kontur des Daumennagels.

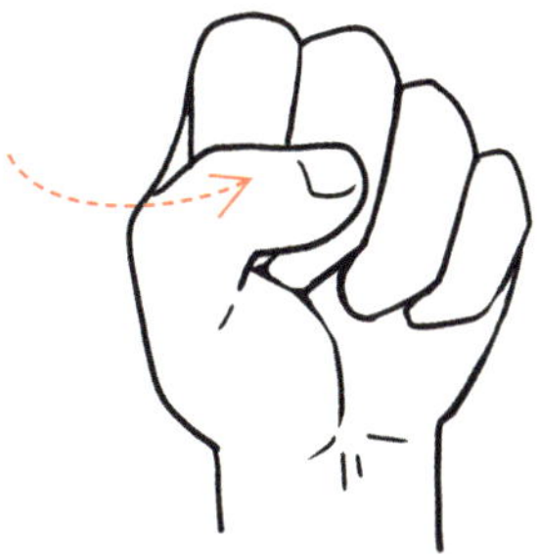

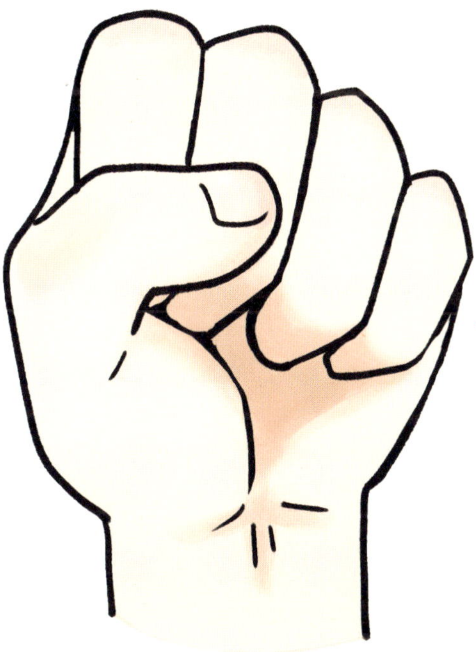

9 Die Hand kolorieren. Die Handinnenfläche und die zu ihr gekrümmten Fingerglieder dunkler eintönen. Wenn sich die Figur viel im Freien aufhält, die Fingerspitzen und den Daumenballen rötlich eintönen.

Hauttöne

Arm

Die Figur von Personen ist enorm variabel, aber Arme sind meistens glatt und weich gerundet.

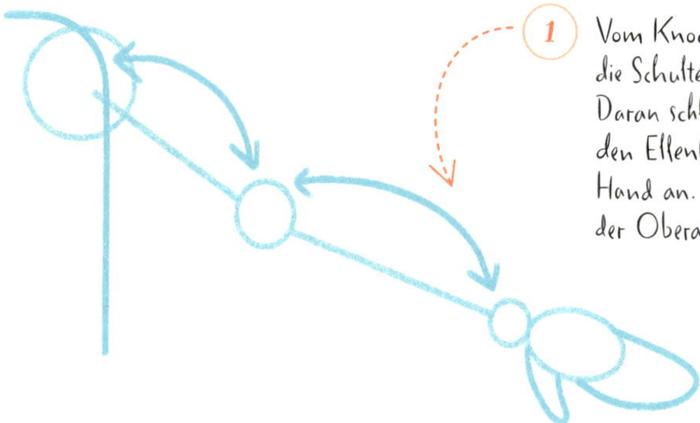

1 Vom Knochenbau ausgehen. Einen Kreis für die Schulter oder den Deltamuskel zeichnen. Daran schließen sich Oberarm, ein Kreis für den Ellenbogen, Unterarm, Handgelenk und Hand an. Der Unterarm ist etwas länger als der Oberarm (siehe Pfeile).

2 Die Form des Oberarms ausarbeiten (siehe Pfeile).

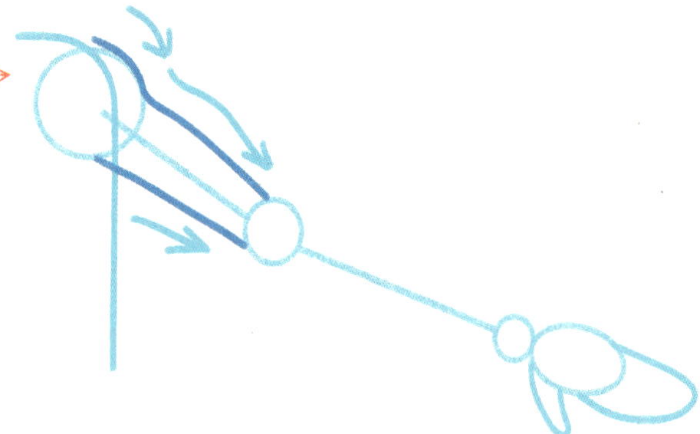

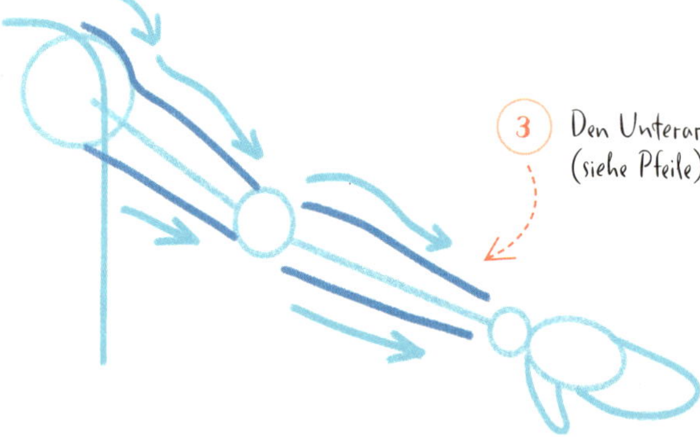

3 Den Unterarm ausarbeiten (siehe Pfeile).

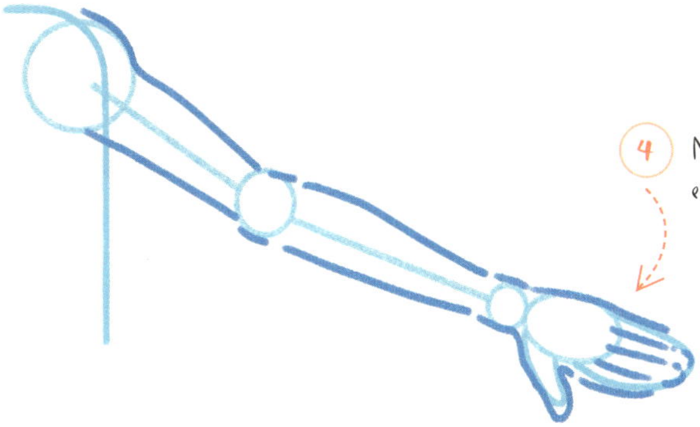

4 Nun Finger und Daumen einzeichnen.

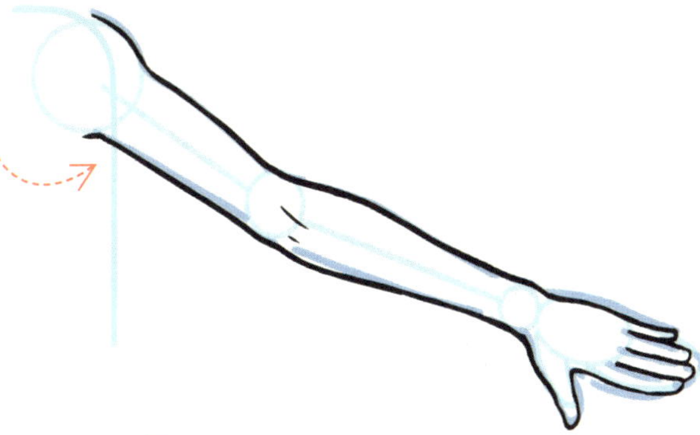

5 Die Umrisse sorgfältig nachziehen. Die Hilfslinien ausradieren.

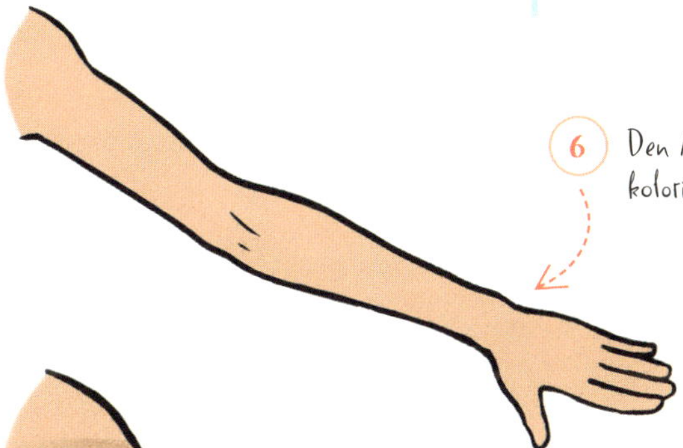

6 Den Arm in Hautfarbe kolorieren.

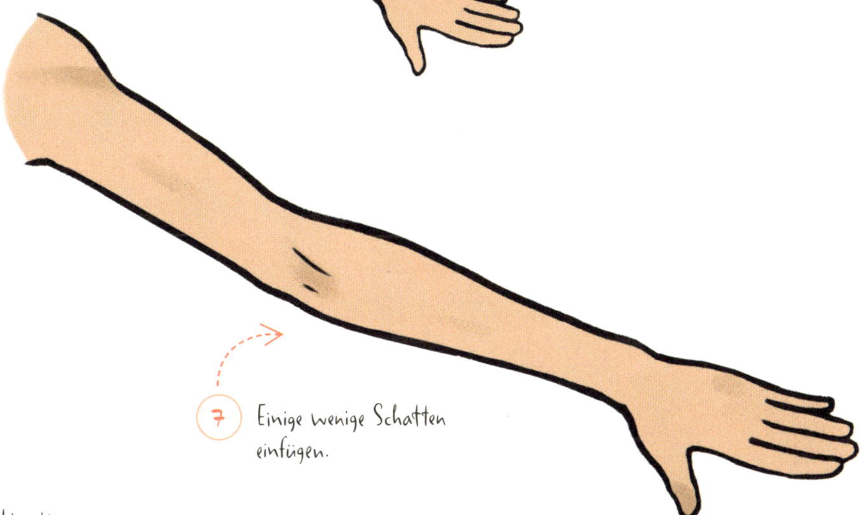

7 Einige wenige Schatten einfügen.

Hauttöne

Muskulöser Arm

Dieser Arm ist deutlich stärker definiert. Beim Zeichnen müssen die Muskeln und Sehnen herausgearbeitet werden.

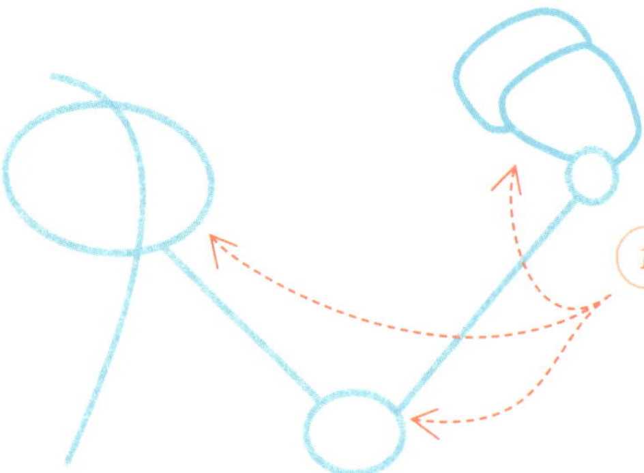

1 Zuerst ein relativ großes Oval für den Deltamuskel an der Schulter zeichnen. Daran schließen sich Oberarm, ein Kreis für den Ellenbogen, Unterarm, Handgelenk und Hand an.

2 Schulter und Oberarm ausarbeiten (siehe Pfeile). Deltamuskel und Bizeps mit deutlichen Bögen darstellen.

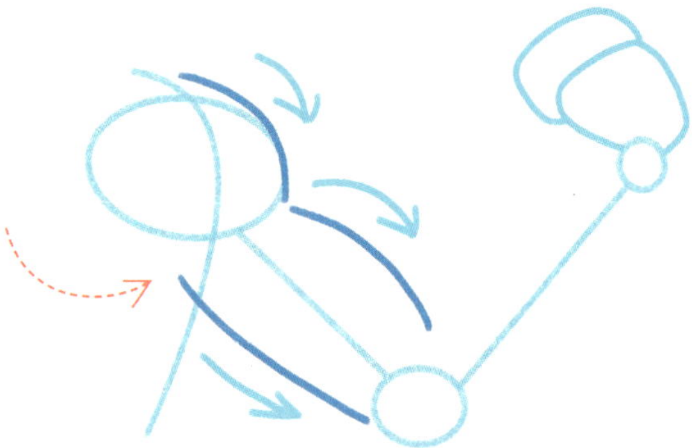

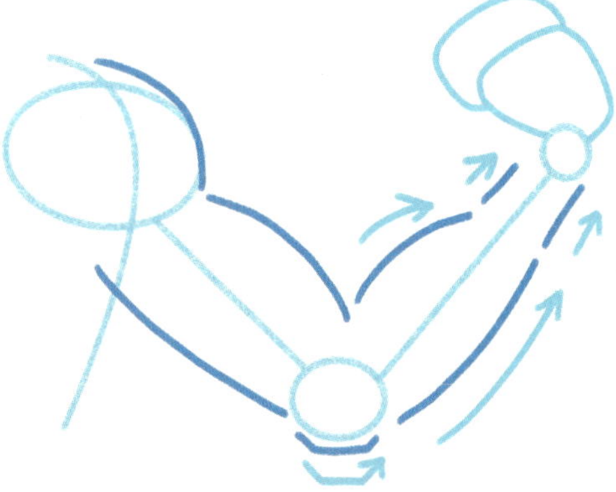

3 Den Unterarm anfügen, er wird zum Handgelenk hin schmaler (siehe Pfeile). Die Konturen sind größtenteils Bogenformen.

4 Zuletzt die Hand anfügen und einige Muskeln durch Striche andeuten. Der Ellenbogen ist etwas kantig.

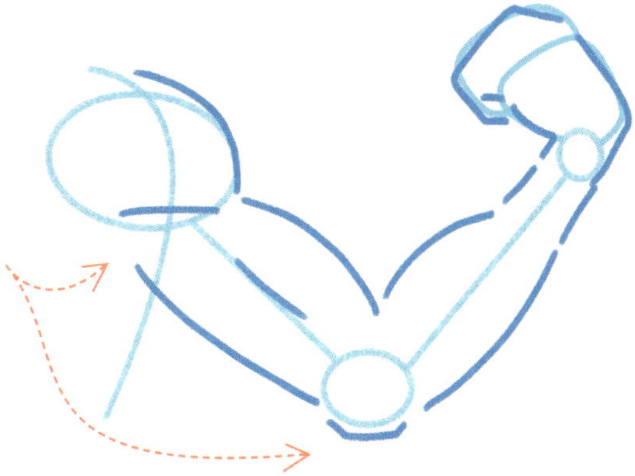

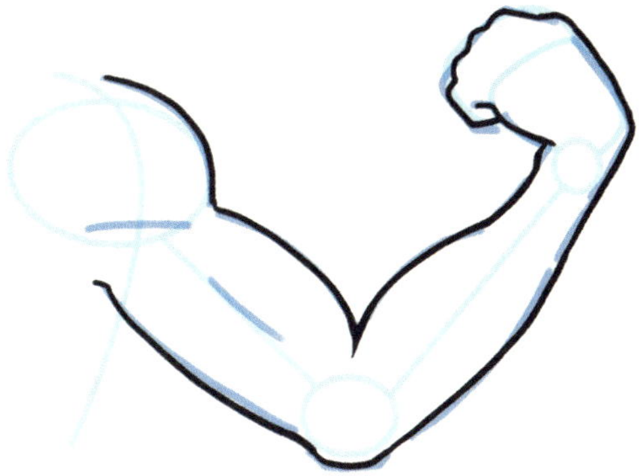

5 Die Umrisse mit Fineliner nachzeichnen und die Hilfslinien ausradieren.

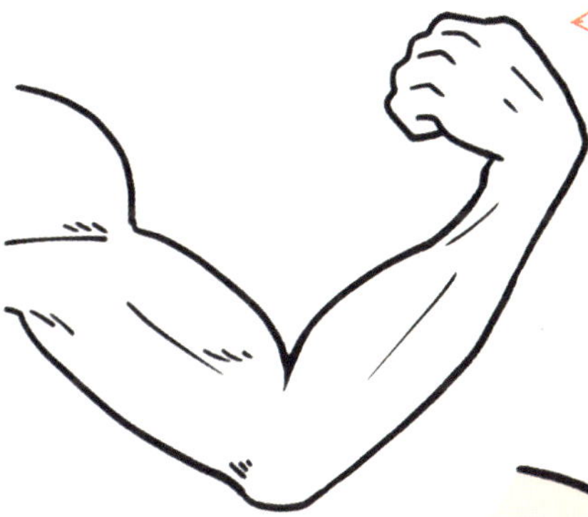

6 Deltamuskel, Bizeps und Unterarmmuskeln mit kurzen Strichen deutlicher herausarbeiten.

7 Den Arm kolorieren, danach Schatten an der Unterseite und entlang der großen Muskeln einfügen.

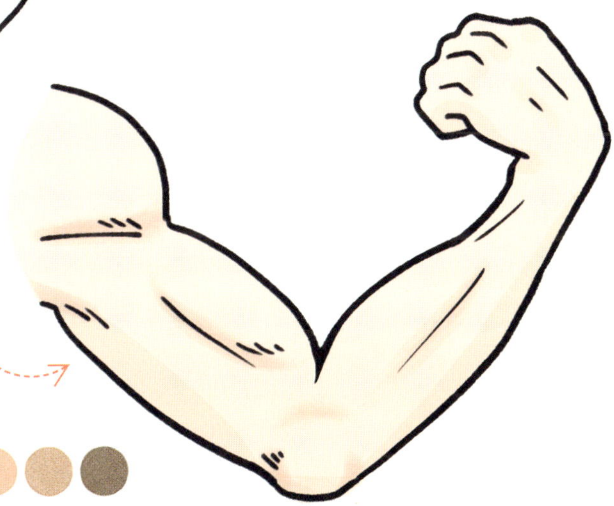

Hauttöne

Bein

Beine sollen nicht wie Zahnstocher aussehen. So wird es gemacht.

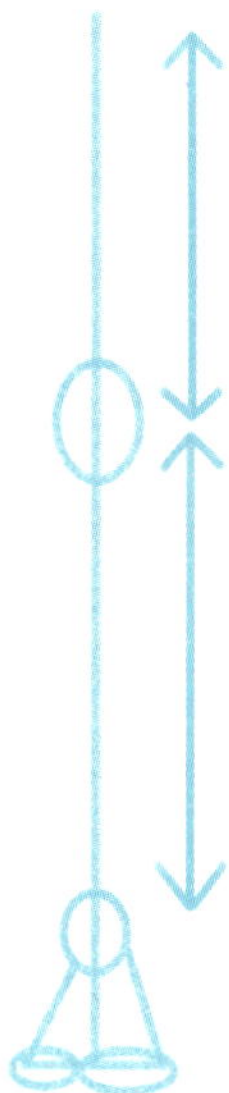

1 Einen senkrechten Strich in der benötigten Länge zeichnen. Am unteren Ende den Fuß grob vorzeichnen (siehe S. 80–81). Knapp oberhalb der Mitte des senkrechten Strichs das Knie mit einem Oval andeuten.

Tipp:
Bei Manga-Figuren ist der Unterschenkel meist etwas länger als der Oberschenkel.

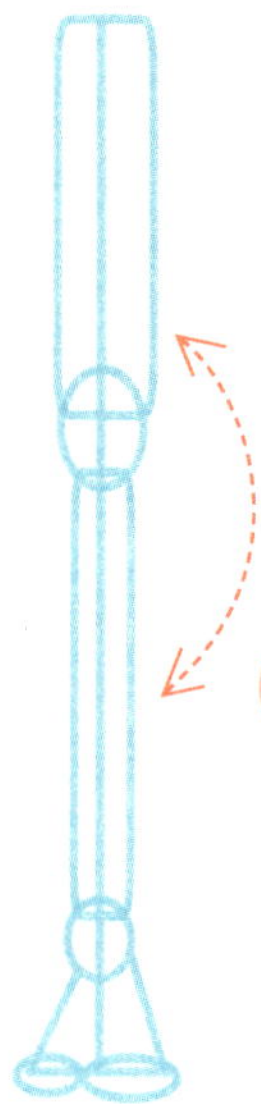

2 Zwei längliche Rechtecke hinzufügen: ein breiteres für den Oberschenkel und ein schmaleres für den Unterschenkel.

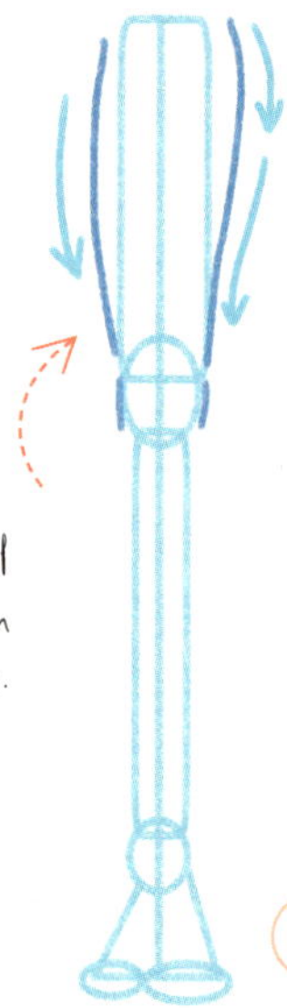

3 Den Oberschenkel mit bogenförmigen Linien ausarbeiten.

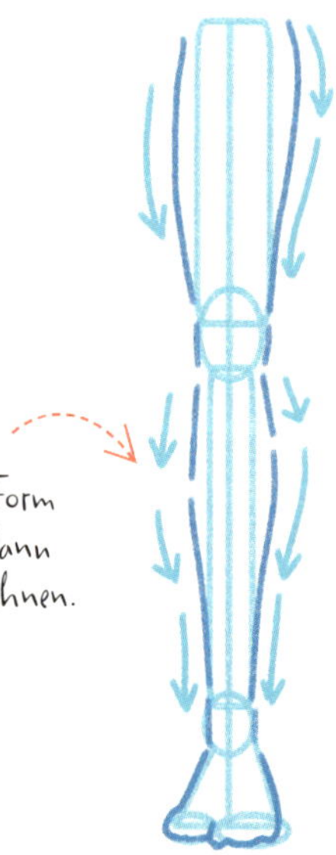

4 Den Unterschenkel in Form bringen (siehe Pfeile), dann den Fuß deutlicher zeichnen.

5 Die Linien mit Fineliner nachzeichnen. Die Hilfslinien ausradieren.

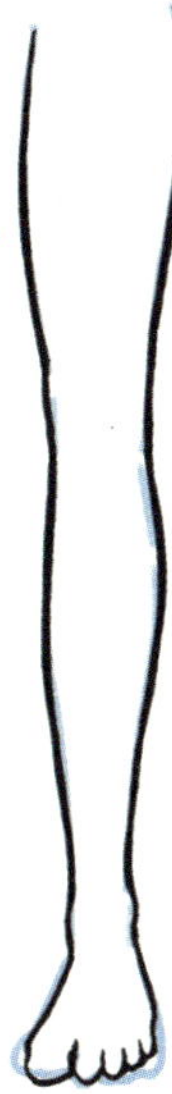

6 Details wie Kniescheibe und Schienbein andeuten. Für ein wenig muskulöses Bein genügen wenige Details.

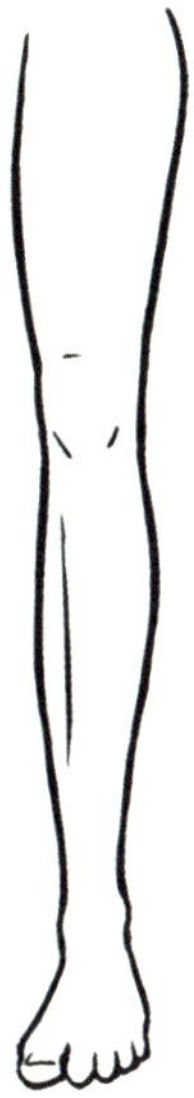

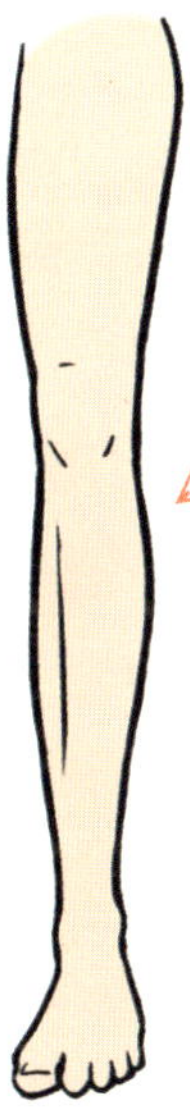

7 In Hautfarbe kolorieren.

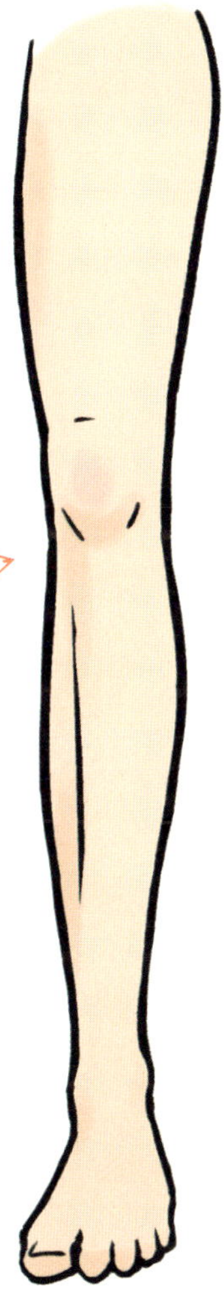

8 Zarte Schatten unter der Kniescheibe, an der Beininnenseite und den Füßen einfügen. Für eine junge Person einen rötlichen Farbton verwenden.

Hauttöne

Muskulöses Bein

Je nach Figurentyp kann das Bein auch eine ausgeprägte Muskulatur aufweisen.

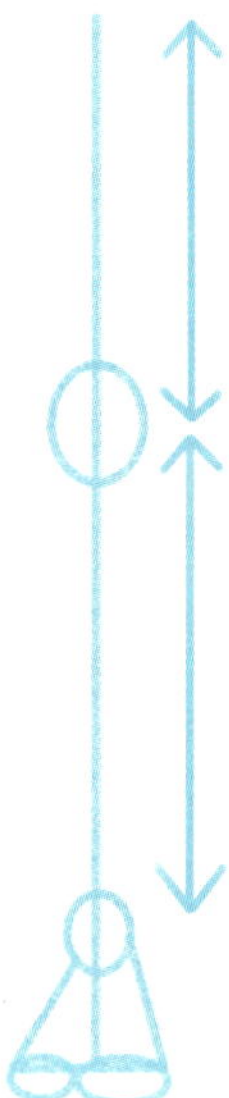

1 Einen senkrechten Strich in der benötigten Länge zeichnen. Am unteren Ende den Fuß grob vorzeichnen (siehe S. 80–81). Knapp oberhalb der Mitte des senkrechten Strichs das Knie mit einem Oval andeuten.

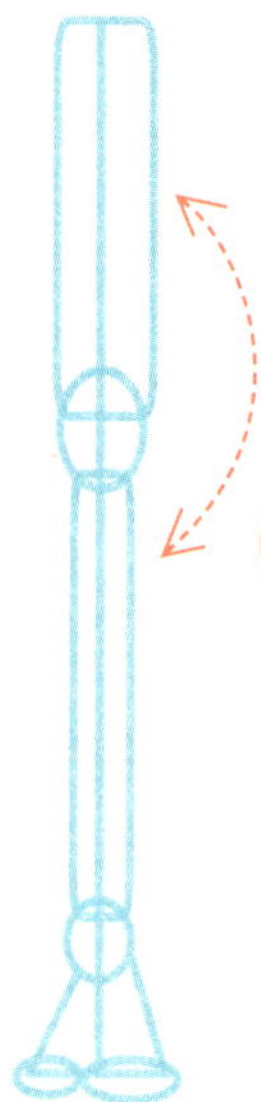

2 Zwei längliche Rechtecke hinzufügen: ein breiteres für den Oberschenkel und ein schmaleres für den Unterschenkel.

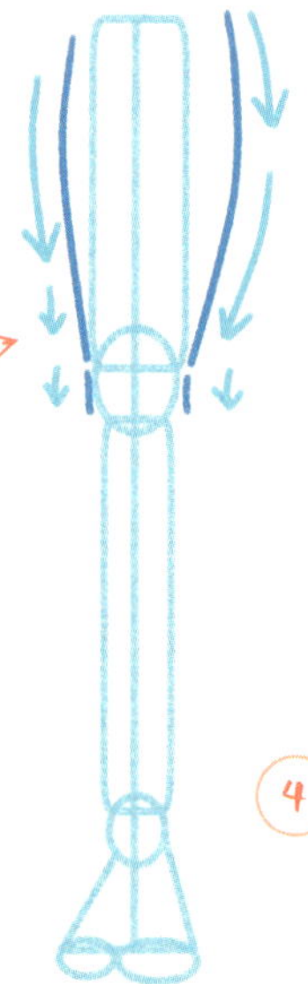

3 Den Oberschenkel mit bogenförmigen Linien recht füllig ausarbeiten.

4 Den Unterschenkel ebenfalls füllig formen, (siehe Pfeile), dann den Fuß deutlicher zeichnen.

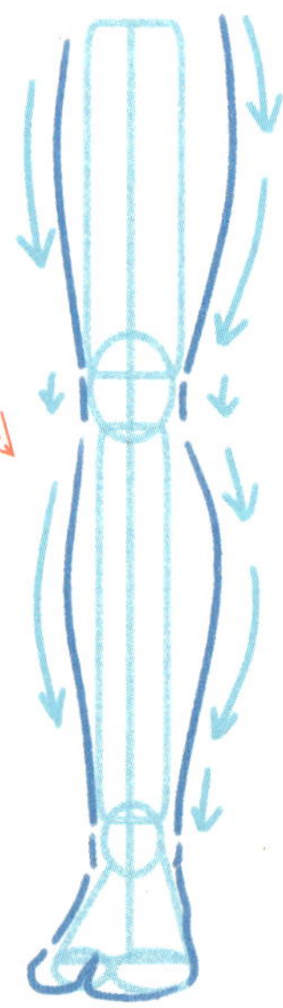

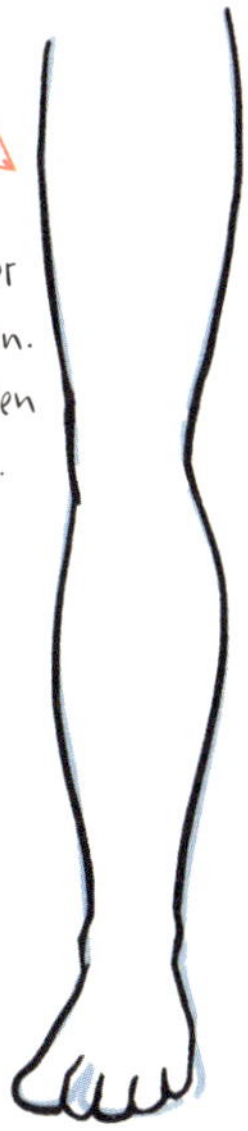

5 Die Linien mit Fineliner nachzeichnen. Die Hilfslinien ausradieren.

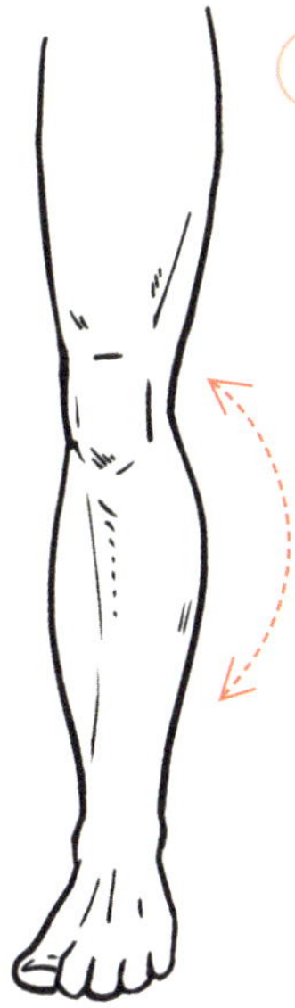

6 Details wie Kniescheibe und Schienbein andeuten. Muskelstränge mit kurzen schrägen Strichen andeuten.

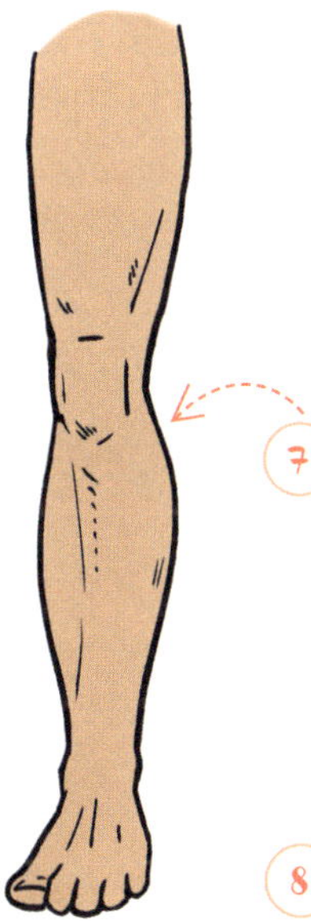

7 In Hautfarbe kolorieren.

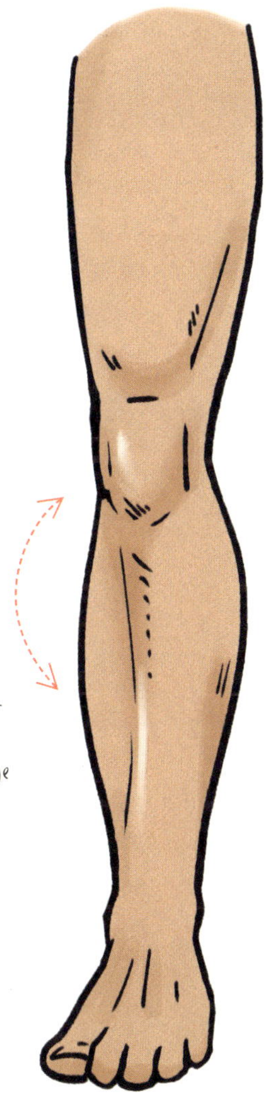

8 Zarte Schatten unter der Kniescheibe, an der Beininnenseite und entlang der Muskelstränge einfügen. Auf dem Knie und dem Schienbein können Lichtreflexe eingefügt werden.

Hauttöne

Fuß von der Seite

Füße gelten als schwierig zu zeichnen. Für die Seitenansicht braucht man aber nicht viel mehr als zwei Dreiecke.

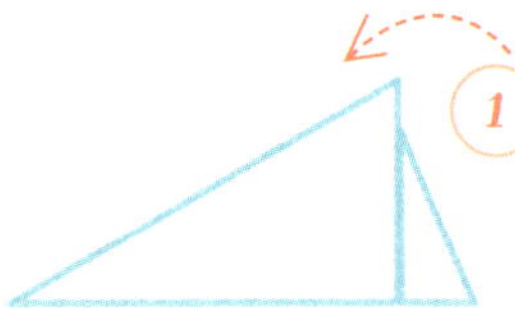

1 Zwei Dreiecke wie abgebildet zeichnen.

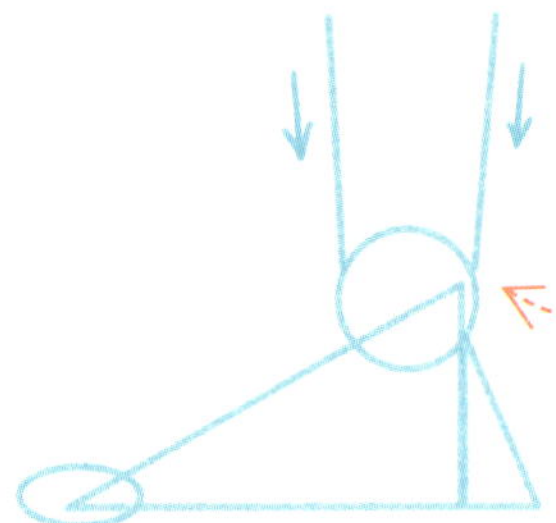

2 Oben einen Kreis und unten links ein Oval einfügen. Zwei senkrechte Striche gehen vom oberen Kreis aus.

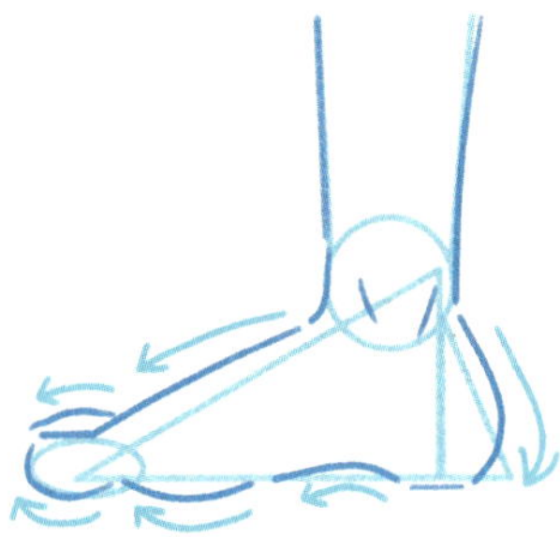

3 Den Fuß mit flüssigen Strichen ausarbeiten. Die Ferse und das Fußgewölbe abrunden. Mit einem kleinen Strich über dem großen Zeh die anderen Zehen andeuten.

4 Die Umrisse mit Fineliner nachzeichnen, dabei das Knöchelgelenk und den Nagel des großen Zehs mit kurzen Strichen darstellen.

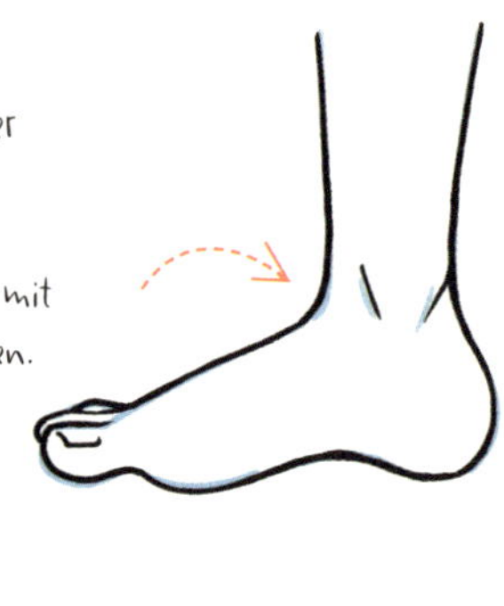

5 Den Fuß kolorieren und Schatten einfügen.

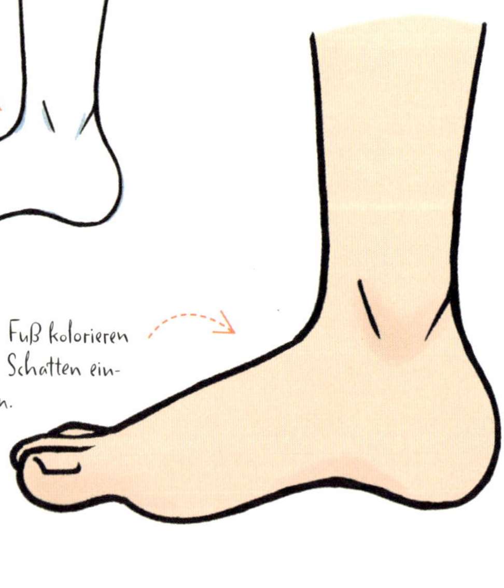

Hauttöne

Fuß von vorn

Wer stehende Figuren zeichnen will, sollte die Füße auch in der Frontalansicht darstellen können.

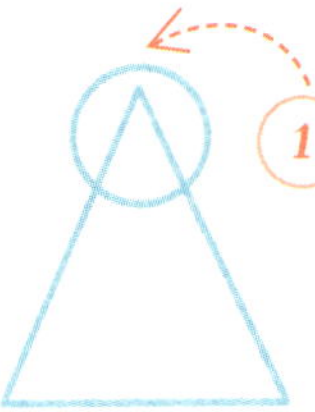

1 Ein gleichschenkliges Dreieck zeichnen. Auf die Spitze einen Kreis für den Knöchel setzen.

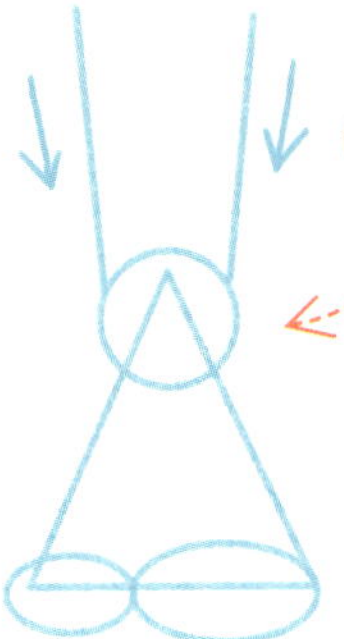

2 Zwei senkrechte Striche für das Bein anfügen. Auf die Grundlinie des Dreiecks zwei Ovale zeichnen: ein kleines runderes und ein großes flacheres.

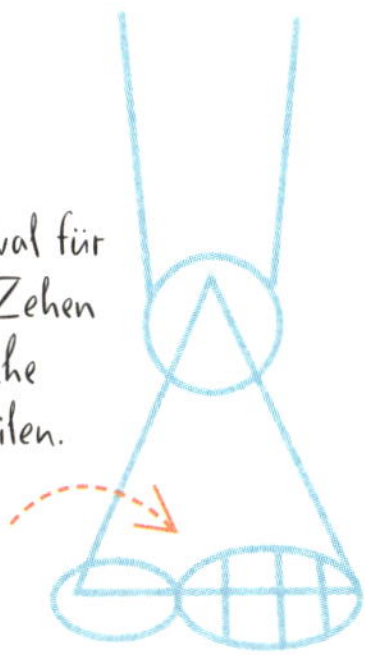

3 Das große Oval für die kleineren Zehen in vier ungleiche Abschnitte teilen.

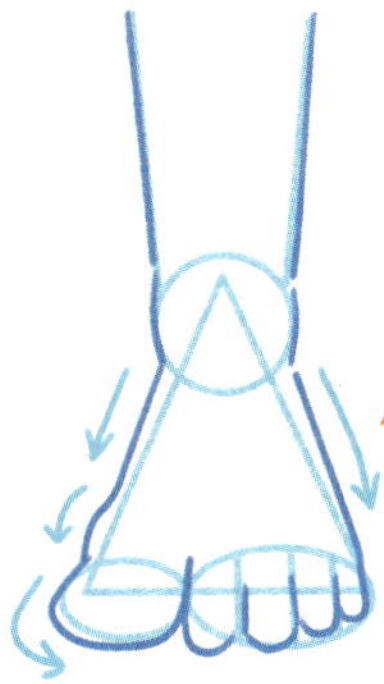

4 Den Fuß mit runderen Konturlinien zeichnen (siehe Pfeile).

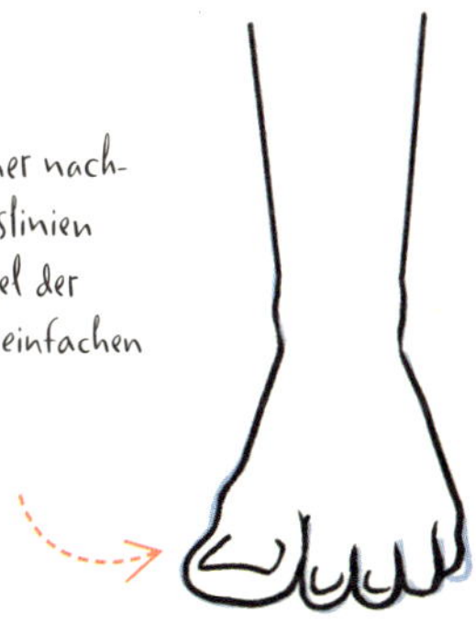

5 Die Striche mit Fineliner nachzeichnen und die Hilfslinien ausradieren. Die Nägel der ersten drei Zehen mit einfachen Strichen andeuten.

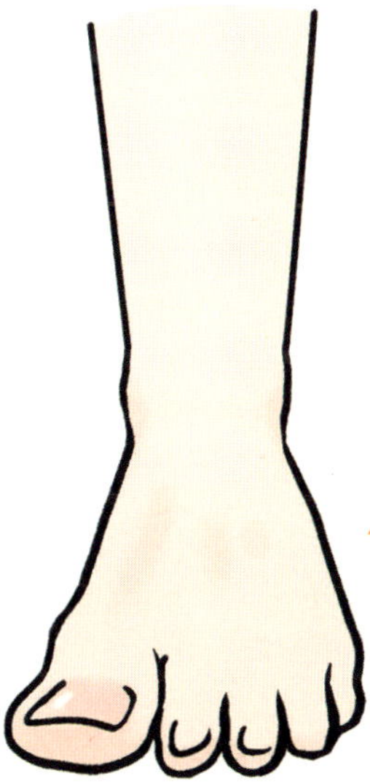

6 Den Fuß kolorieren und leicht schattieren.

Hauttöne

Fuß: Turnschuh

Weil Manga-Figuren selten barfuß unterwegs sind, sollten Sie auch üben, verschiedene Schuhmodelle zu zeichnen.

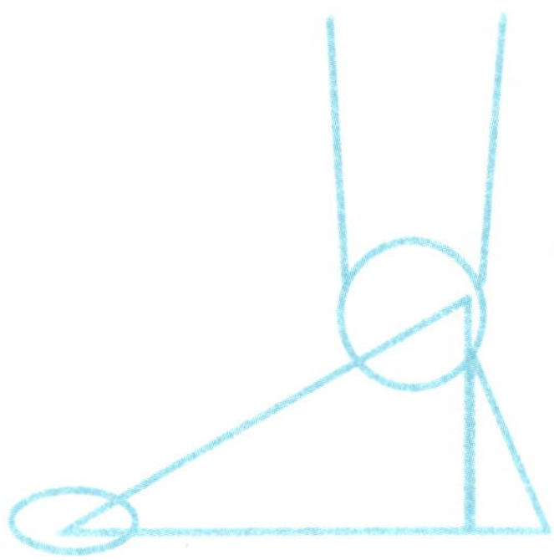

1 Wie beim Fuß in Seitenansicht beginnen (siehe Seite 80).

2 Den Fuß grob ausarbeiten.

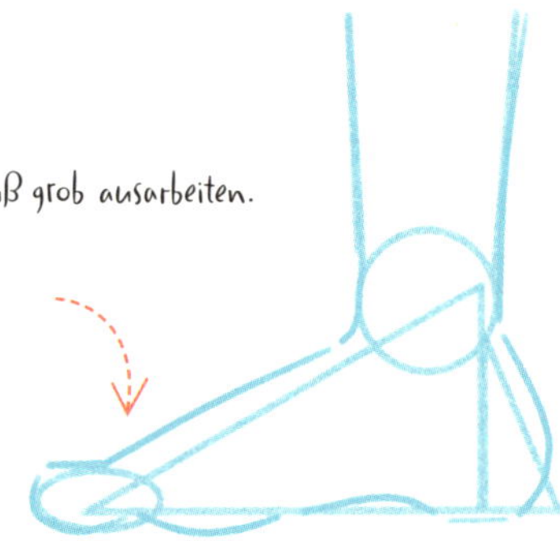

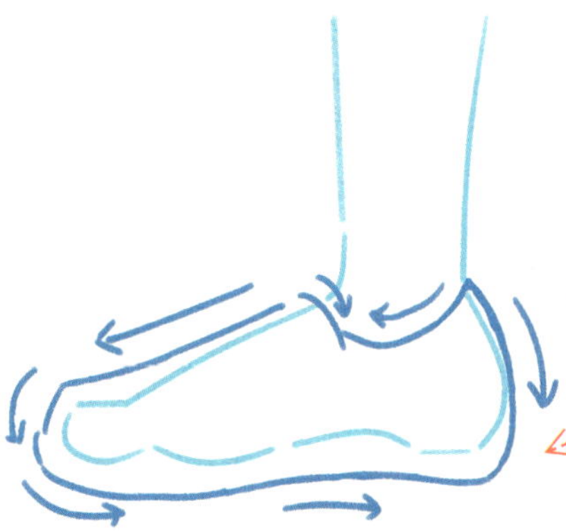

3 Den Umriss des Schuhs grob skizzieren, dabei in Pfeilrichtung vorgehen.

Tipp:
Jeder Schuh hat seine speziellen Charakteristika, die Sie sich vor dem Zeichnen genau anschauen sollten. Damit der Schuhtyp erkennbar ist, dürfen sie beim Vereinfachen nicht verloren gehen.

4 Erste Details einfügen: Die Zehenkappe, die vordere Öffnung und die Sohle.

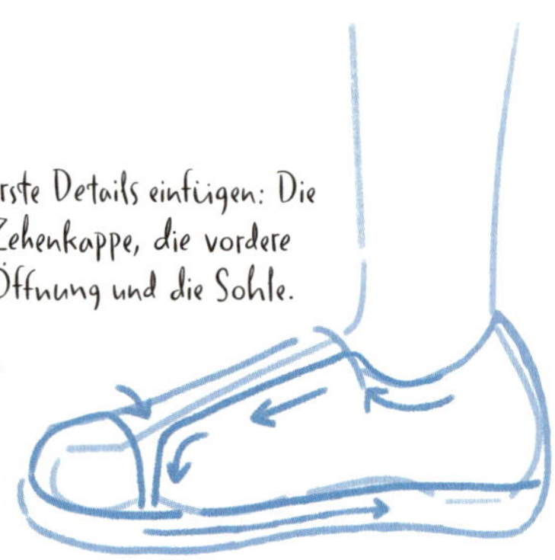

5 Die Ösen in einer Reihe und in gleichmäßigen Abständen einzeichnen.

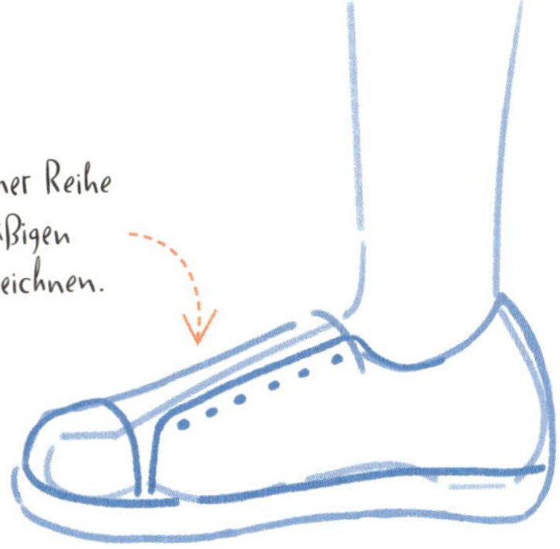

6 Auch die Schnürsenkel vor dem Zeichnen an einem echten Schuh studieren.

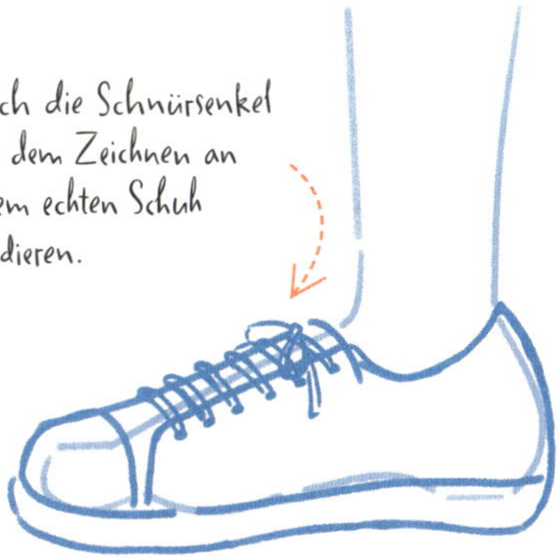

7 Die Striche sorgfältig mit dem Fineliner nachzeichnen. Die Hilfslinien ausradieren. Details wie die Steppnähte einfügen.

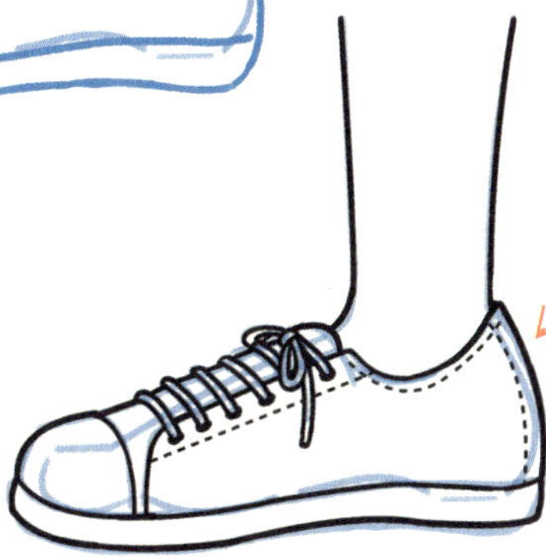

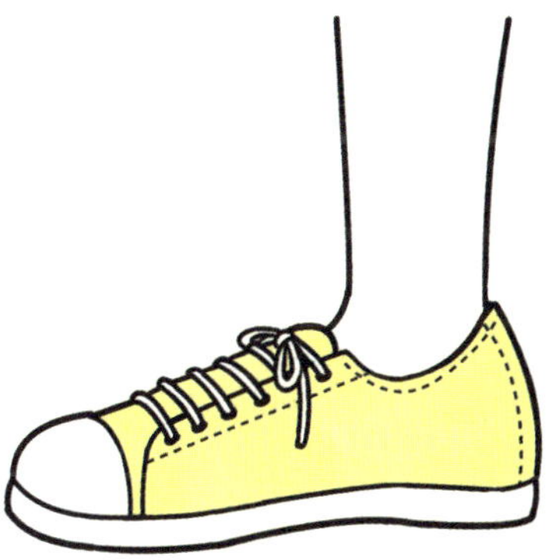

8 Den Schuh kolorieren.

9 Das Bein kolorieren und den Knöchel leicht schattieren.

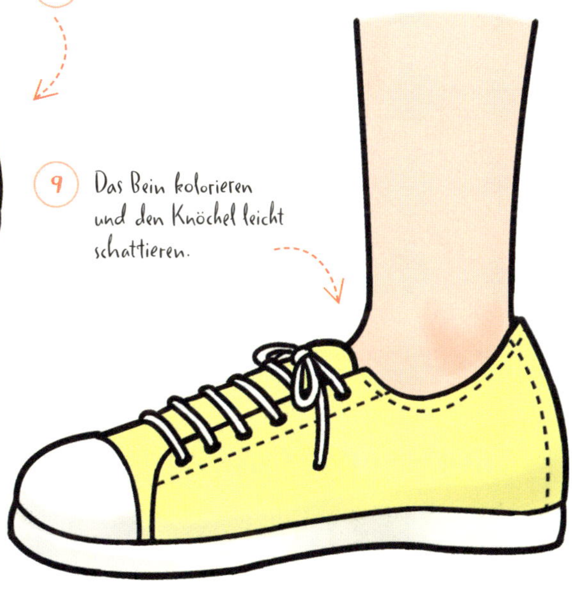

Fuß: Pumps

Wie wäre es mit Pumps in knalligem Pink für einen großen Auftritt?

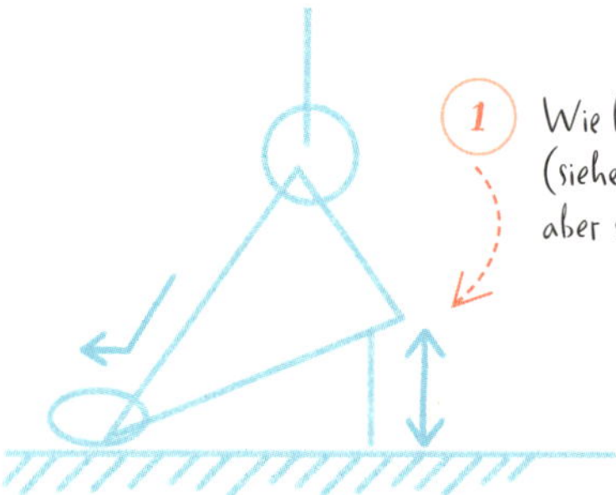

1 Wie beim Fuß in Seitenansicht beginnen (siehe S. 80), hier wird das Dreieck aber schräg gestellt.

2 Den Fuß grob ausarbeiten.

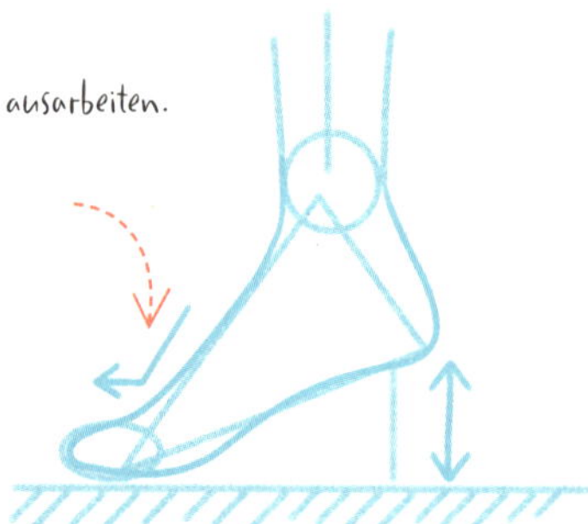

3 Den Umriss des Schuhs grob skizzieren, dabei in Pfeilrichtung vorgehen.

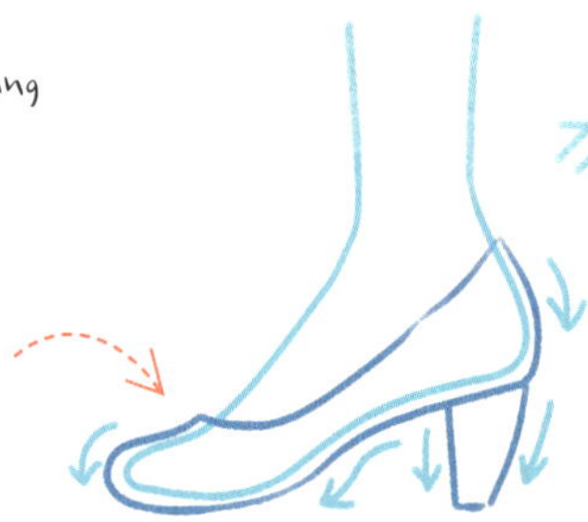

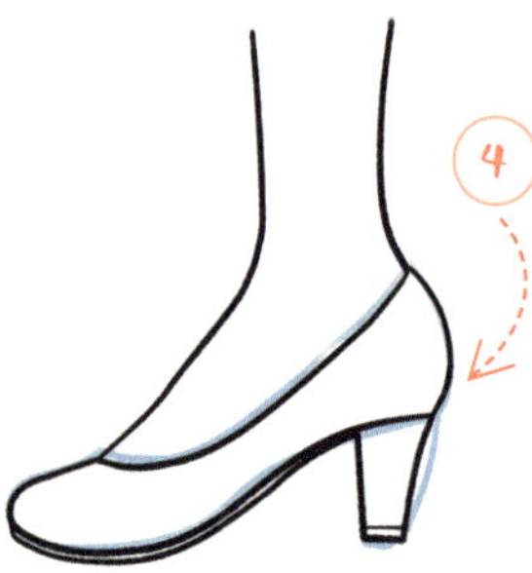

4 Die Striche sorgfältig mit dem Fineliner nachziehen. Details wie die Sohle einfügen.

5 Schuh und Fuß kolorieren. Den Knöchel leicht schattieren.

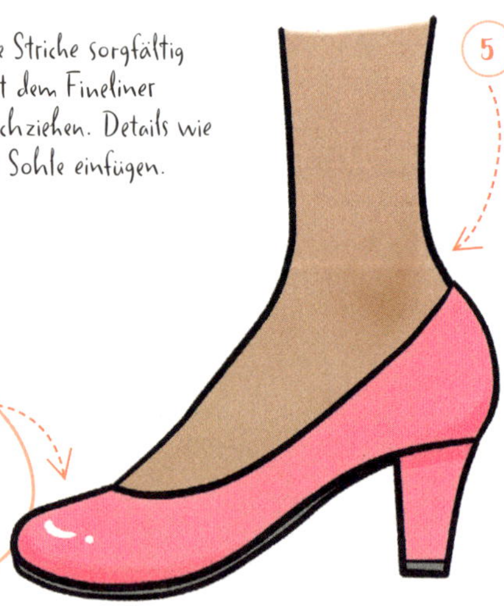

Tipp:
Für Lackschuhe mit einem deckenden weißen Stift Lichtreflexe einzeichnen.

Fuß: Stiefel

Stiefel können je nach Modell robust, modisch oder lässig aussehen.

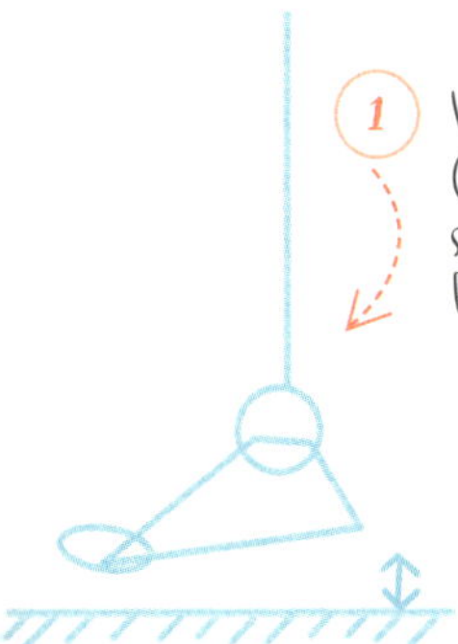

1 Wie beim Fuß in Seitenansicht beginnen (siehe S. 80), das Dreieck aber leicht schräg stellen und etwas Platz zwischen Boden und Fuß lassen.

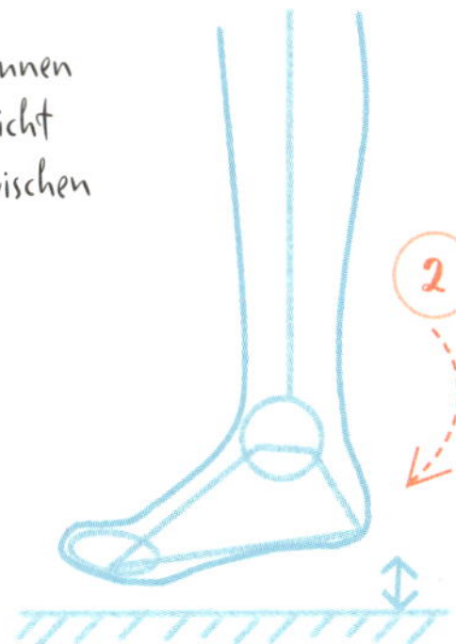

2 Den Fuß grob ausarbeiten.

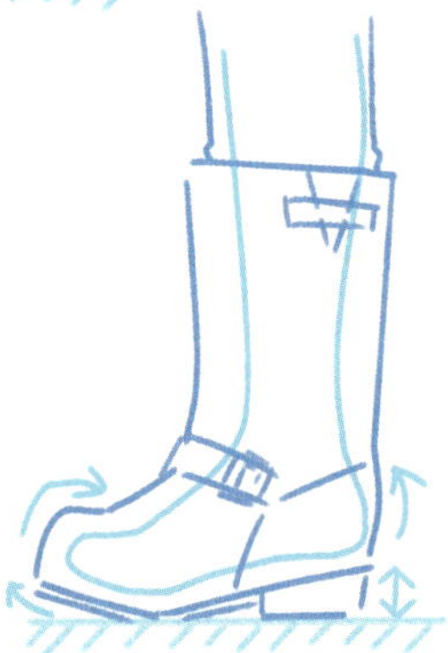

3 Den Umriss des Stiefels zeichnen, dabei in Pfeilrichtung vorgehen.

4 Die Striche mit einem etwas dickeren Fineliner nachziehen, um das derbe Material zum Ausdruck zu bringen. Sohle, Nähte, Schnallen und andere Details einzeichnen.

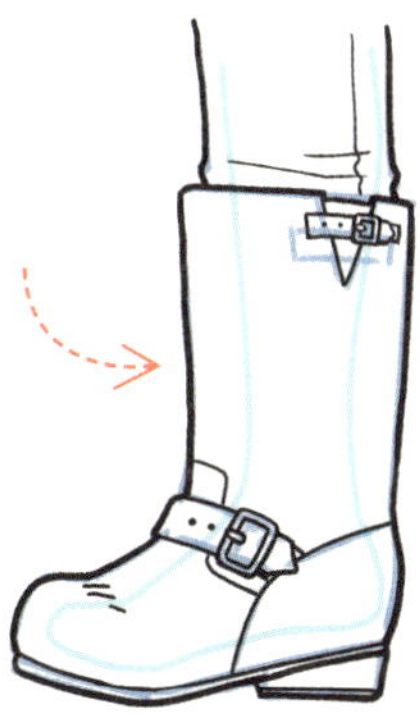

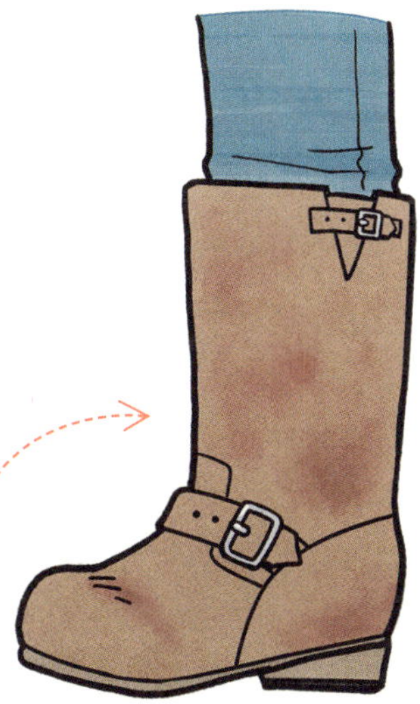

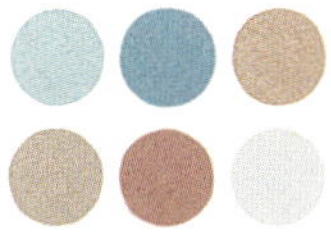

5 Den Stiefel kolorieren. Durch Schattierungen die Textur des Leders darstellen.

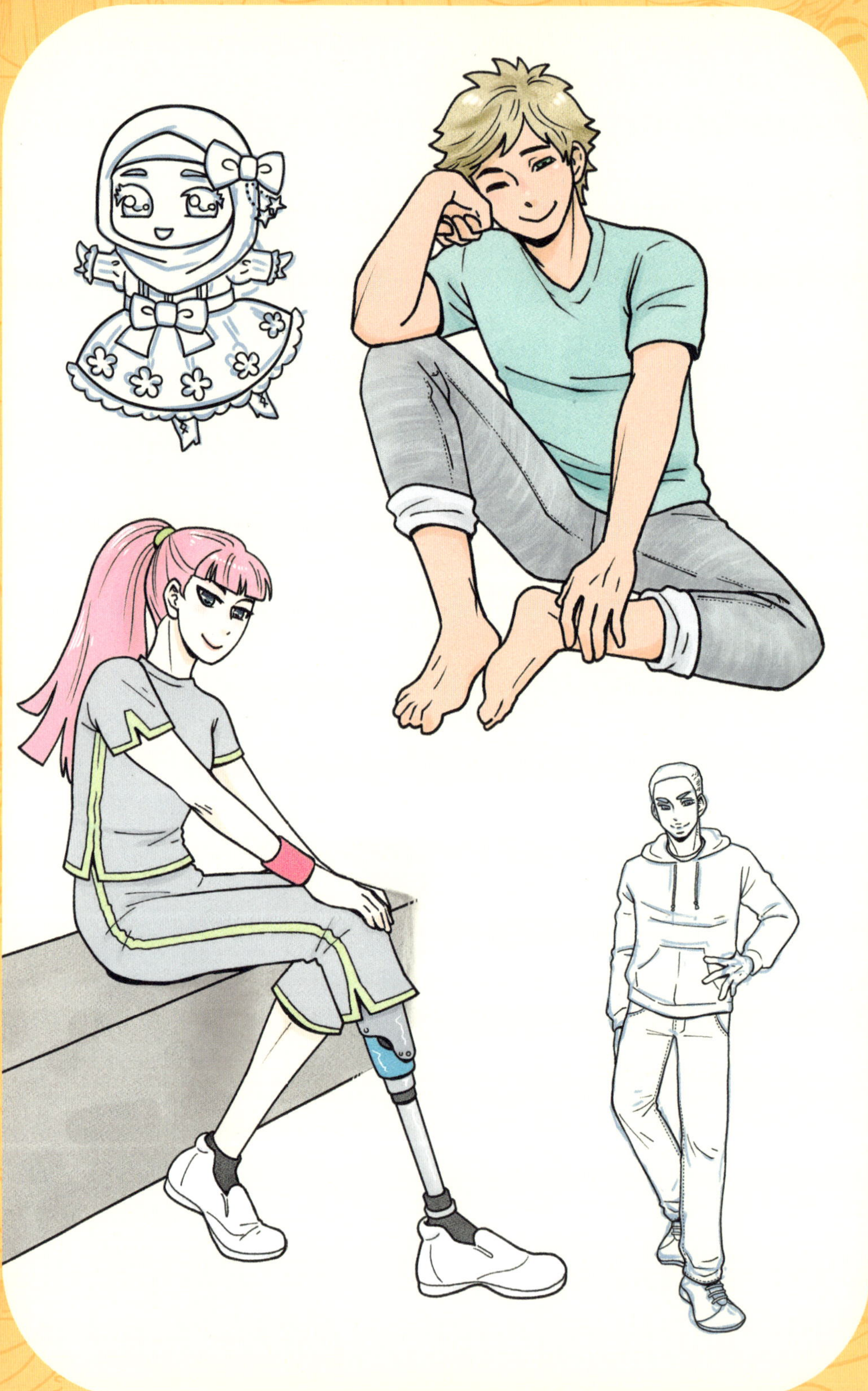

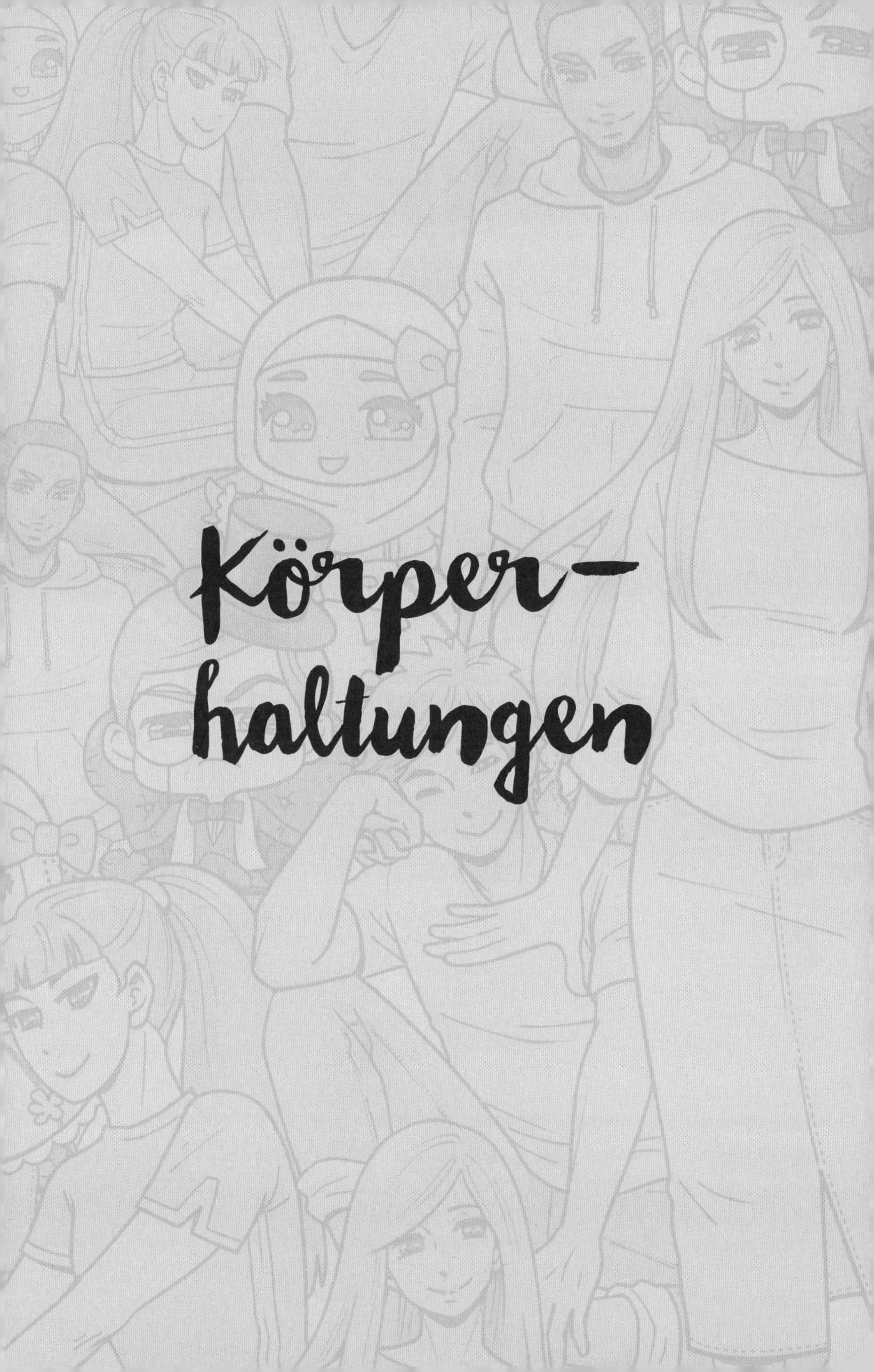

Körper-haltungen

Weibliche Figur, stehend

Diese einfache Haltung eignet sich gut für Einsteiger. Durch lange, fließende Haare und ein kleines Winken bekommt die Figur Charakter.

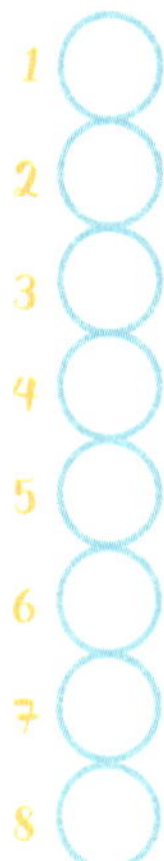

1 Manga-Figuren sind sieben bis acht Kopfhöhen groß. Für eine stehende Figur mit acht Kreisen beginnen.

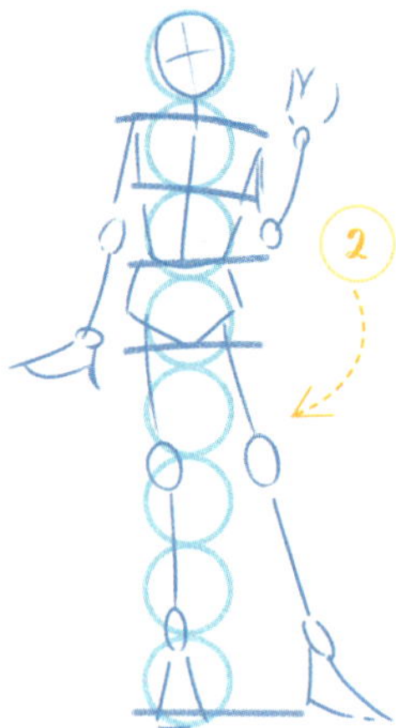

2 Eine einfache Strichfigur mit Gelenken zeichnen. Dabei auf die Winkel und Höhen der Körperteile achten, etwa die Schulterhöhe und die Stellung des Fußes.

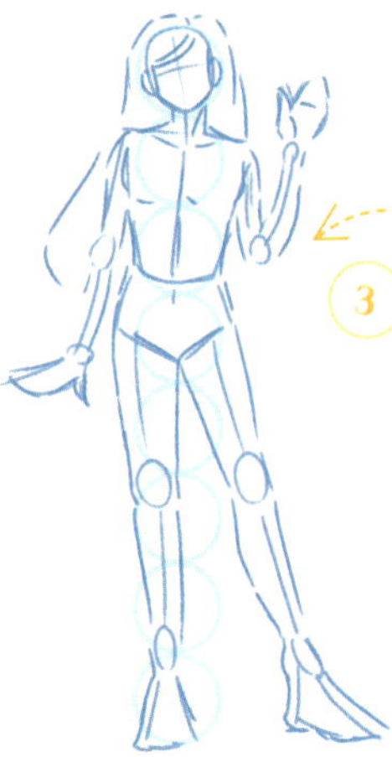

3 Den Körper so ausarbeiten, dass er dem gewünschten Figurentyp entspricht – hier einer schlanken, mäßig muskulösen Frau.

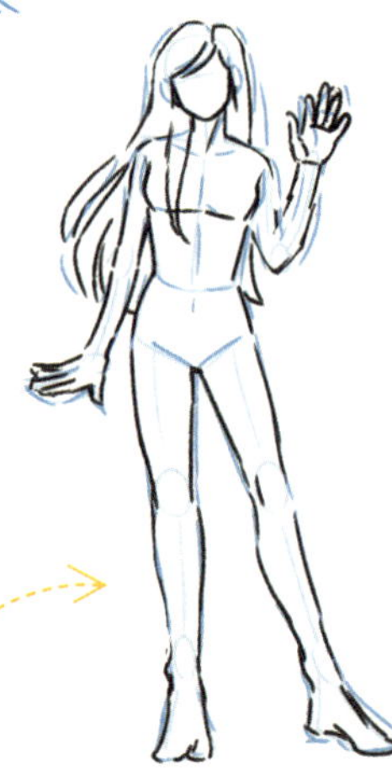

4 Die Umrisse weich und »feminin« nachzeichnen, dabei Details wie die Frisur einfügen.

5 Beim Skizzieren der Kleidung über das Material und seinen Fall nachdenken.

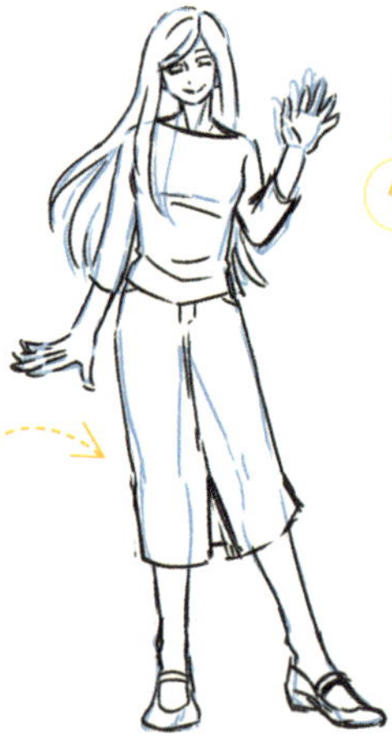

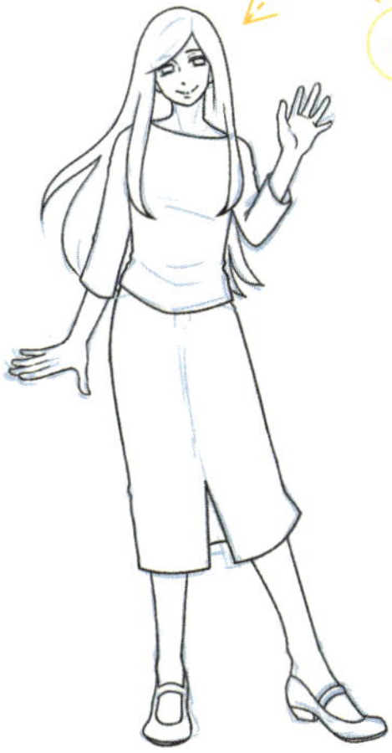

6 Die wichtigsten Konturen mit Fineliner nachzeichnen, dann die Hilfslinien ausradieren.

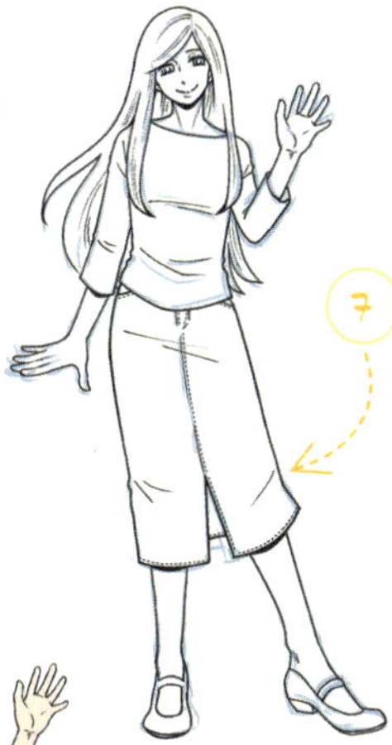

7 Details mit dünneren Strichen nachziehen, für Schatten dickere Striche verwenden. Nähte und andere Details der Kleidung einfügen.

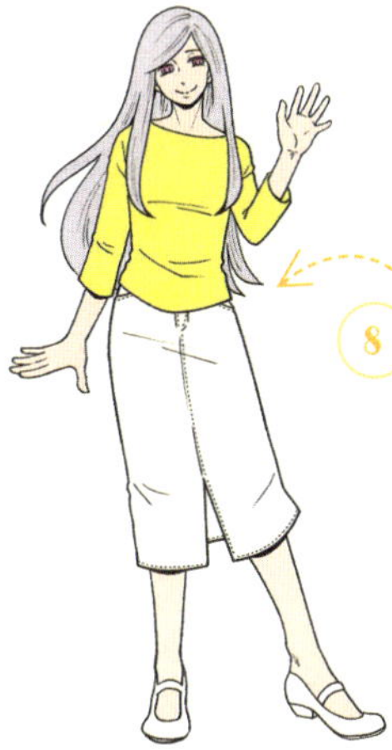

8 Zuerst Haut, Haare und Oberteil kolorieren.

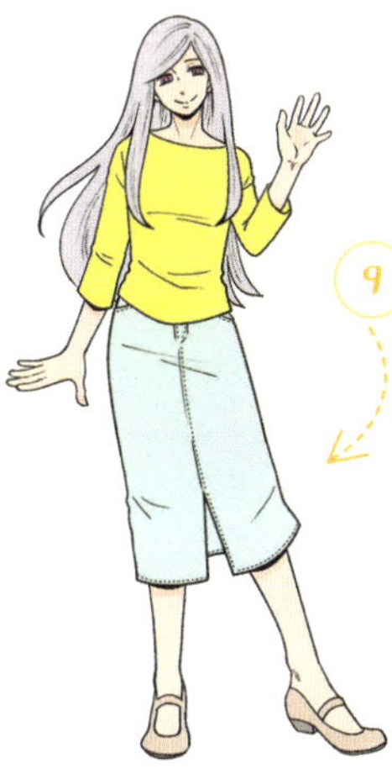

9 Rock und Schuhe kolorieren. Schatten auf Haaren und Haut – unter dem Kinn und hinter dem Hals – einzeichnen.

10 Nasenrücken, Wangen und Lippen etwas hervorheben. Mit lockeren Querstrichen das Jeansmaterial des Rocks andeuten. Schatten auf der Kleidung einfügen und für Lichter einen deckenden weißen Stift verwenden.

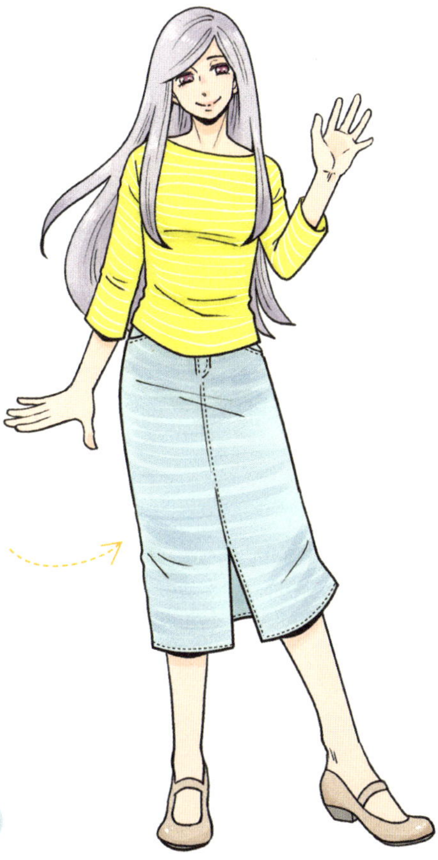

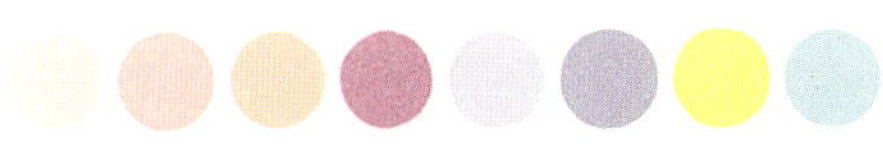

Männliche Figur, stehend

Hier können Sie anwenden, was Sie bereits gelernt haben. Der Gesichtsausdruck und die Hand auf der Hüfte geben dieser Figur die coole Ausstrahlung.

1 Manga-Figuren sind sieben bis acht Kopfhöhen groß. Für eine stehende Figur mit acht Kreisen beginnen.

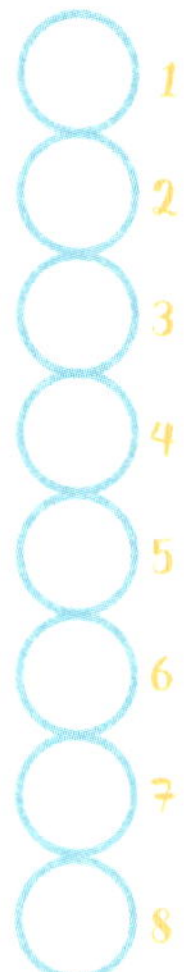

2 Eine einfache Strichfigur mit Gelenken zeichnen. Dabei auf die Winkel und Höhen der Körperteile achten, etwa die Schulterhöhe und die Stellung der Füße.

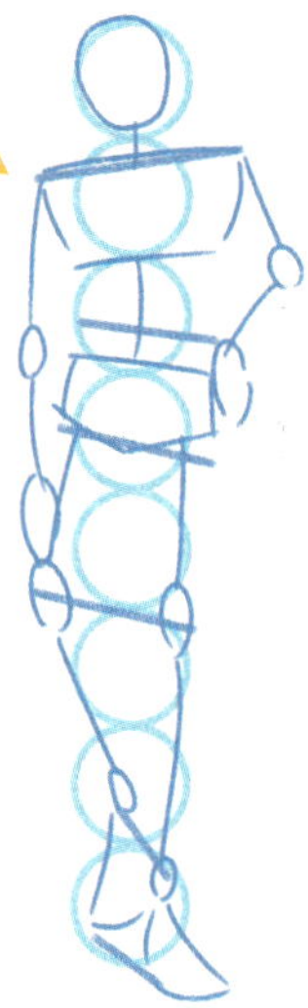

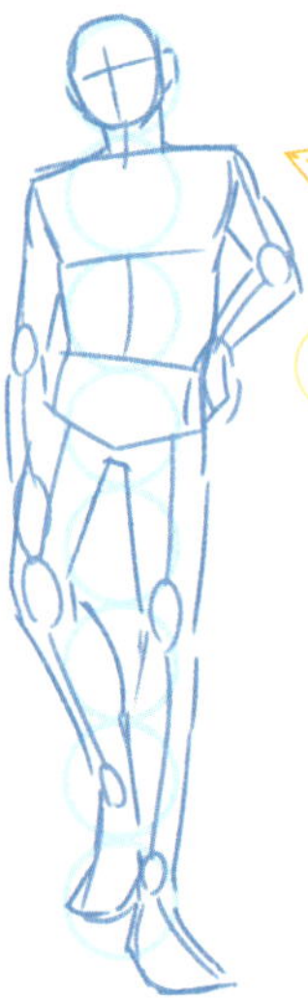

3 Den Körper so ausarbeiten, dass er dem gewünschten Figurentyp entspricht – hier einem schlanken, sportlich-muskulösen Mann.

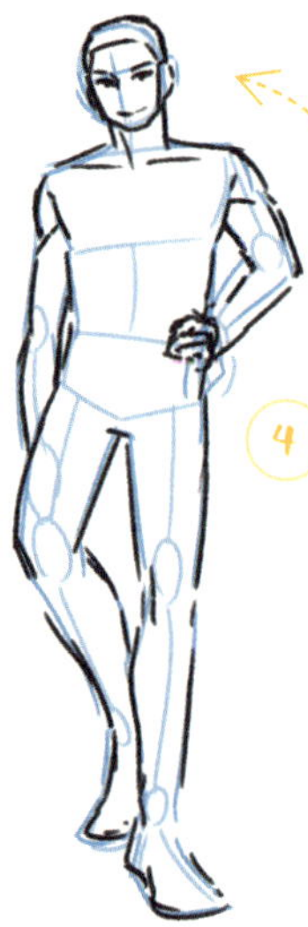

4 Erste Details wie Frisur und Gesichtsausdruck andeuten.

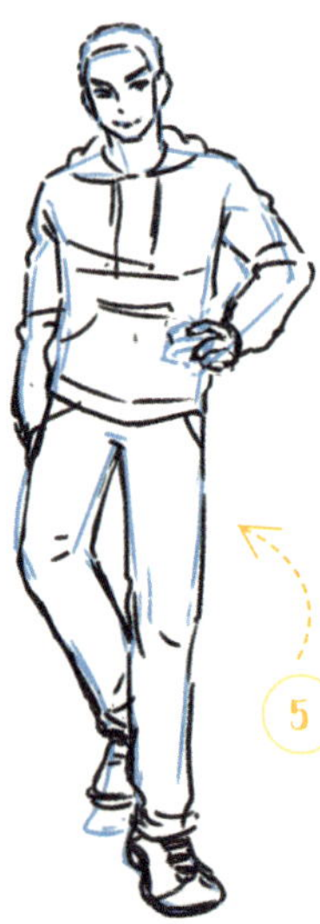

5 Die Kleidung mit einigen Details zeichnen. Nochmals prüfen, ob die Figur ausgewogen wirkt.

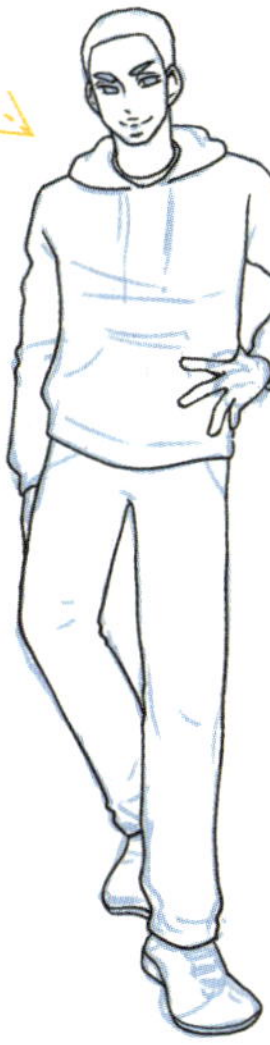

6 Die wichtigsten Konturen mit Fineliner nachzeichnen, dann die Hilfslinien ausradieren.

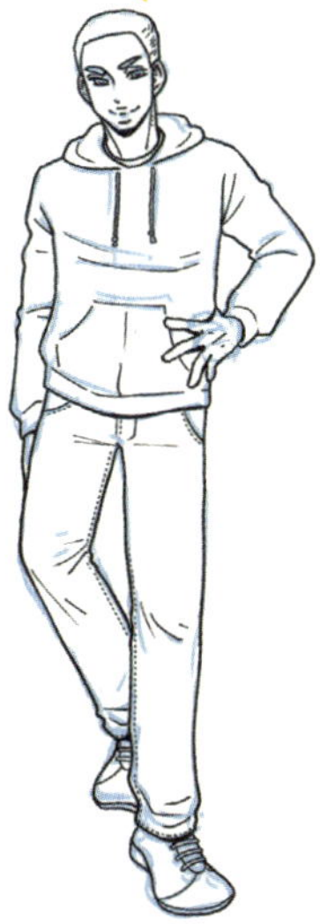

7 Details mit dünneren Strichen nachziehen, für Schatten dickere Striche verwenden. Nähte und andere Details der Kleidung einfügen.

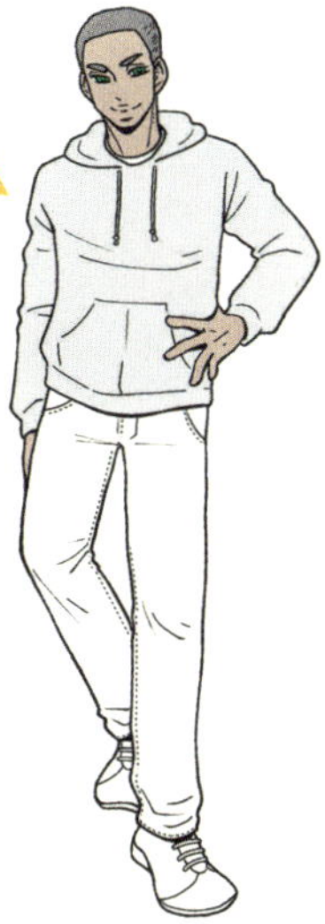

8 Zuerst Haare, Haut und Oberteil kolorieren.

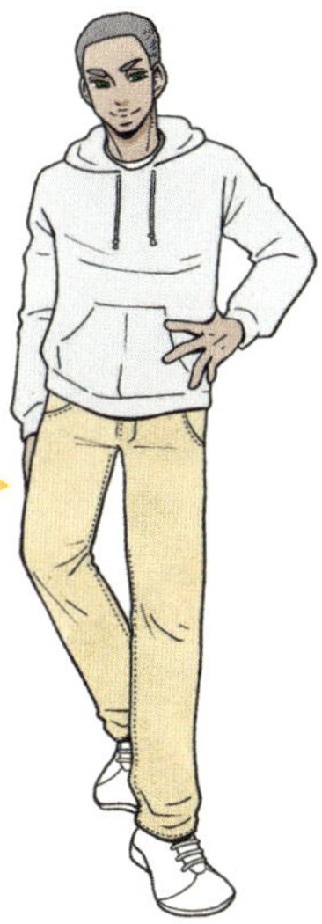

9 Die Hose kolorieren und die Haut schattieren.

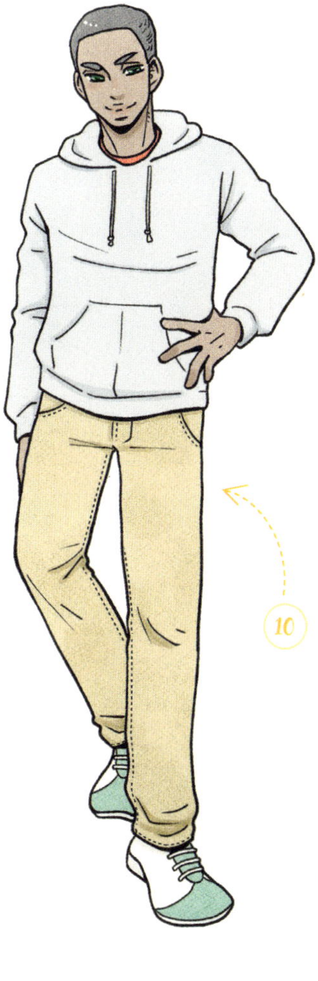

10 Zuletzt Farbakzente einfügen und die Kleidung schattieren. Nasenrücken und Wangen rötlich eintönen, damit die Figur fit und gesund wirkt. Für Lichter einen deckenden weißen Stift verwenden

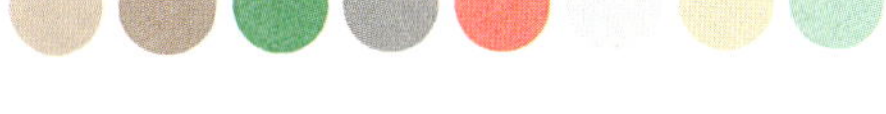

Chibi, stehend

Diese Figur wird aus nur zwei Kreisen konstruiert.
Das Gesicht ist einfach, aber die Augen sind riesig.

1 Zwei Kreise zeichnen. In jeden eine leicht schräge Mittelsenkrechte setzen.

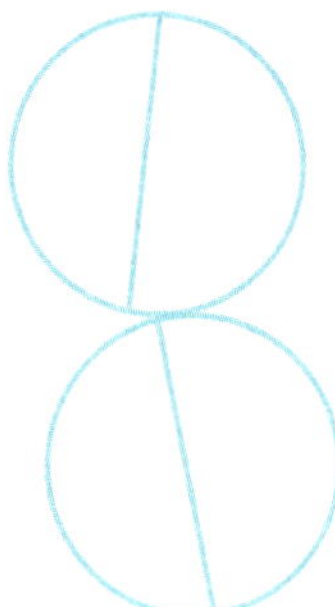

2 Innerhalb der Kreise eine Strichfigur zeichnen.

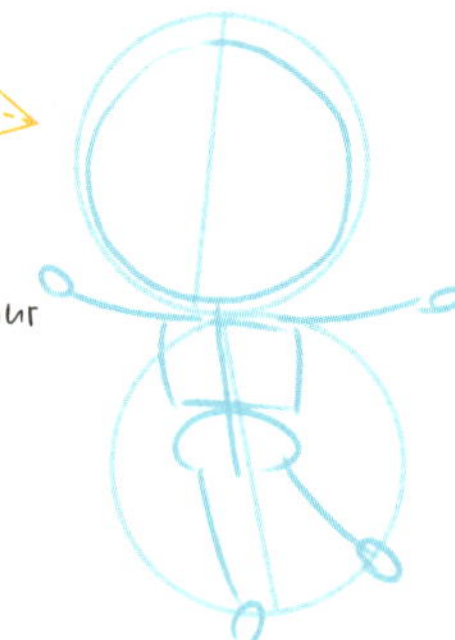

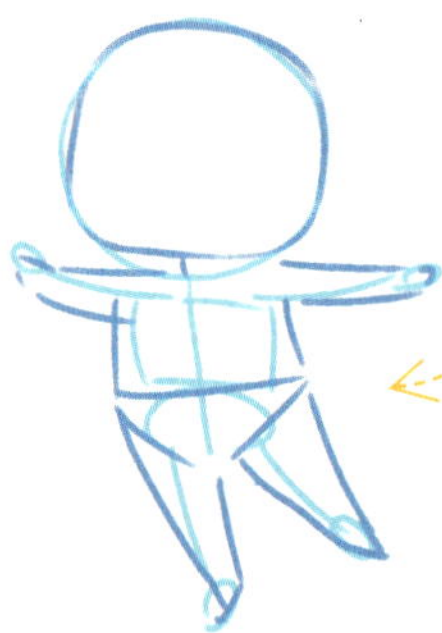

3 Den Körper mit ganz einfachen Strichen skizzieren.

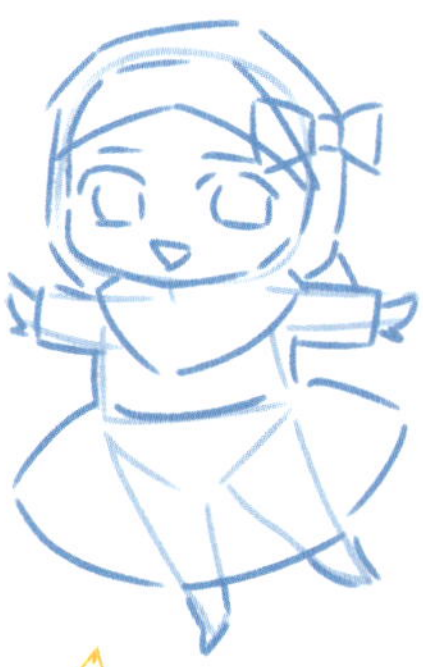

4 Die Kleidung grob andeuten, dabei auf die typischen Silhouetten der Kleidungsstücke achten. Das Gesicht einzeichnen.

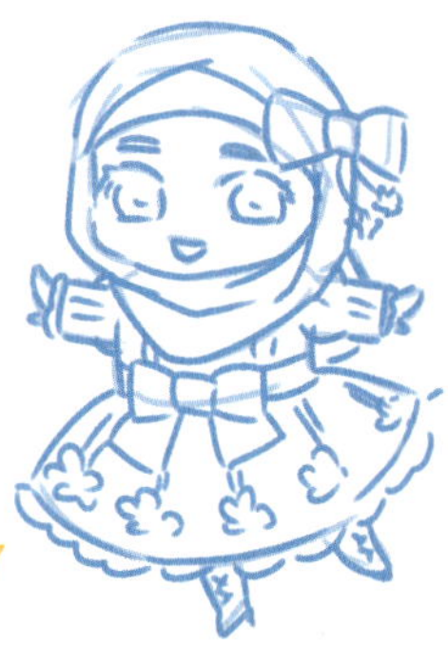

5 Die Details von Kleidung und Gesicht weiter ausarbeiten. Accessoires einzeichnen.

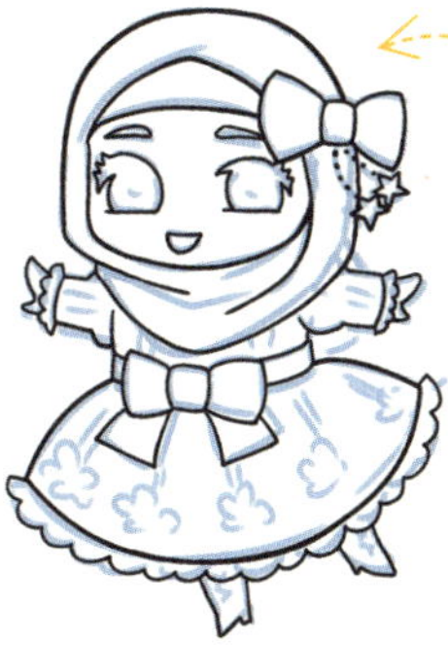

6 Die Hauptkonturen mit einfachen, flüssigen Strichen mit Fineliner nachziehen. Die Hilfslinien ausradieren.

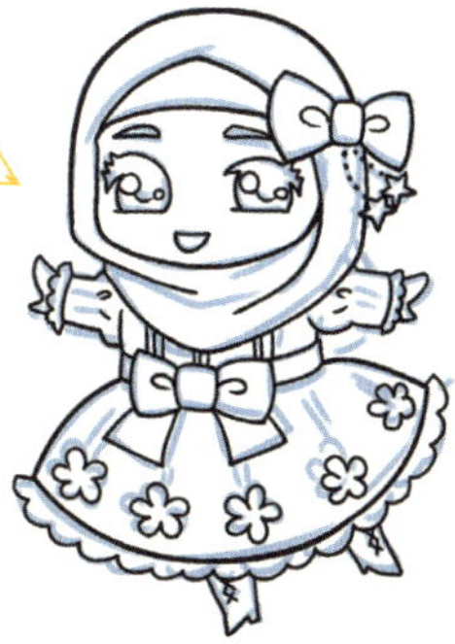

7 Nur die wichtigsten Details und Falten einzeichnen.

8 Haut, Hijab und Kleid kolorieren.

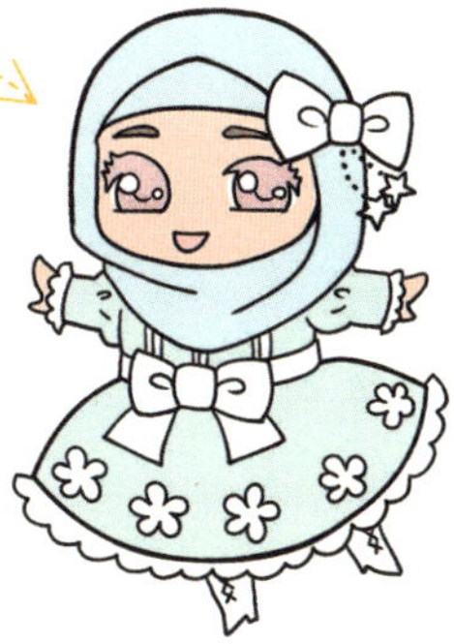

9 Beim Kolorieren der Accessoires auf farbliche Ausgewogenheit achten.

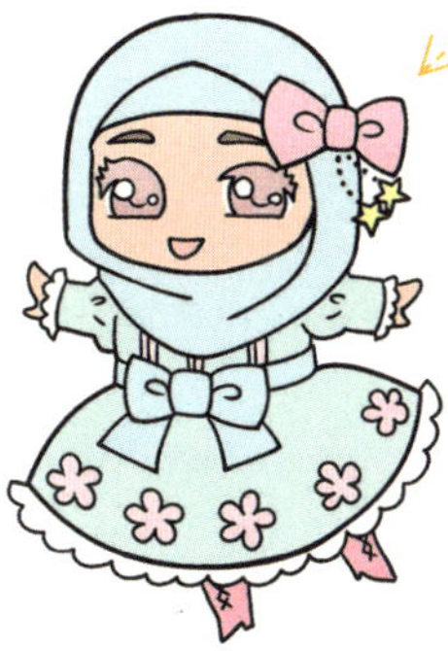

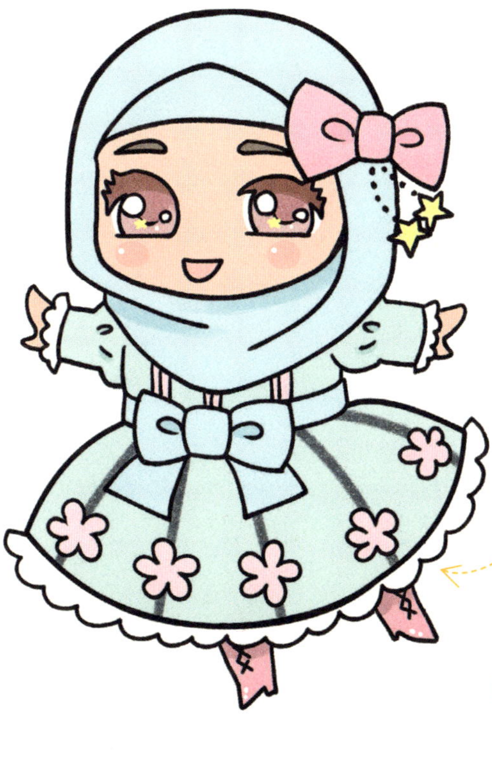

10 Die Streifen auf dem Rock einfügen. Sehr sparsam schattieren. Die Wangen andeuten. Für die Lichter und die Glitzersterne in den Augen einen deckenden weißen Stift verwenden.

Weibliche Figur, sitzend

Sitzende Haltungen wirken oft entspannter als stehende,
und sie sind nicht schwierig zu zeichnen.

1 Zuerst eine Strichfigur mit Gelenken konstruieren. Dabei auf die Größe von acht Kopfhöhen achten und auf eine ausbalancierte Haltung.

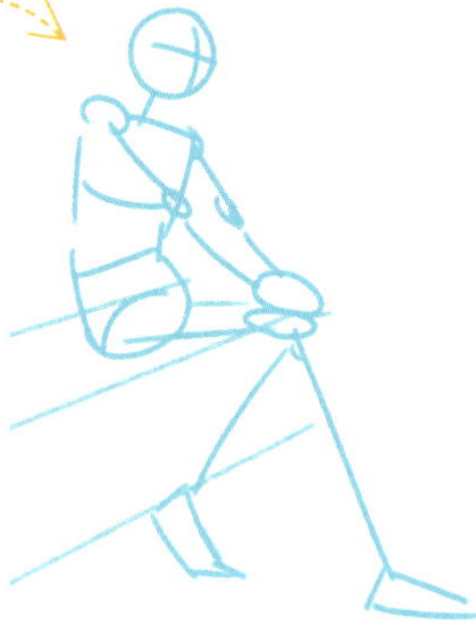

2 Die Winkel und Höhen der Körperteile prüfen, etwa die Höhe der Schultern und die Positionen der Füße (siehe dunkelblaue Striche).

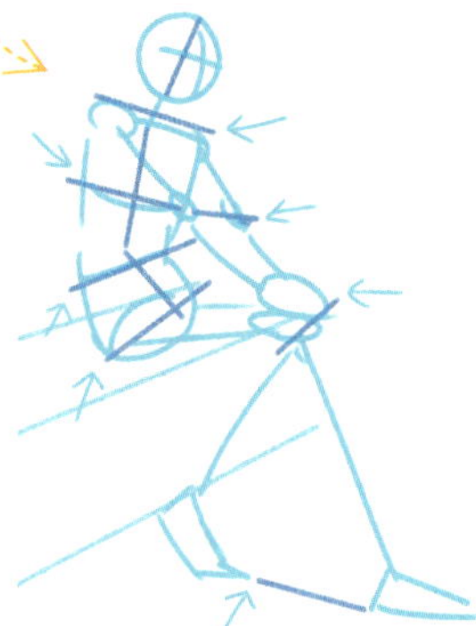

3 Den Körper so ausarbeiten, dass er dem gewünschten Figurentyp entspricht – hier einer schlanken Frau mit einer Beinprothese.

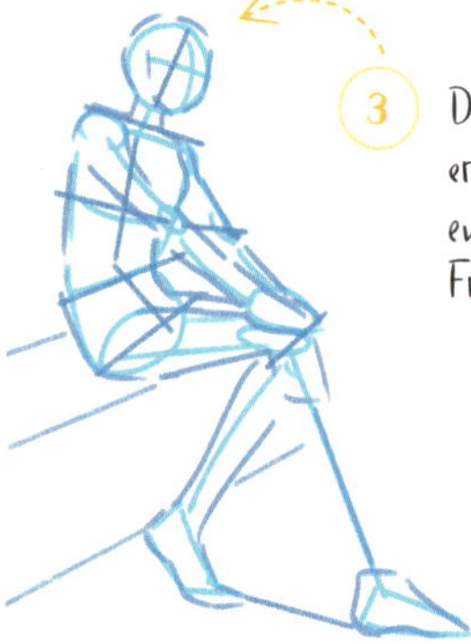

4 Erste Details wie den Gesichtsausdruck genauer ausarbeiten. Beim Zeichnen unbekannter Elemente wie der Beinprothese ist es wichtig, sich vorher genau mit Aussehen und Funktionsweise vertraut zu machen.

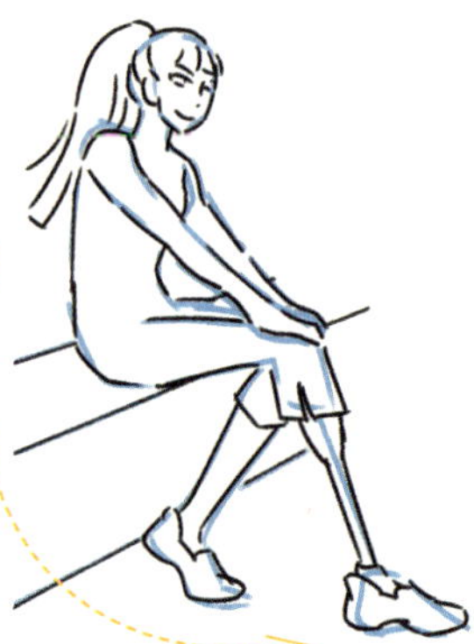

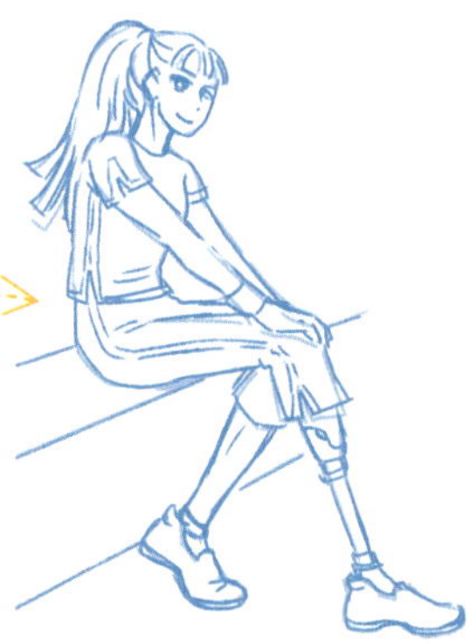

5 Die Kleidung mit einigen Details zeichnen, dabei auf die Materialien und ihren Fall achten. Nochmals prüfen, ob die Figur ausgewogen wirkt.

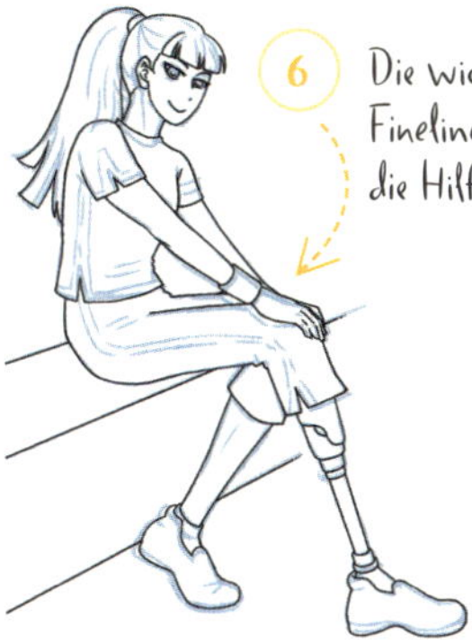

6 Die wichtigsten Konturen mit Fineliner nachzeichnen, dann die Hilfslinien ausradieren.

7 Details mit dünneren Strichen nachziehen, für Schatten dickere Striche verwenden. Die Prothese weiter ausarbeiten.

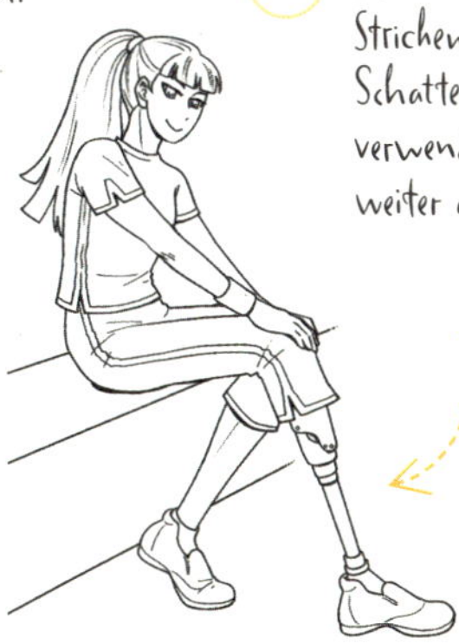

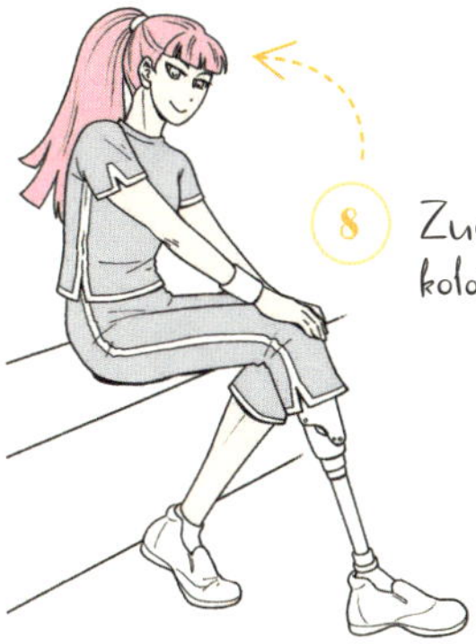

8 Zuerst Haare, Haut und Kleidung kolorieren.

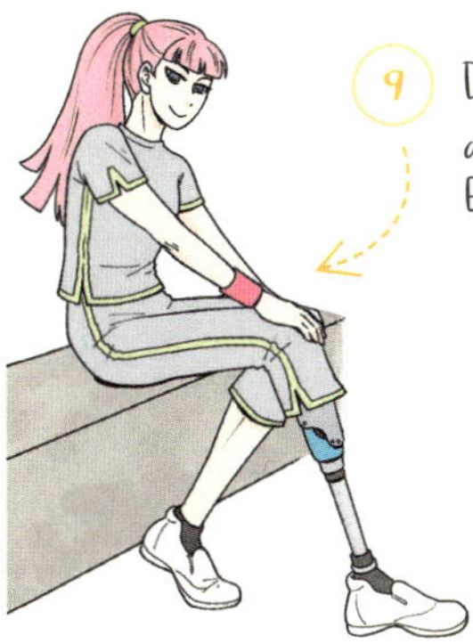

9 Die Accessoires kolorieren, dabei auf Ausgewogenheit achten. Erste Schatten einfügen.

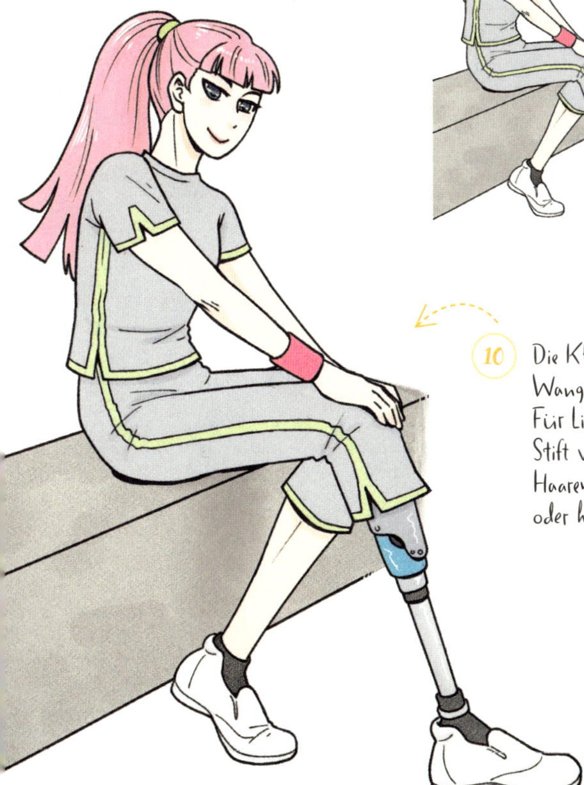

10 Die Kleidung weiter schattieren. Wangen und Lippen rosa eintönen. Für Lichter einen deckenden weißen Stift verwenden. Lichter auf glatten Haaren linear zeichnen, auf Metall oder hartem Plastik leicht wellig.

Männliche Figur, sitzend

Diese lässige Haltung gelingt, indem man den Körper aus einfachen Grundformen aufbaut.

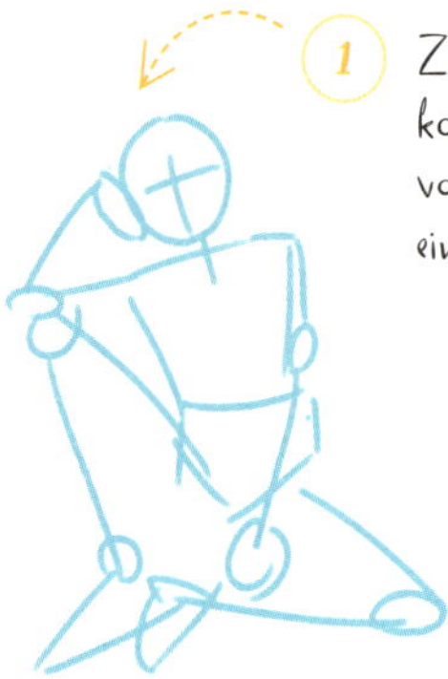

1 Zuerst eine Strichfigur mit Gelenken konstruieren. Dabei auf die Größe von acht Kopfhöhen achten und auf eine ausbalancierte Haltung.

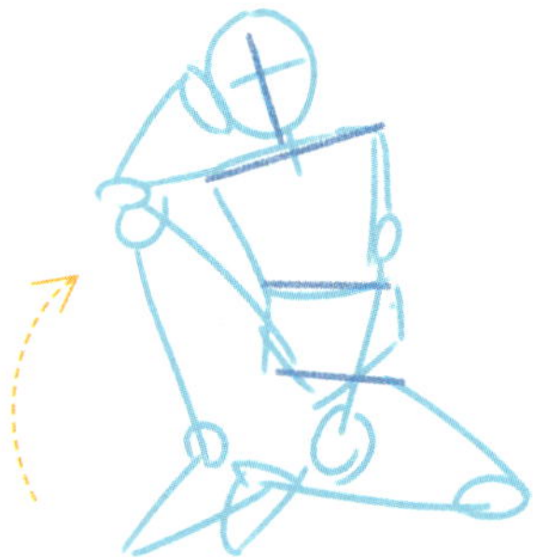

2 Die Winkel und Höhen der Körperteile prüfen, etwa die Höhe der Schultern und die Positionen der Füße (siehe dunkelblaue Striche).

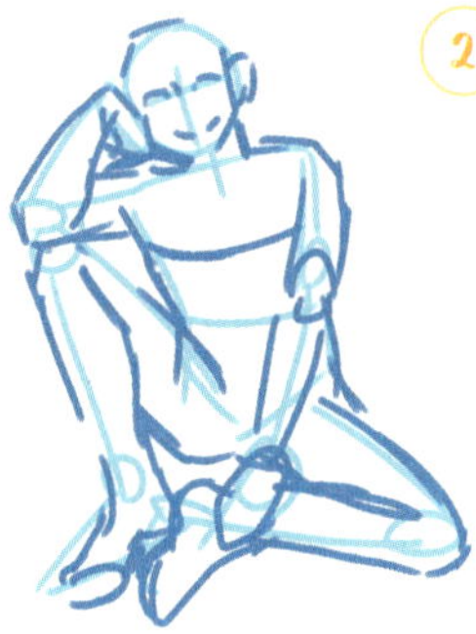

3 Beim Ausarbeiten des Körpers auf die Perspektive achten. Die Oberarme erscheinen beispielsweise verkürzt. Es kann hilfreich sein, für schwierigere Posen Fotos als Vorlage zu verwenden.

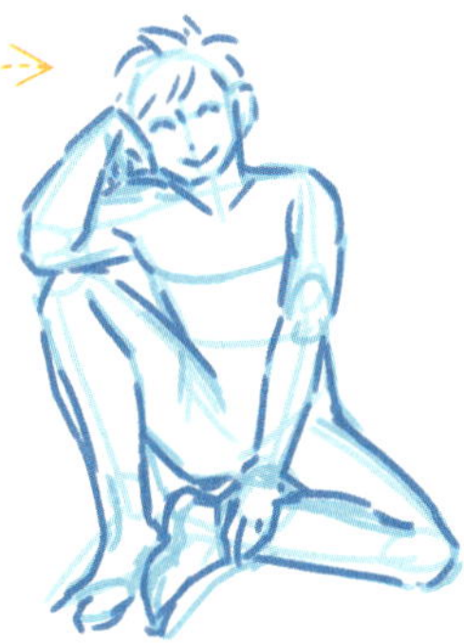

4 Erste Details wie die Frisur genauer ausarbeiten. Immer wieder prüfen, ob die Gesamthaltung ausgewogen wirkt.

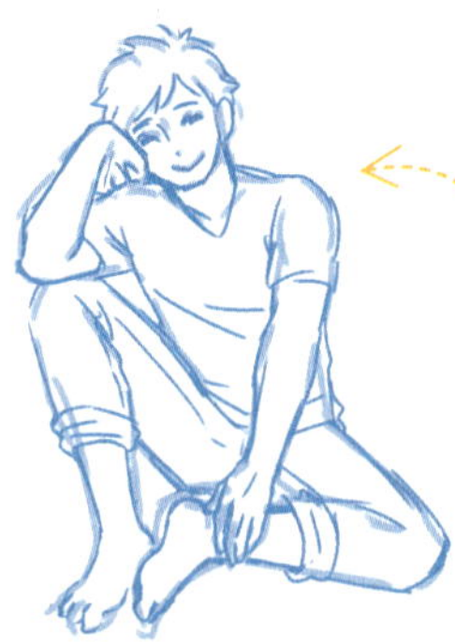

5 Die Kleidung mit einigen Details zeichnen, dabei auf die Materialien und ihren Fall achten. Nochmals kontrollieren, ob die Figur ausgewogen wirkt.

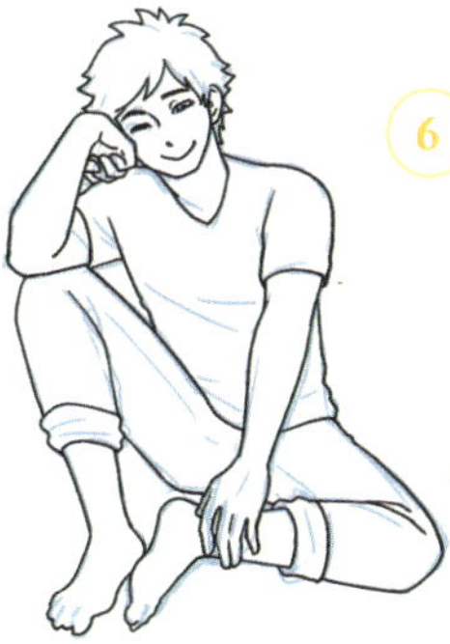

6 Die wichtigsten Konturen mit Fineliner nachzeichnen, dann die Hilfslinien ausradieren.

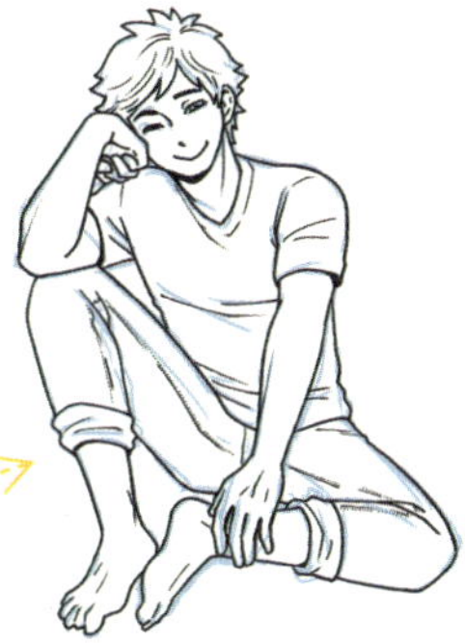

7 Details mit dünneren Strichen nachziehen, für Schatten dickere Striche verwenden. Nähte der Kleidung einzeichnen.

8 Zuerst Haare, Haut und Oberteil kolorieren.

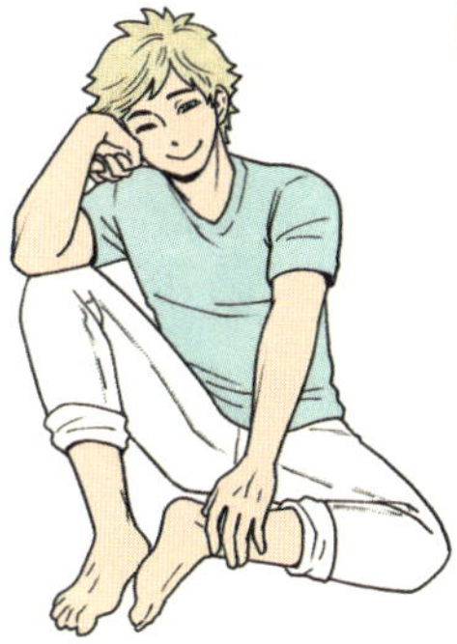

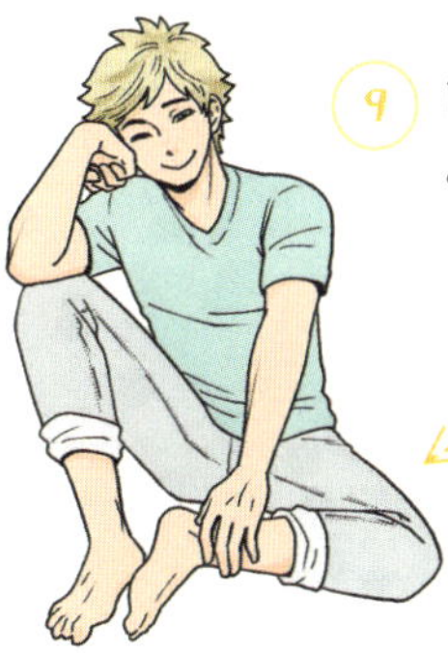

9 Die Hose kolorieren, dann die Haut schattieren.

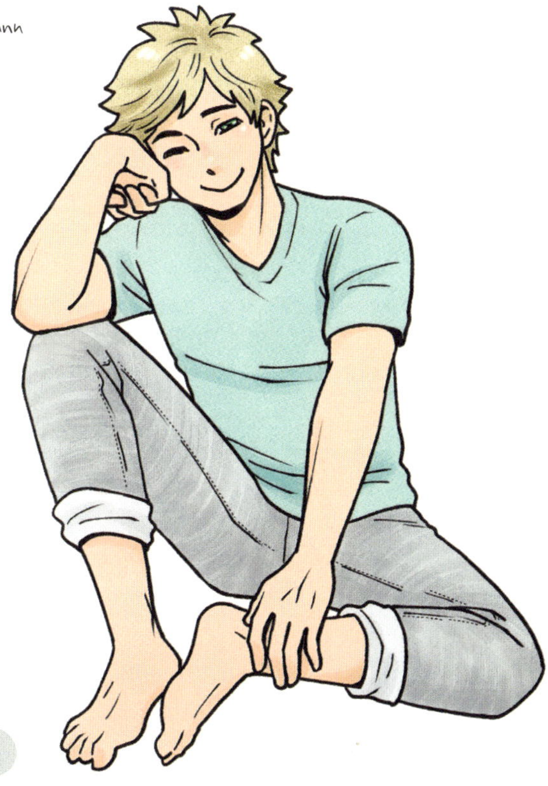

10 Wangen und Nasenrücken rosa eintönen, damit die Figur frisch und gesund wirkt. Mit lockeren Querstrichen das Jeansmaterial der Hose andeuten. Die Kleidung schattieren. Bei dieser komplexen Haltung gibt es mehr Schattenbereiche. Für Lichter einen deckenden weißen Stift verwenden.

Chibi, sitzend

Diese Figur sitzt in ihrem Lieblingssessel. Durch Accessoires wirkt sie noch interessanter.

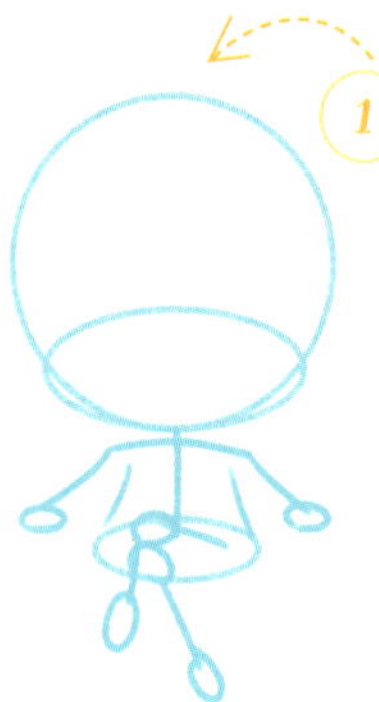

1 Mit einer einfachen Strichfigur in sitzender Haltung beginnen. Chibis sind nur zwei Kopfhöhen groß. Einen Kreis für den Kopf zeichnen, unten ein Oval einfügen. Dann folgen Rumpf und Hüften, Arme und gekreuzte Beine.

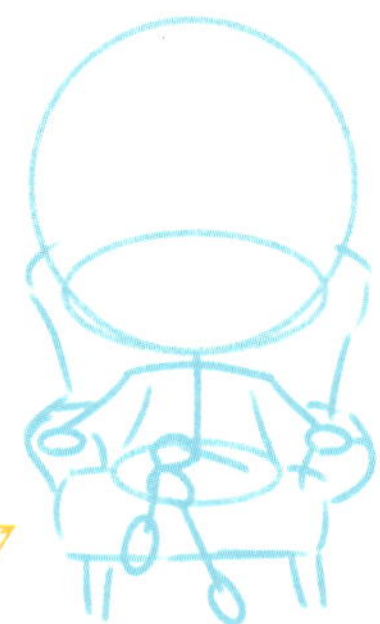

2 Den Sessel grob skizzieren. Wichtig ist, dass die Hüften auf ihm ruhen.

3 Den Körper weiter ausarbeiten, Gesicht und Haare einzeichnen.

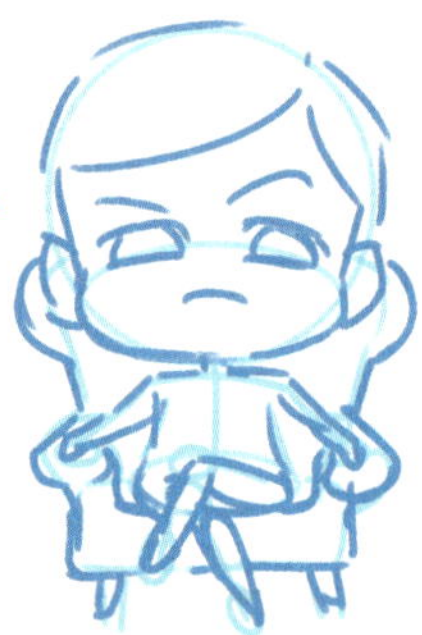

4 Die Kleidung zeichnen und den Sessel weiter ausarbeiten.

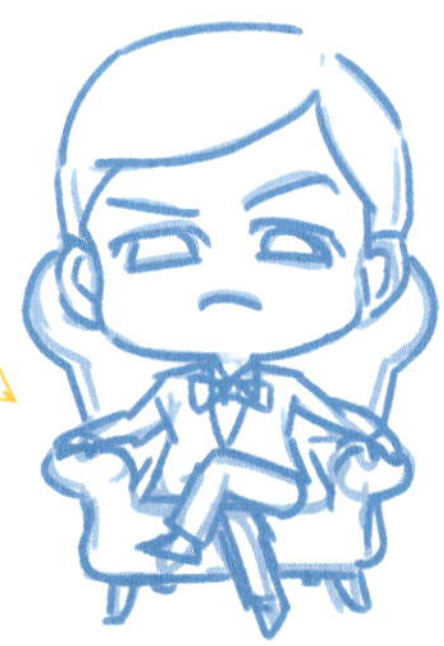

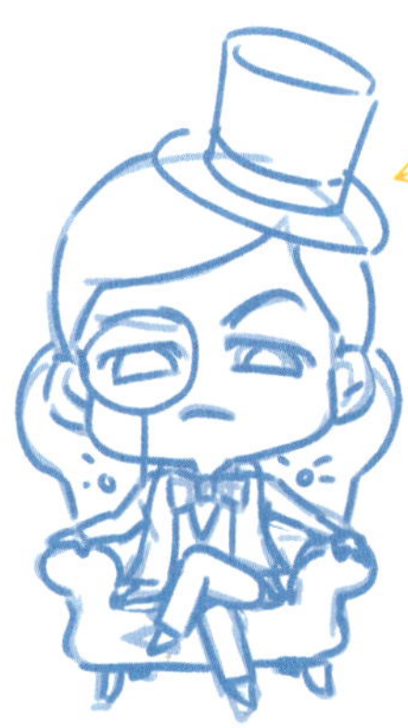

5 Nun weitere Details und die Accessoires einzeichnen. Dabei immer auf ein ausgewogenes Gesamtbild achten.

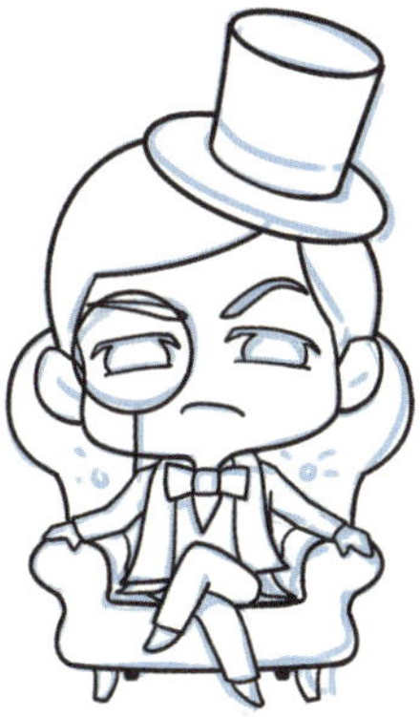

6 Die wichtigsten Umrisse sorgfältig mit einem Fineliner nachziehen. Die Hilfslinien ausradieren.

7 Details mit dünneren Strichen nachzeichnen.

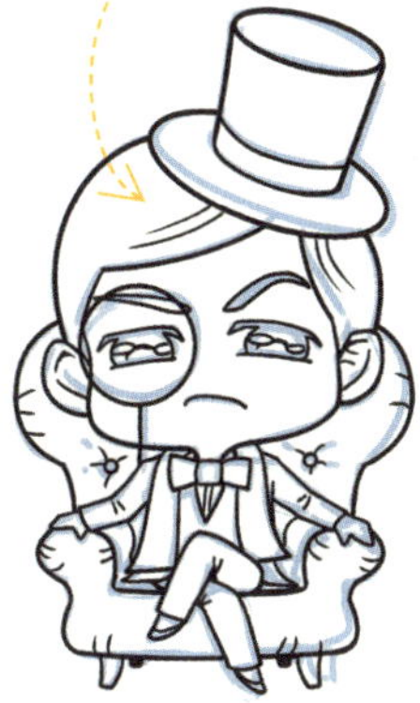

8 Beim Kolorieren mit den Hauptfarben beginnen. Für das Monokel eine sehr helle Farbe verwenden.

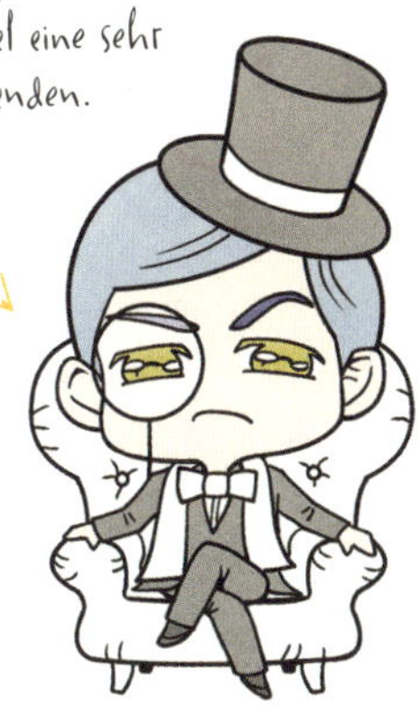

9 Die Akzentfarben einfügen, dabei auf farbliche Ausgewogenheit achten.

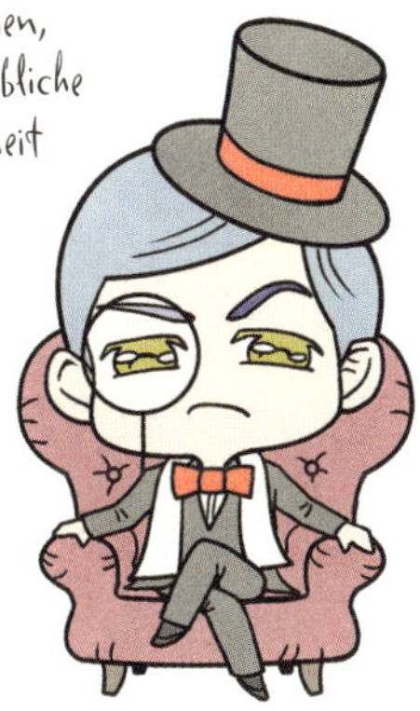

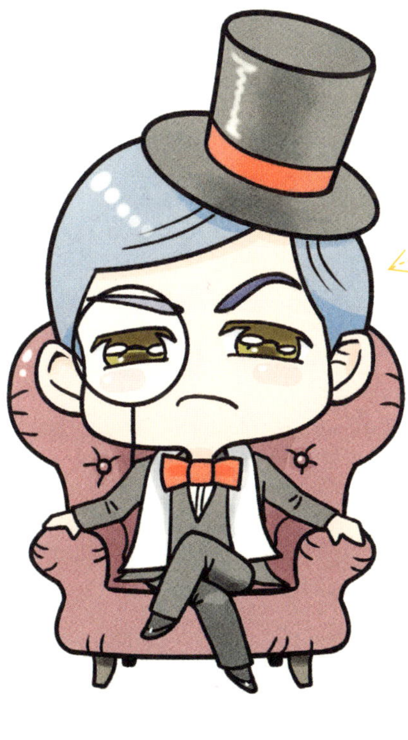

10 Schatten auf der Figur und dem Sessel einfügen. Für Lichter einen deckenden weißen Stift verwenden.

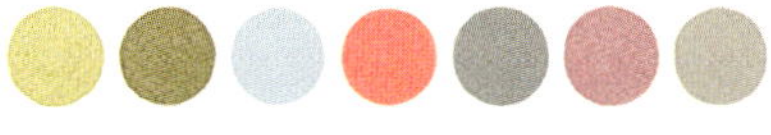

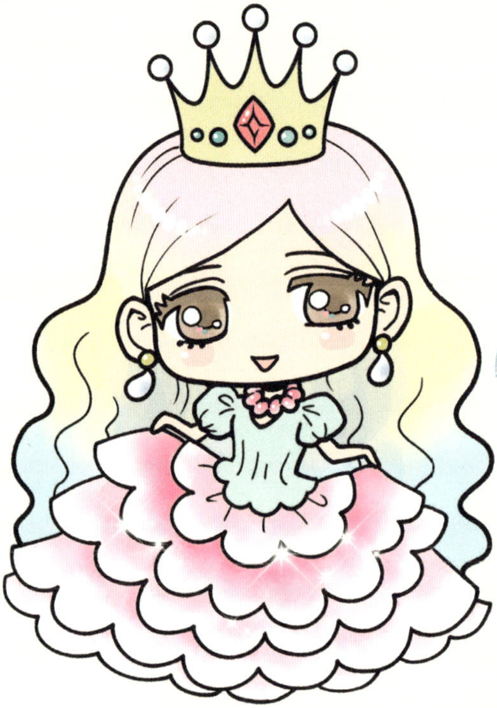

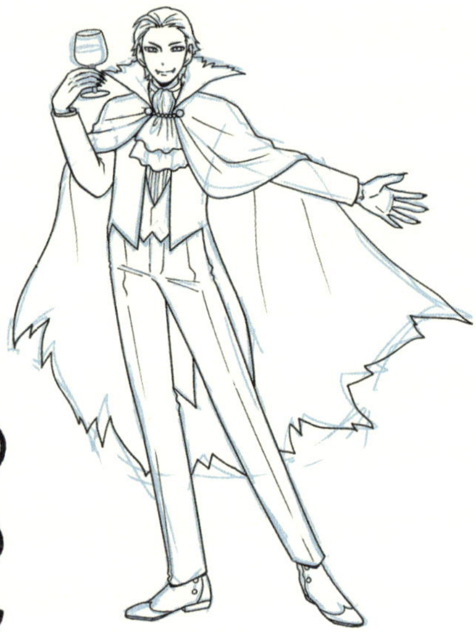

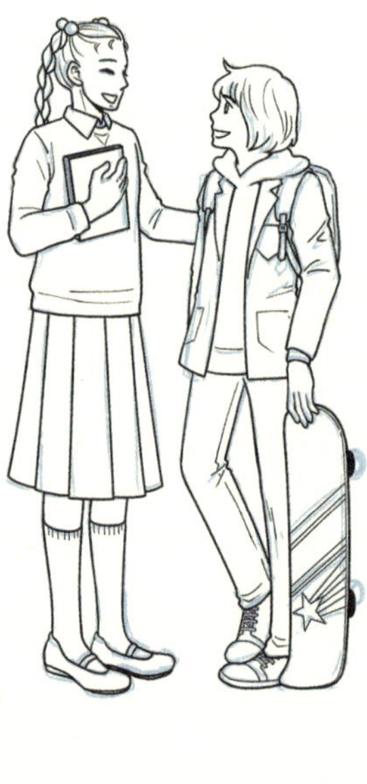

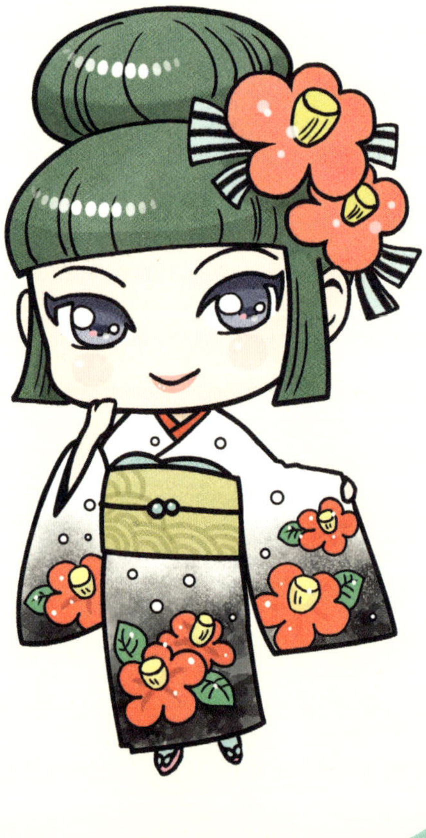

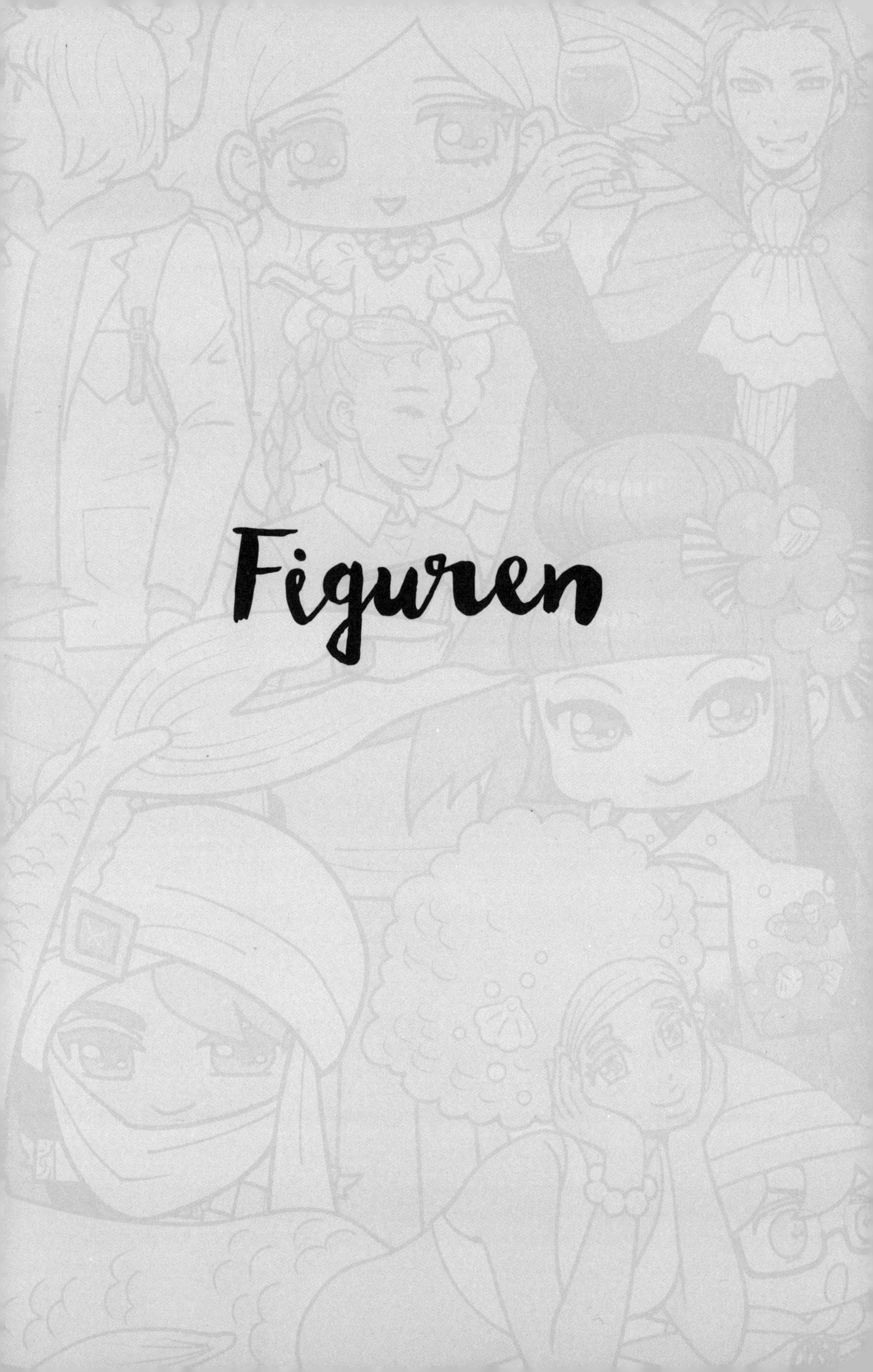

Figuren

Manga-Meerjungfrau

In der Manga-Welt tummeln sich viele märchenhafte Fantasiefiguren.

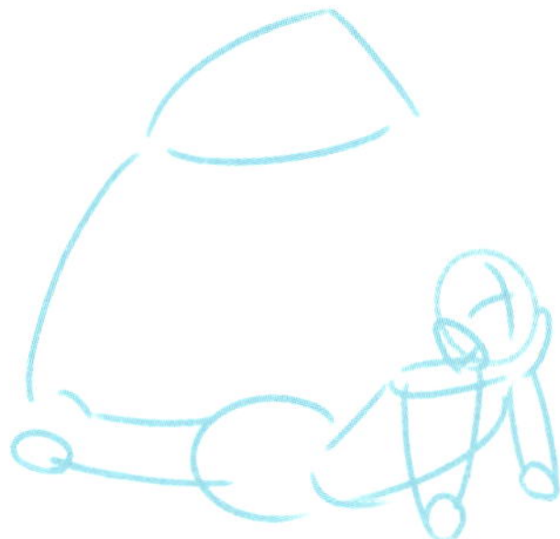

1 Zuerst eine Strichfigur mit Gelenken konstruieren. Dabei auf die Größe von acht Kopfhöhen achten und auf eine ausbalancierte Haltung. Den Fischschwanz so skizzieren, als steckten die Beine in einem langen, engen Rock.

2 Die Winkel und Höhen der Körperteile prüfen, etwa die Höhe der Schultern und die Positionen der Ellenbogen und Hüften (siehe dunkelblaue Striche).

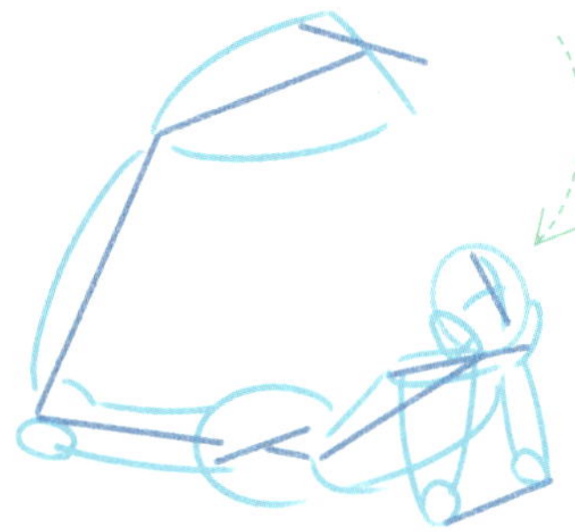

3 Beim Ausarbeiten des Körpers auf die Perspektive achten und immer die Ausgewogenheit der Haltung im Blick behalten.

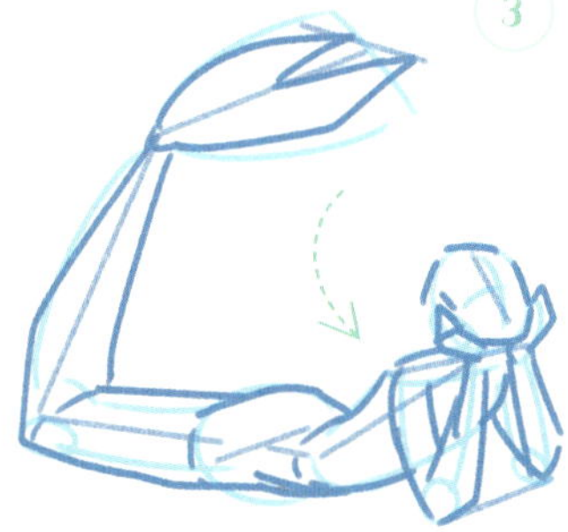

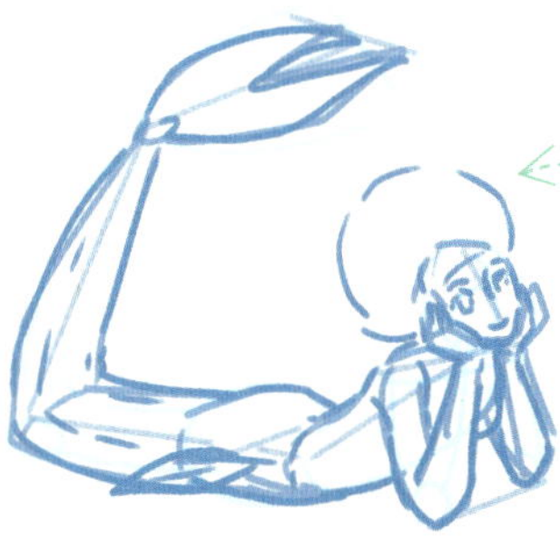

4 Erste Details wie die Frisur genauer ausarbeiten.

5 Weitere Details und Accessoires einzeichnen. Für die Schuppen und Flossen können Sie sich an Fotos von Fischen orientieren.

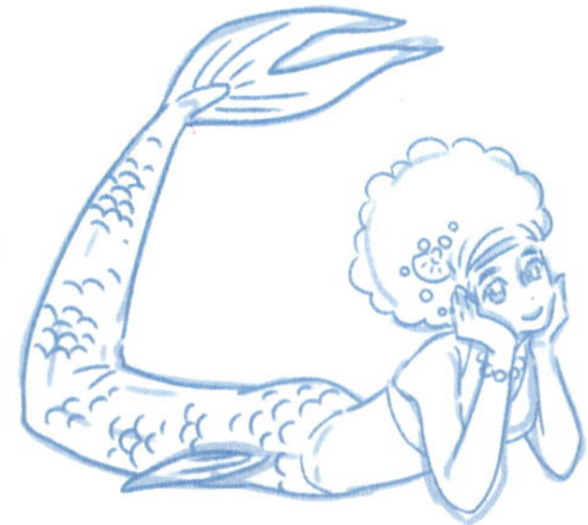

6 Die wichtigsten Konturen mit Fineliner nachziehen und Hilfslinien ausradieren.

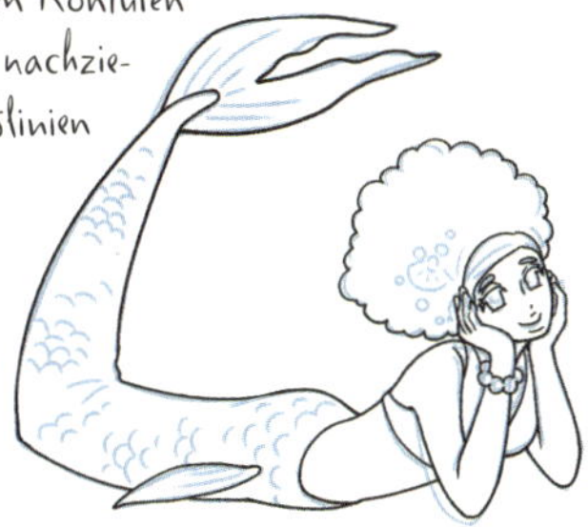

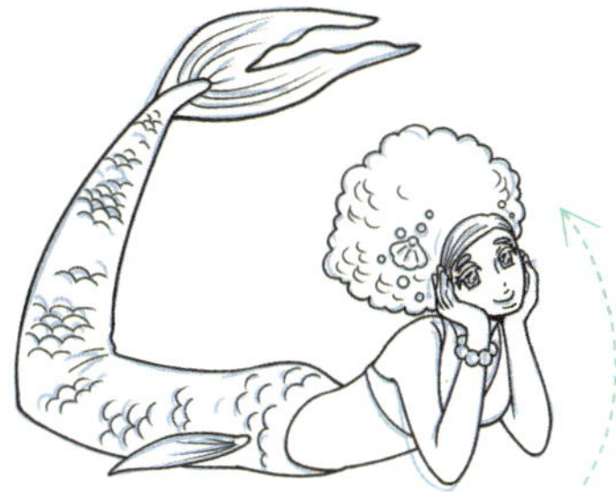

7 Details mit dünneren Strichen nachziehen, für Schatten dickere Striche verwenden. Die Texturen von Haaren und Schuppen andeuten.

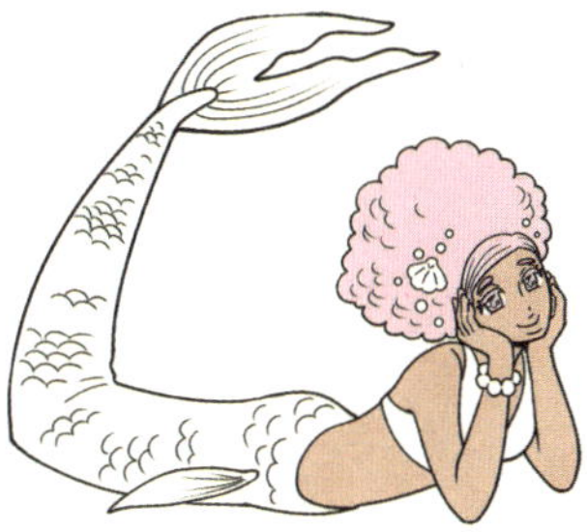

8 Zuerst Haare und Haut kolorieren.

9 Die restliche Figur kolorieren. Tupfer in Pastellfarben deuten das Schillern des Fischschwanzes an.

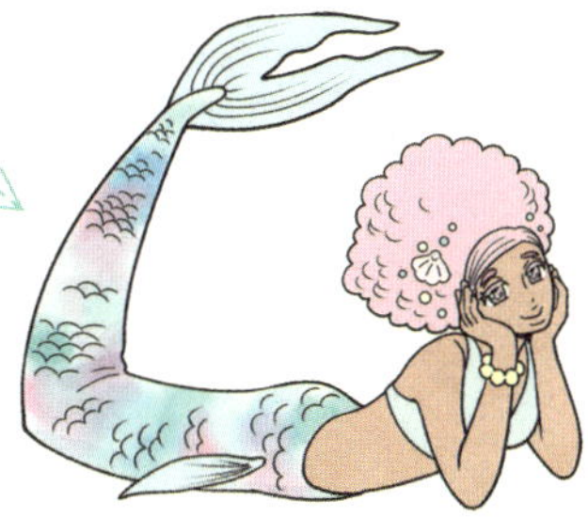

10 Schatten einfügen. Wangen, Lippen und Nasenrücken rosa eintönen, damit die Figur frisch wirkt. Für Lichter und Glitzereffekte einen deckenden weißen Stift verwenden.

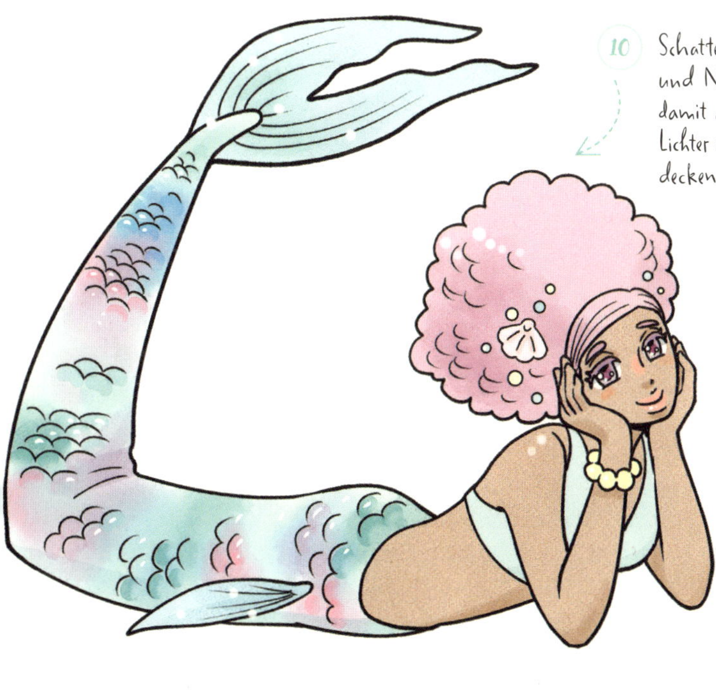

Manga-Vampir

Spitze Zähne und ein langer Umhang sind die Kennzeichen dieser etwas finsteren Figur.

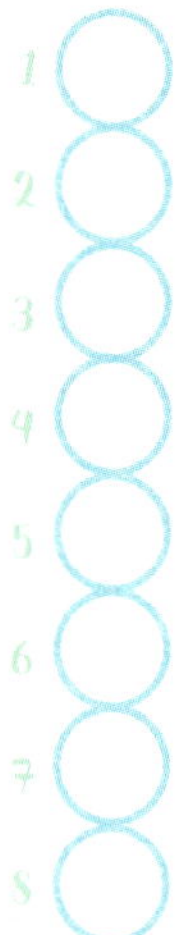

1 Manga-Figuren sind sieben bis acht Kopfhöhen groß. Für eine stehende Figur mit acht Kreisen beginnen.

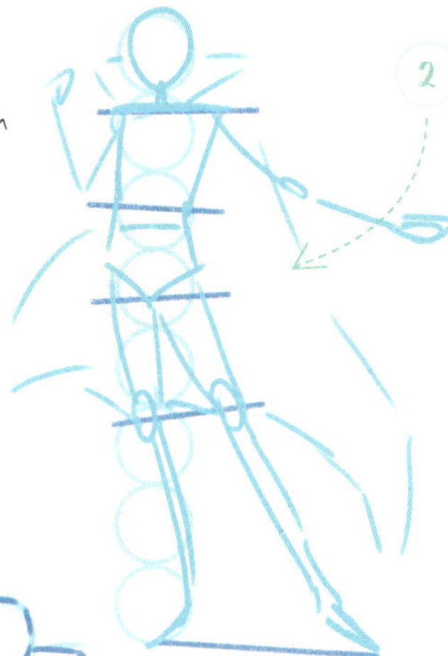

2 Eine einfache Strichfigur mit Gelenken zeichnen. Dabei auf die Winkel und Höhen der Körperteile achten. Den Umhang grob andeuten.

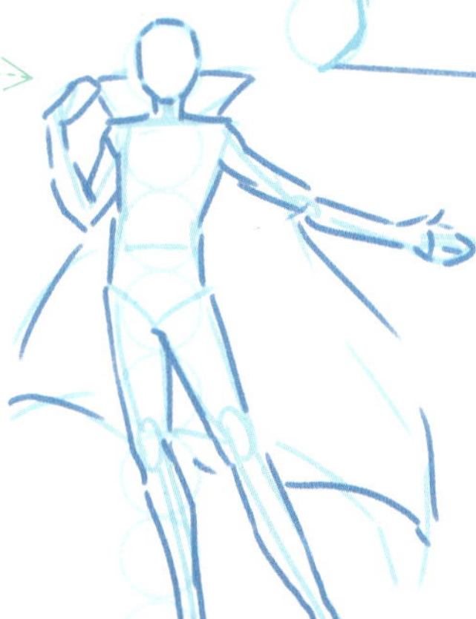

3 Den Körper so ausarbeiten, dass er dem gewünschten Figurentyp entspricht. Dieser Vampir ist sehr schlank.

4 Erste Details wie Frisur und Gesichtsausdruck andeuten.

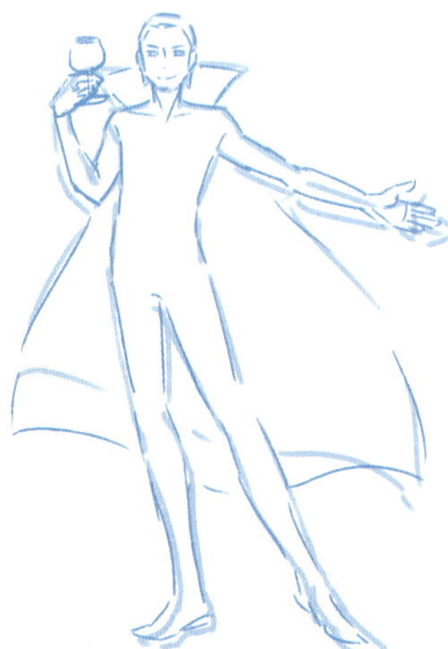

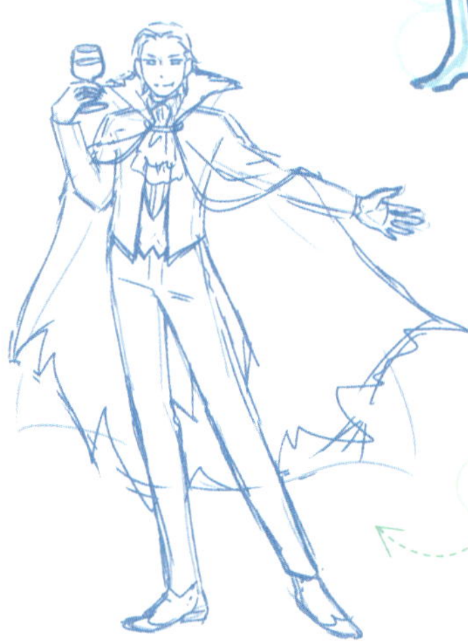

5 Die Kleidung und die Requisiten detaillierter zeichnen. Nochmals prüfen, ob die Figur ausgewogen wirkt.

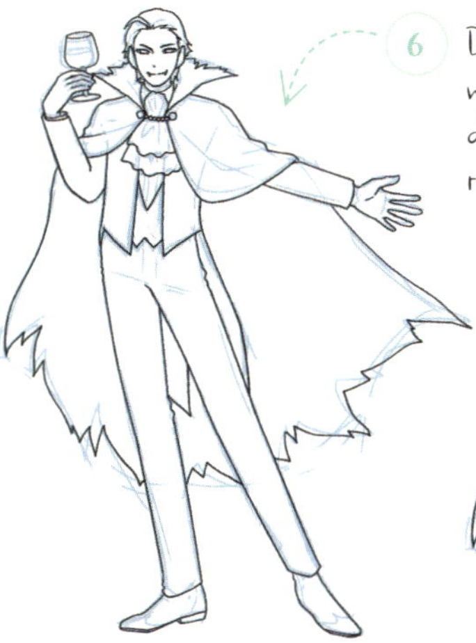

6 Die wichtigsten Konturen mit Fineliner nachzeichnen, dann die Hilfslinien ausradieren.

7 Details mit dünneren Strichen nachziehen, für Schatten dickere Striche verwenden. Die Bügelfalten der Hose andeuten.

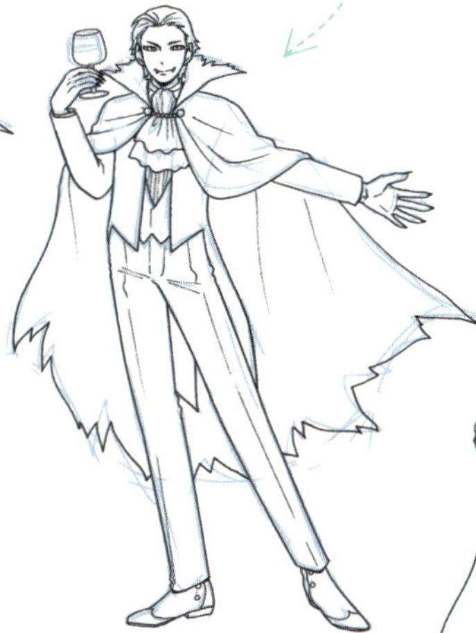

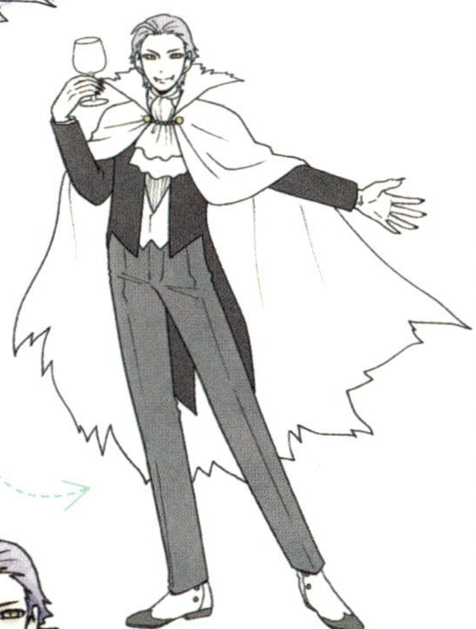

8 Gesicht, Hände und Anzug kolorieren.

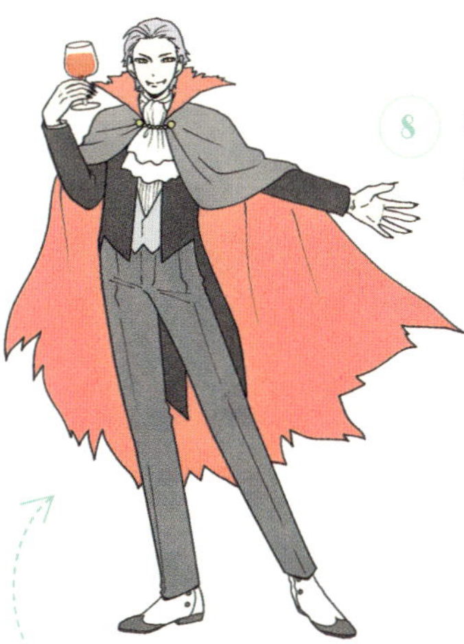

9 Das Rot von Umhang und Weinglas dient als Akzentfarbe. Die Farbgebung soll ausgewogen wirken.

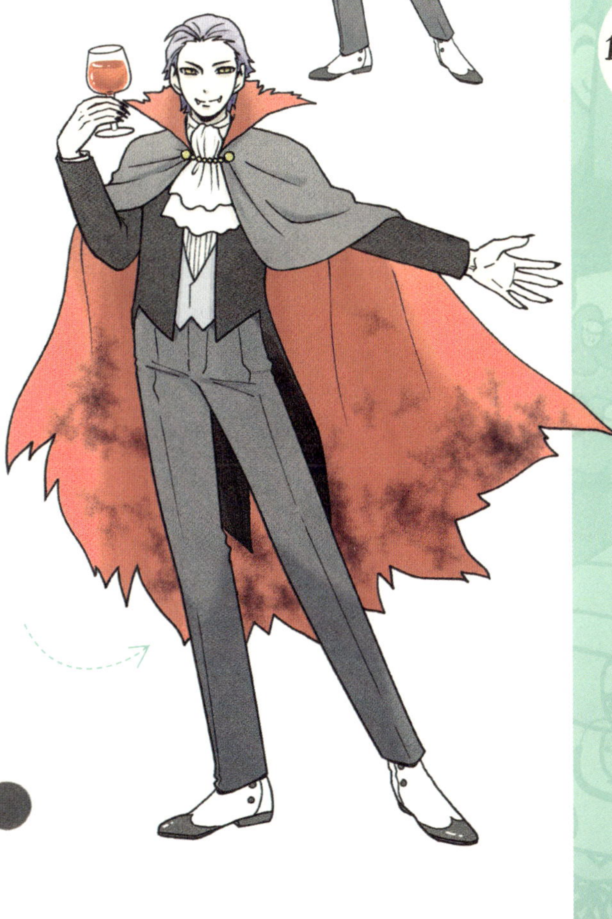

10 Zuletzt dunkle Ringe unter den Augen der Figur andeuten. Dunkle Flecken lassen den Umhang alt wirken. Für Lichter einen deckenden weißen Stift verwenden – aber nur sparsam, denn dies ist ein düsterer Typ.

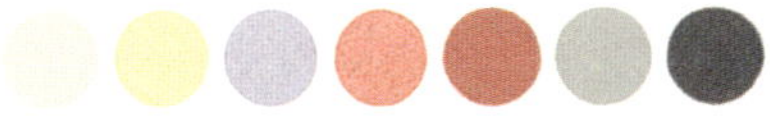

Chibi-Prinzessin

Sogar eine Märchenprinzessin kann in zehn Schritten gezeichnet werden. Krönchen und Gewand nicht vergessen!

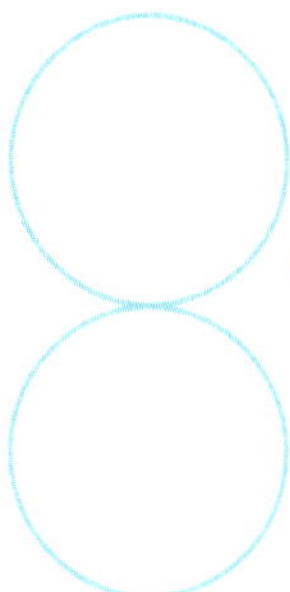

1 Zwei Kreise gleicher Größe zeichnen. Chibi-Figuren sind nur zwei Kopfhöhen groß.

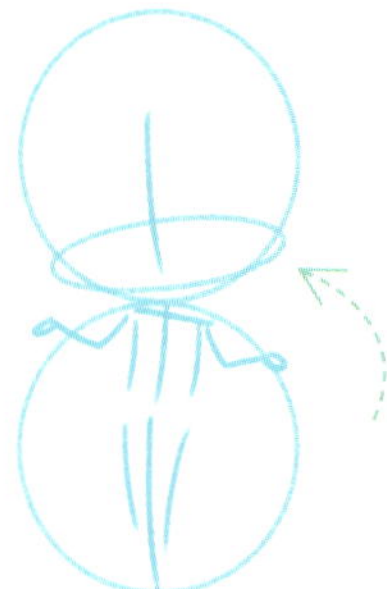

2 Für das Gesicht unten in den oberen Kreis ein Oval einzeichnen. Im unteren Kreis das Skelett grob skizzieren.

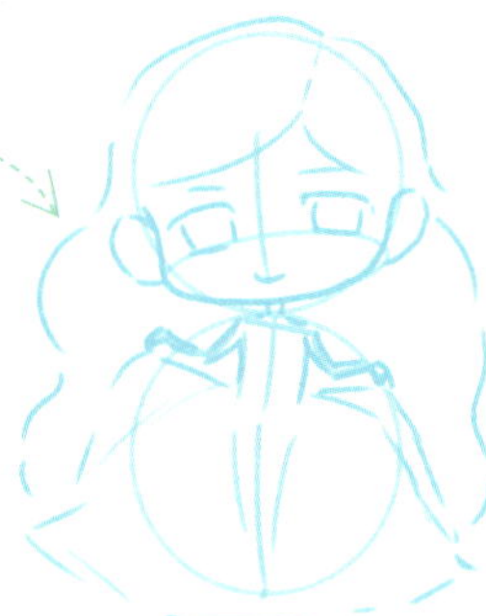

3 Den Körper und das Kleid grob vorzeichnen. Das Gesicht und die Haare skizzieren.

4 Kleid und Accessoires genauer ausarbeiten. Dabei ist wichtig, die wesentlichen Formen zu erfassen.

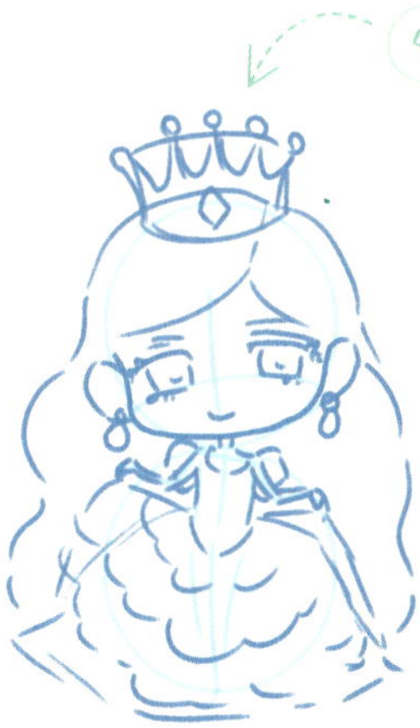

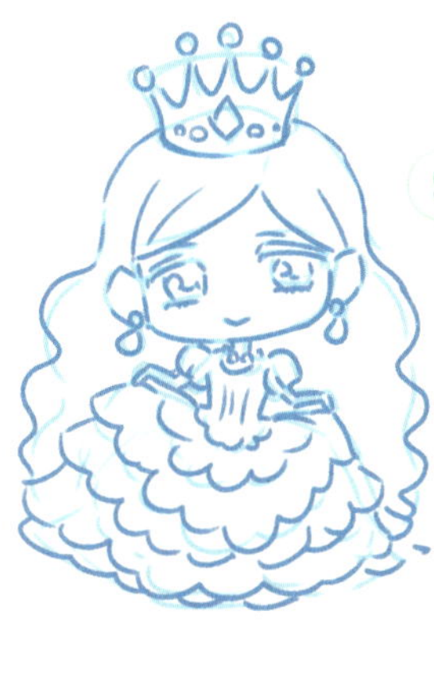

5 Weitere Details einfügen.

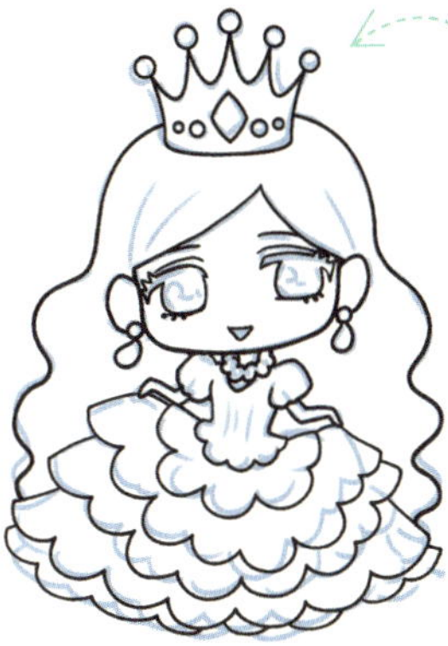

6 Die wichtigsten Konturen mit Fineliner nachzeichnen, dann die Hilfslinien ausradieren.

7 Details mit dünneren Strichen nachziehen.

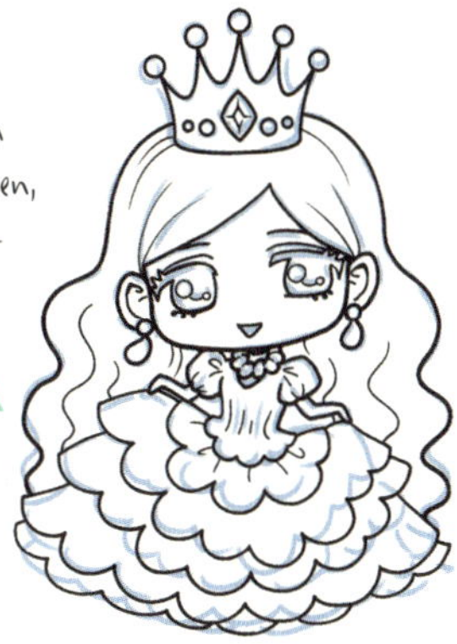

8 Zuerst das Gesicht kolorieren. Die Haare mit einem Farbverlauf in Pastelltönen gestalten, dabei mit den hellsten Tönen beginnen und die Übergänge verwischen.

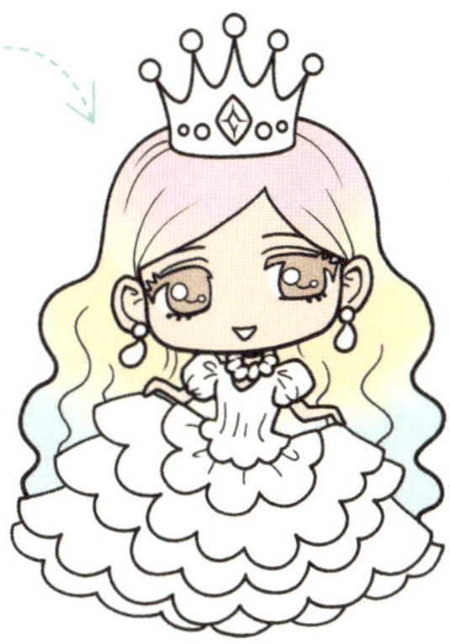

9 Das Kleid kolorieren. Jede Rüsche des Rocks hat einen Farbverlauf. Dafür Aquarellfarben mit Wasser verdünnen oder beim Zeichnen mit Markern einen Blender verwenden.

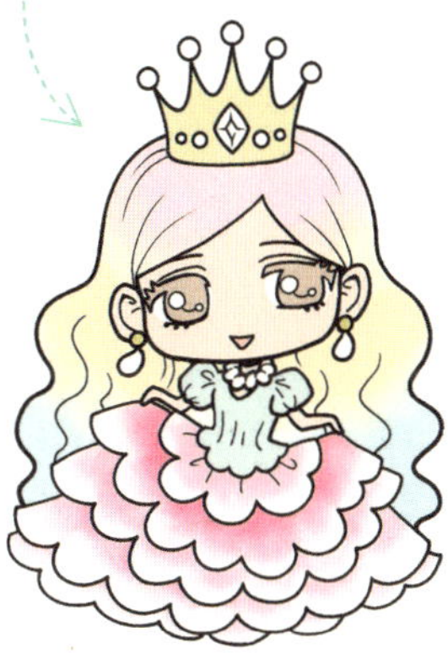

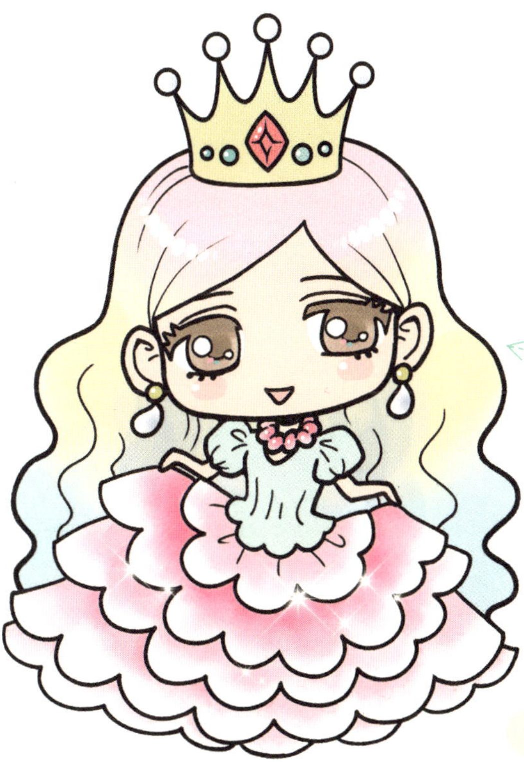

10 Die Perlen von Krone und Ohrringen bekommen einen Farbverlauf in Hellgrau. Die Wangen rosig eintönen. Die Figur nur sparsam schattieren. Für Lichter und Glitzereffekte einen deckenden Stift in Weiß oder Pastellfarbe verwenden.

Chibi-Prinz

Bei dieser Figur kommt es vor allem auf die interessanten Accessoires an.

1 Zwei Kreise gleicher Größe zeichnen. Chibi-Figuren sind nur zwei Kopfhöhen groß.

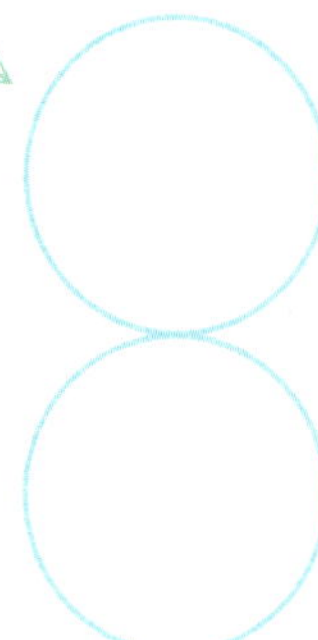

2 Für das Gesicht unten in den oberen Kreis ein Oval einzeichnen. Im unteren Kreis das Skelett grob skizzieren.

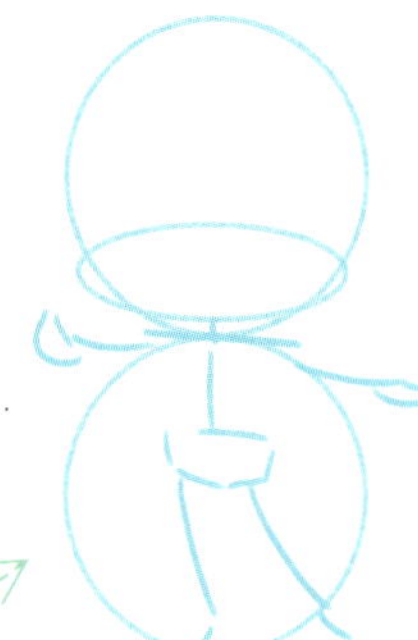

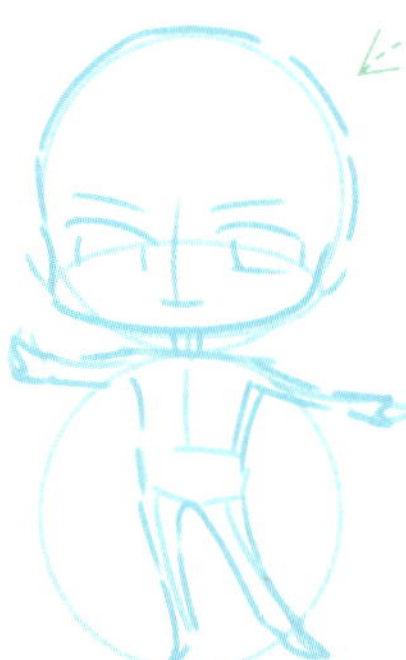

3 Den Körper grob vorzeichnen. Das Gesicht skizzieren.

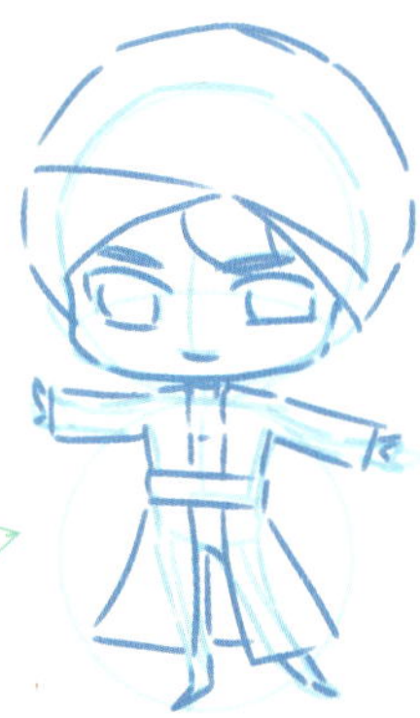

4 Die Kleidung im arabischen Stil genauer ausarbeiten. Wer Kleidung aus anderen Kulturen zeichnen will, sollte sich zuerst einige Fotos anschauen. Wichtig ist, die wesentlichen Formen der Kleidungsstücke zu erfassen.

5 Weitere Details einfügen.

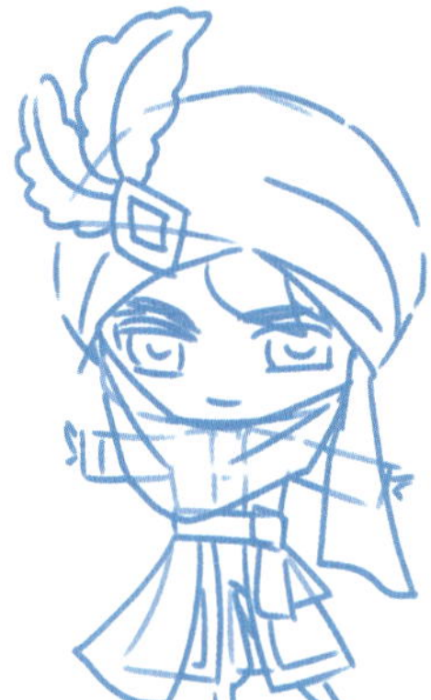

6 Die wichtigsten Konturen mit Fineliner nachzeichnen, dann die Hilfslinien ausradieren.

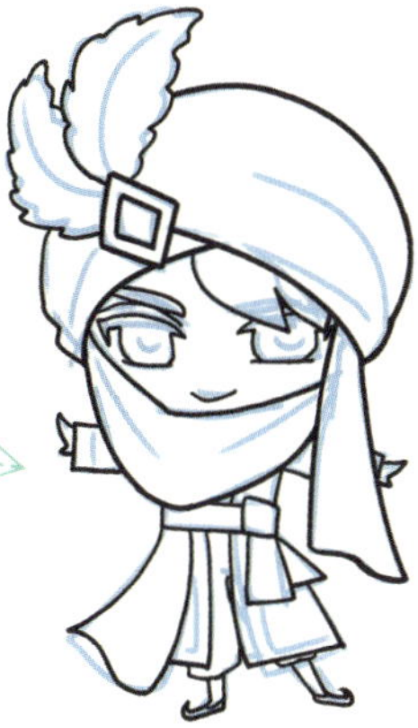

7 Details mit dünneren Strichen nachziehen. Nur die wichtigsten Falten einzeichnen.

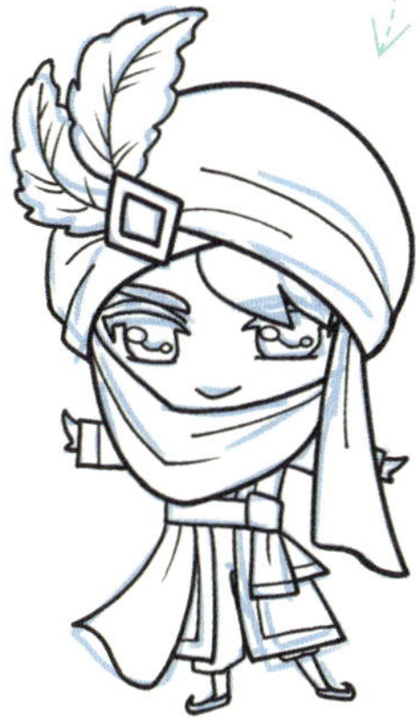

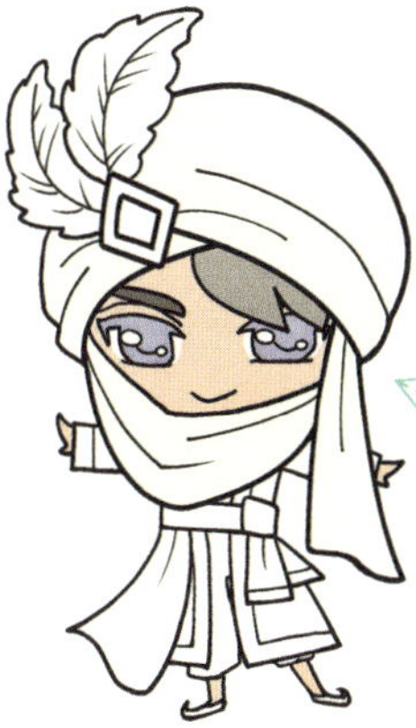

8 Zuerst Gesicht und Turban kolorieren.

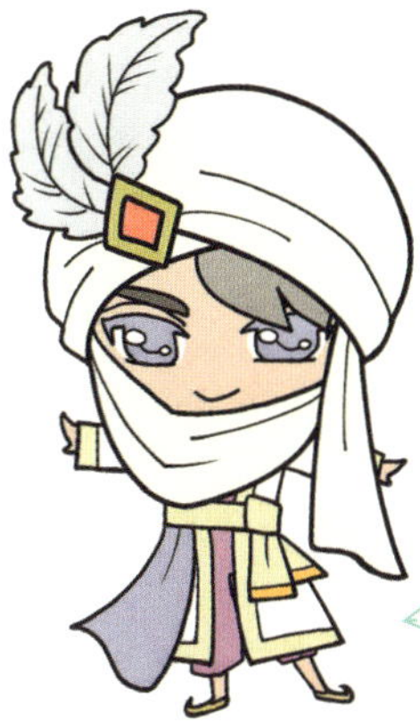

9 Für die Kleidung einige »königliche« Farben verwenden.

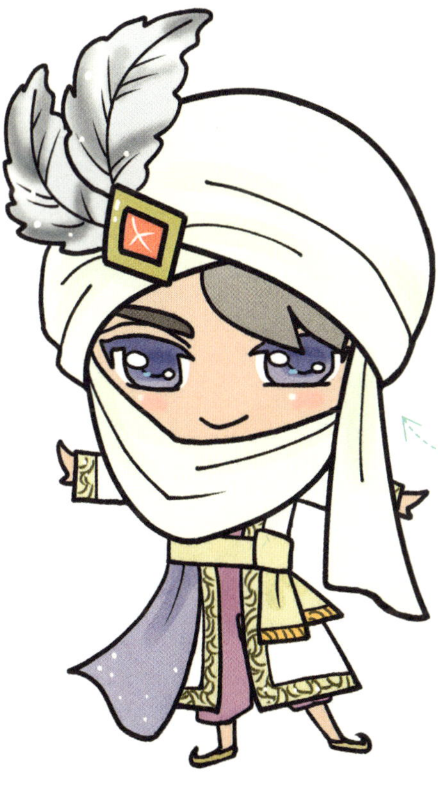

10 Schatten in den Augen und einigen anderen Bereichen einfügen. Die Wangen rötlich tönen und das Muster auf der Kleidung malen. Für Lichter und Glitzereffekte einen deckenden Stift in Weiß oder Pastellfarbe verwenden.

Manga-Schulkinder

Um zwei Kinder verschiedener Größe zu zeichnen, brauchen Sie nur die Kopfhöhe, die als Maßeinheit dient, zu variieren.

1 Teenager sind sieben Kopfhöhen groß. Eins dieser beiden stehenden Kinder ist größer als das andere.

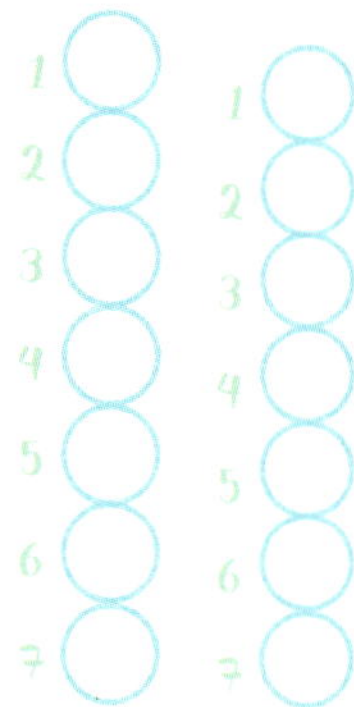

2 Die Figuren zuerst als Strichmännchen mit Gelenken zeichnen. Die Gesichter sind einander zugewandt.

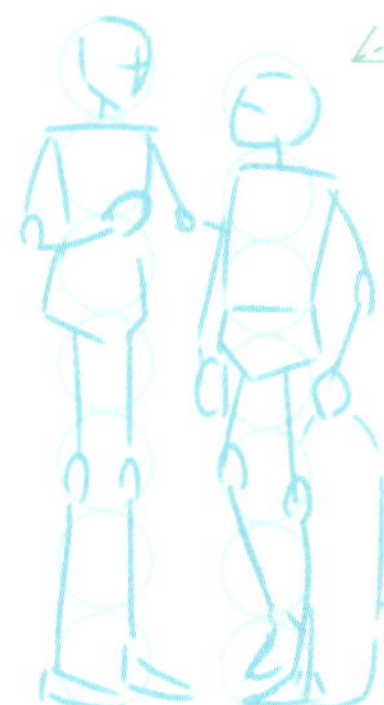

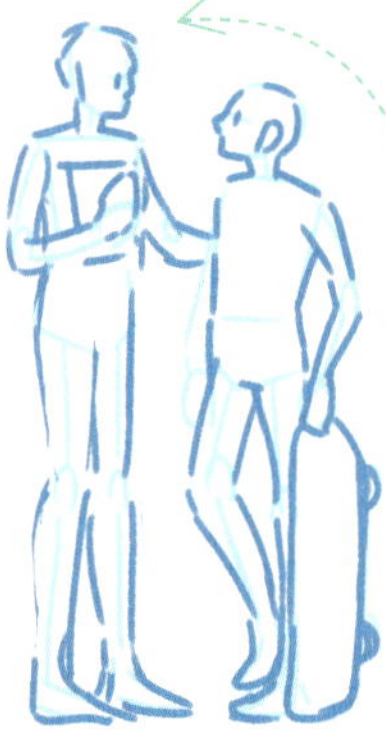

3 Die Körper so ausarbeiten, dass sie den gewünschten Figurentypen entsprechen. Das Mädchen ist groß und schlank, der Junge etwas kleiner mit mittlerer Statur.

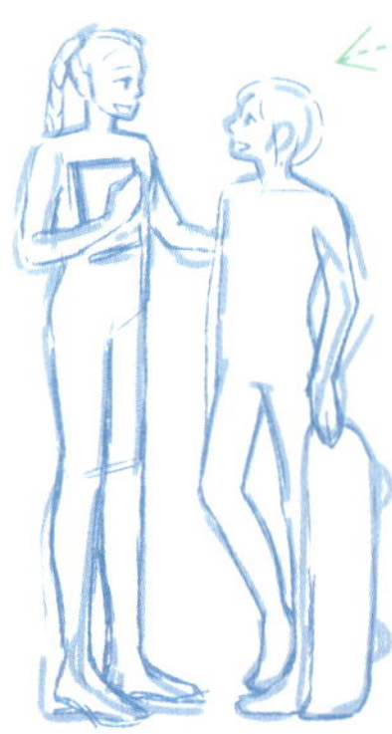

4 Die Körper weiter ausarbeiten und erste Details einzeichnen, beispielsweise die Frisuren.

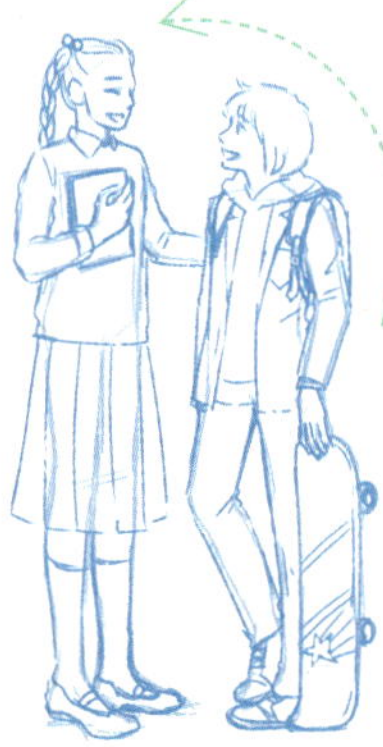

5 Die Kleidung mit einigen Details zeichnen, dabei auf die Materialien und ihren Fall achten. Nochmals kontrollieren, ob jede einzelne Figur ausgewogen wirkt und die Gesamtwirkung stimmig ist. Die Beziehung der Personen soll gut erkennbar sein. Sieht das Skateboard glaubwürdig aus? Wenn nicht, schauen Sie sich Fotos an.

6 Die wichtigsten Konturen mit Fineliner nachzeichnen.

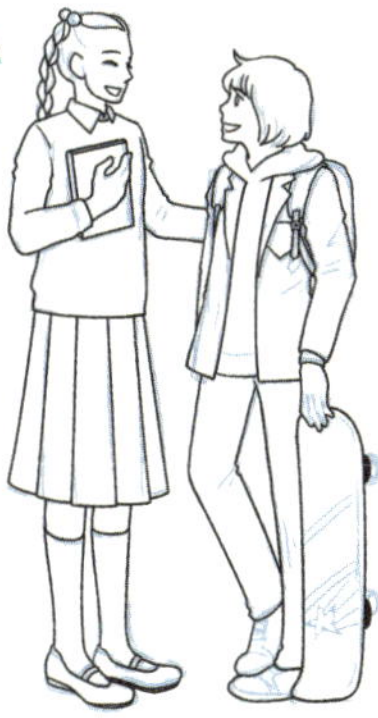

7 Details mit dünneren Strichen nachziehen, für Schatten dickere Striche verwenden. Die Hilfslinien ausradieren.

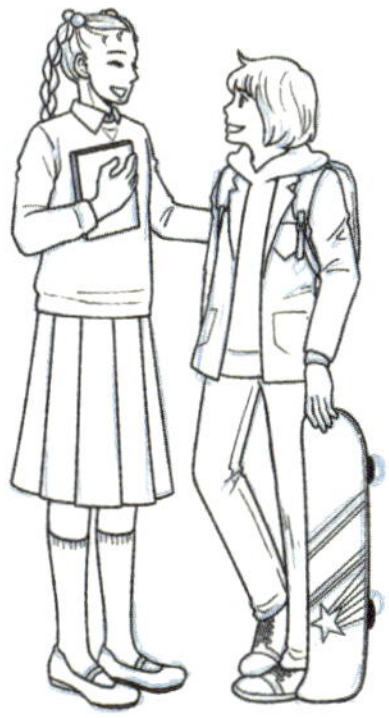

8 Haut, Haare und Kleidung kolorieren.

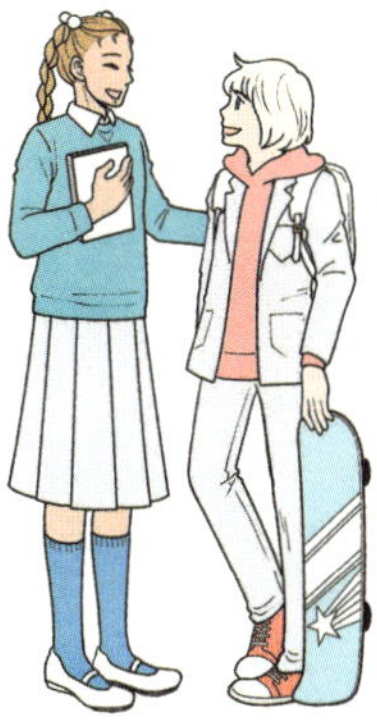

9 Akzentfarben für Accessoires und Details verwenden.

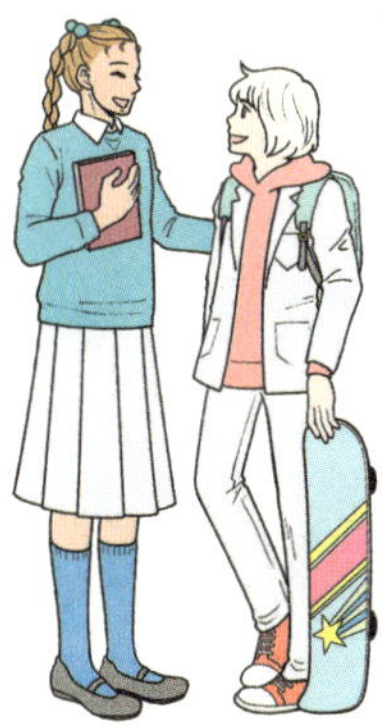

10 Das Karomuster auf der Kleidung einfügen und einige Schatten. Nasenrücken und Wangen rosa eintönen. Für Lichter einen deckenden weißen Stift verwenden.

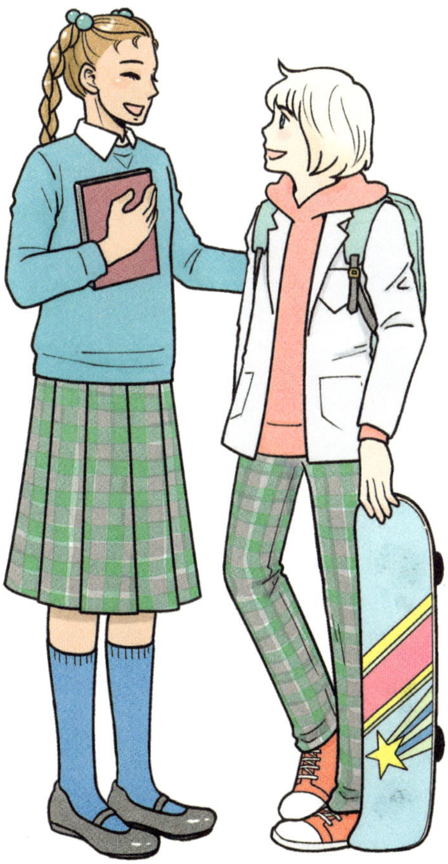

Chibi im Kimono

Es macht Spaß, mit exotischer Kleidung aus aller Herren Länder zu experimentieren.

1 Zwei Kreise gleicher Größe zeichnen. Chibi-Figuren sind nur zwei Kopfhöhen groß.

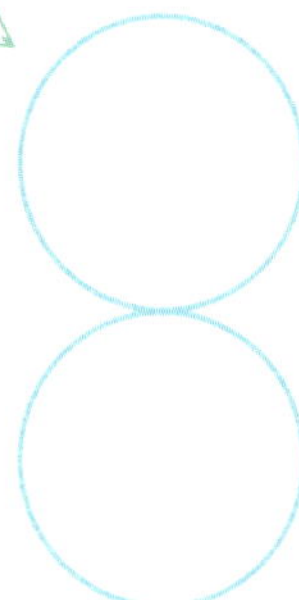

2 Für das Gesicht unten in den oberen Kreis ein Oval einzeichnen. Im unteren Kreis das Skelett grob skizzieren.

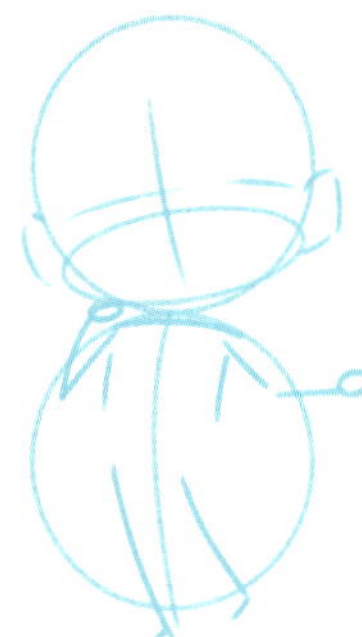

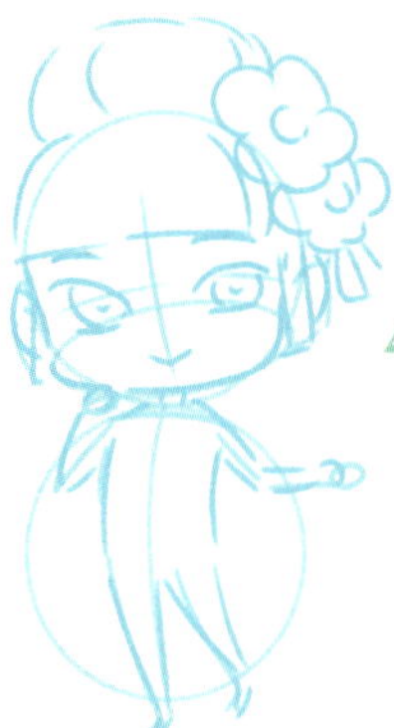

3 Den Körper grob vorzeichnen. Das Gesicht und die Haare skizzieren.

4 Den japanischen Kimono genauer ausarbeiten. Dabei ist wichtig, die wesentlichen Formen zu erfassen. Das linke Vorderteil liegt beim Tragen des Kimonos immer über dem rechten.

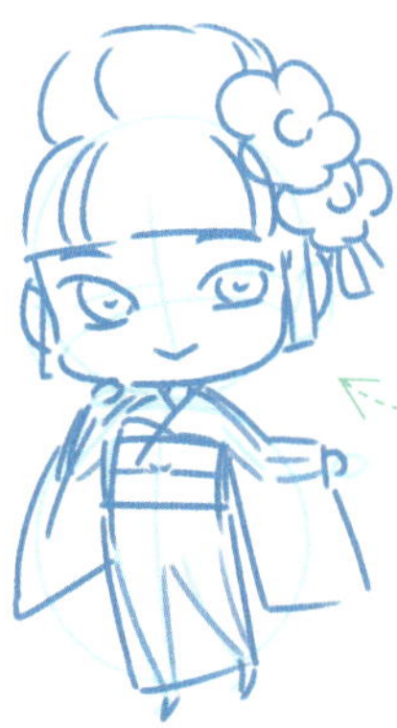

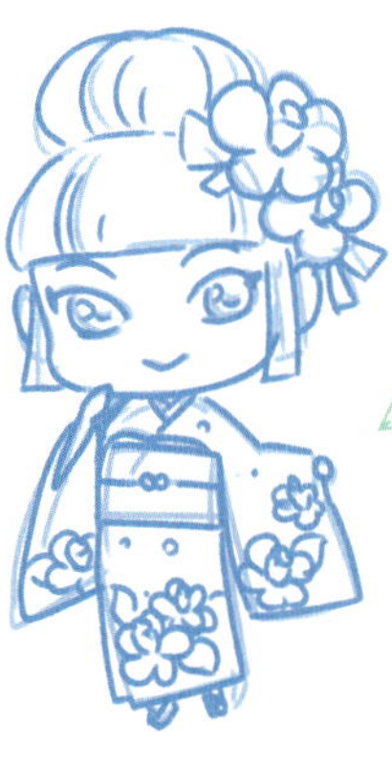

5 Weitere Details einfügen, hier die Kamelien im Haar und auf dem Stoff. Schauen Sie sich vorher Fotos von Kamelienblüten an.

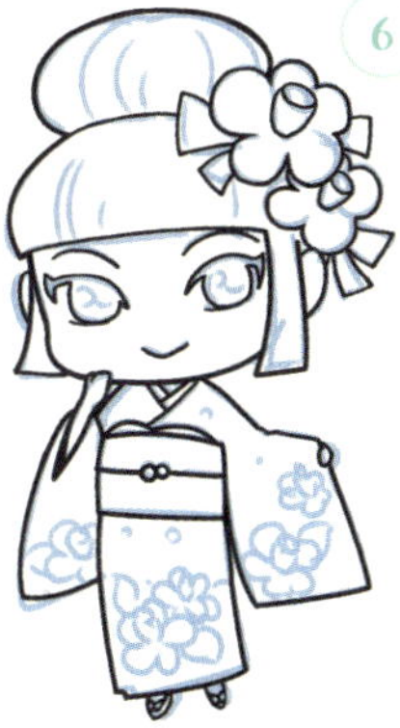

6 Die wichtigsten Konturen sorgfältig mit Fineliner nachzeichnen.

7 Details mit dünneren Strichen nachziehen, dann die Hilfslinien ausradieren.

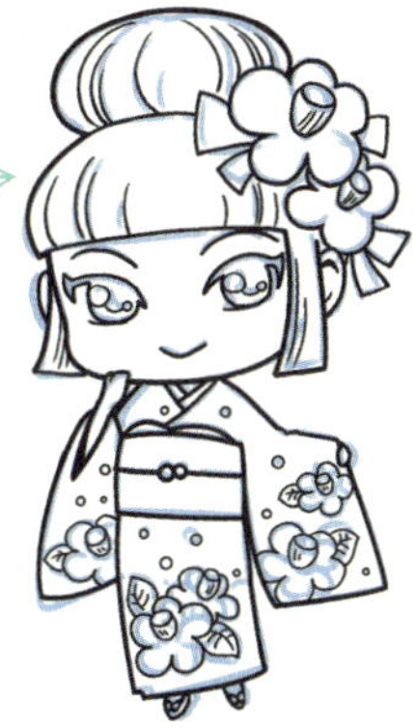

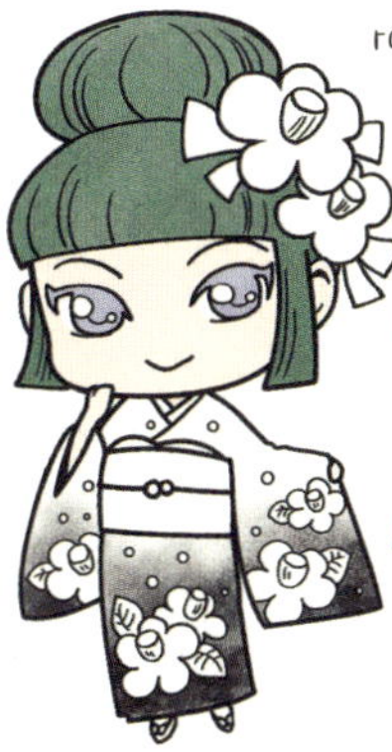

8 Beim Kolorieren mit den Grundfarben beginnen. Die Farbe für den Kimono (hier Schwarz) zeigt einen Hell-Dunkel-Verlauf. Dafür Aquarellfarben mit Wasser verdünnen oder beim Zeichnen mit Markern einen Blender verwenden.

9 Blumen und Accessoires kolorieren. Anregungen für die Farbkombinationen können Fotos traditioneller Kimonos geben.

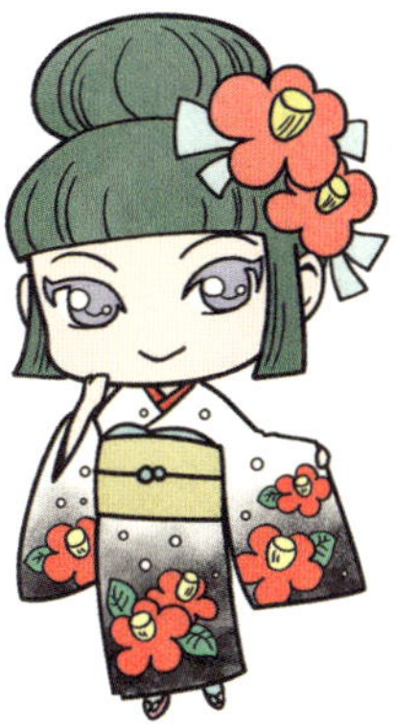

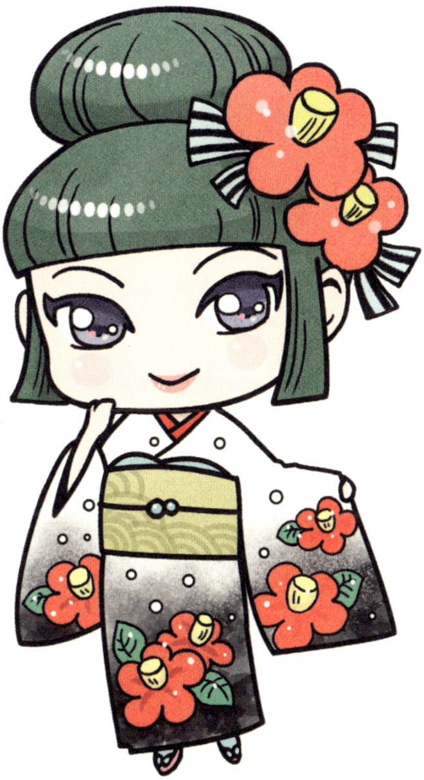

10 Die klar konturierten Schatten auf dem Pony und dem Haarknoten einfügen. Wangen und Lippen rosa eintönen. Für Lichter und Glitzereffekte einen deckenden weißen Stift verwenden.

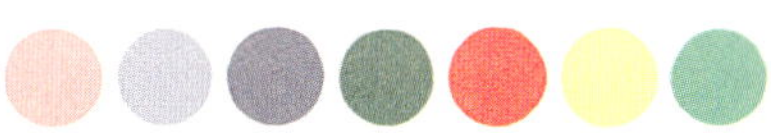

Chibi-Zauberer

Zauberstab, Hexenhut und ein farbenfroher Umhang
sind die Markenzeichen dieser Figur.

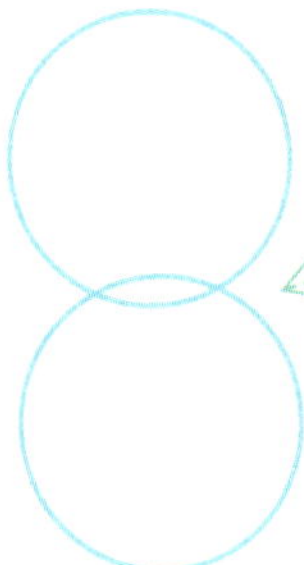

1 Zwei Kreise gleicher Größe zeichnen. Chibi-Figuren sind nur zwei Kopfhöhen groß.

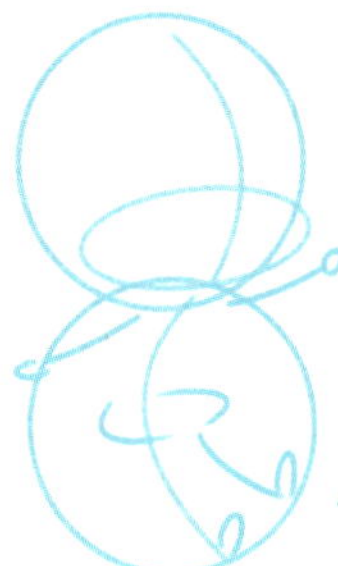

2 Für das Gesicht unten in den oberen Kreis einen Bogen und ein leicht verschobenes Oval einzeichnen. Im unteren Kreis das Skelett grob skizzieren. Diese Figur springt, darum ist die Körperachse gekrümmt.

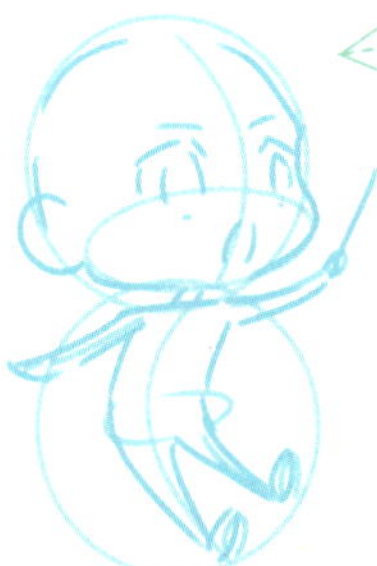

3 Den Körper und das Gesicht grob vorzeichnen.

4 Die Kleidung genauer ausarbeiten. Dabei ist wichtig, die wesentlichen Formen zu erfassen. Für Hüte ist es wichtig, immer zuerst den ganzen Kopf zu skizzieren, damit die Kopfbedeckung gut sitzt.

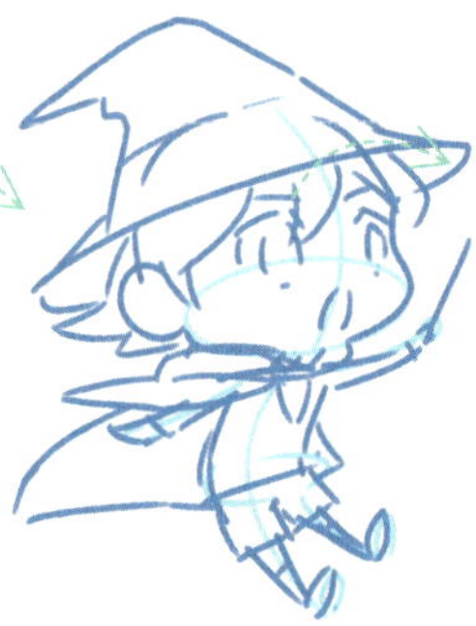

5 Weitere Details und Accessoires einzeichnen.

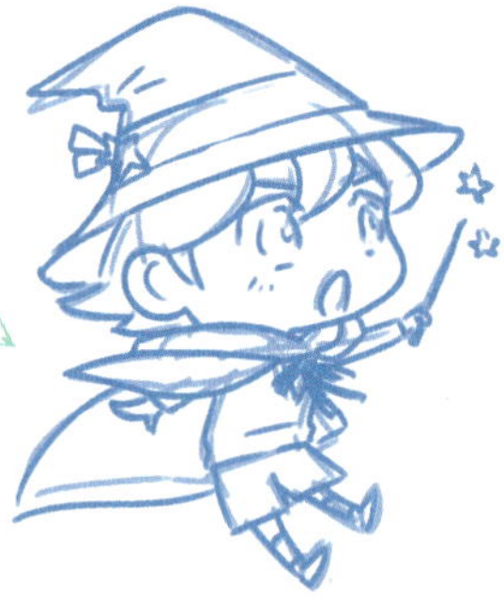

6 Die wichtigsten Konturen sorgfältig mit Fineliner nachzeichnen.

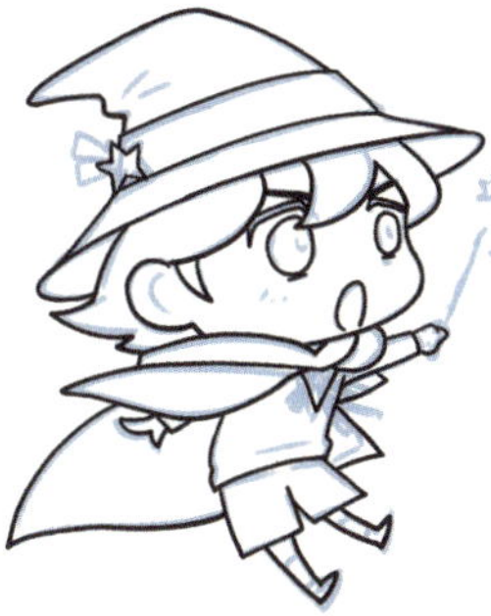

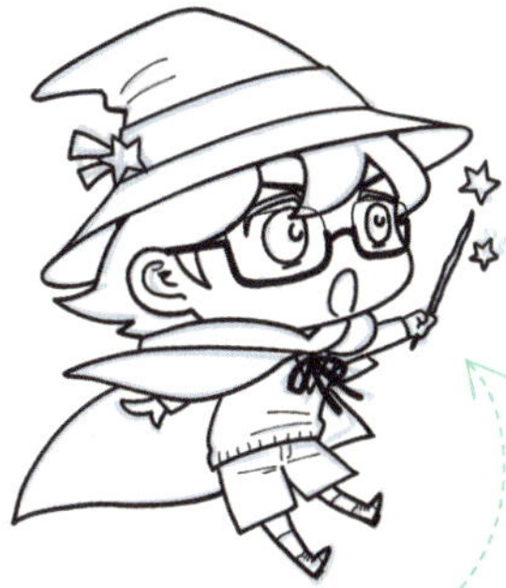

7 Details mit dünneren Strichen nachziehen. Die Brille wurde hier erst im letzten Moment hinzugefügt. Solche Ideen können jederzeit umgesetzt werden, solange die Zeichnung ausgewogen bleibt. Die Hilfslinien ausradieren.

8 Haut, Haare und die Haupt-Kleidungsstücke kolorieren.

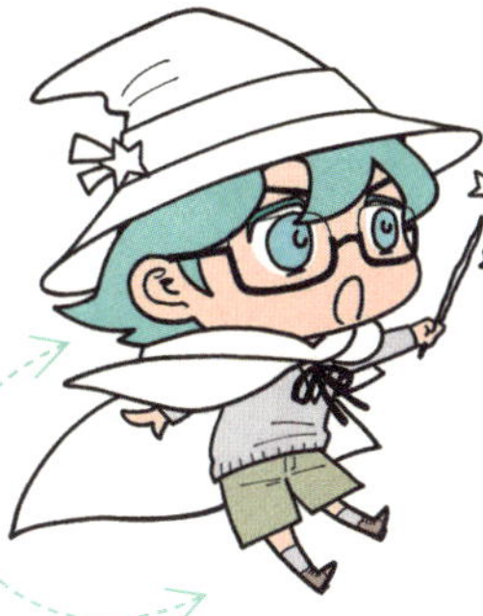

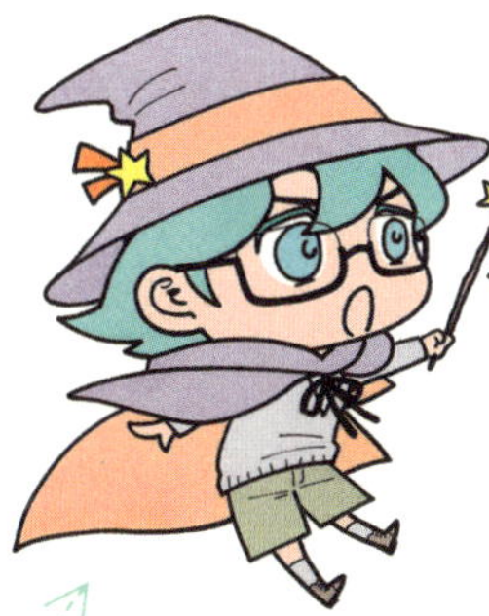

9 Dann die restliche Figur kolorieren.

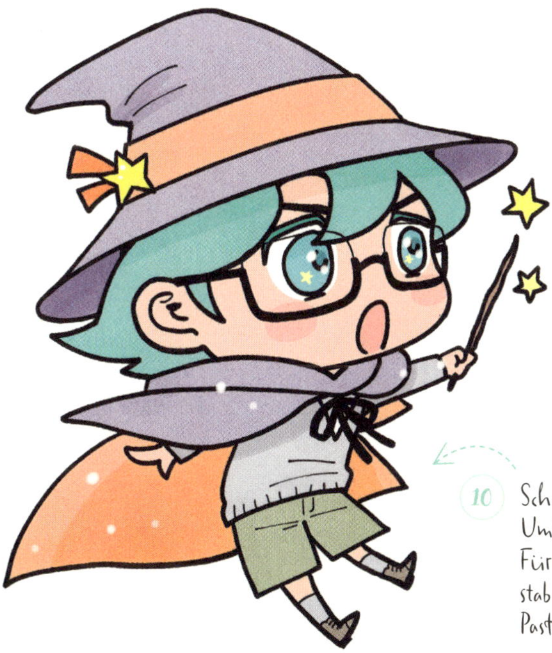

10 Schatten unter der Hutkrempe und auf dem Umhang einfügen. Die Wangen rosa eintönen. Für Lichter und den Stern auf dem Zauberstab einen deckenden Stift in Weiß oder einer Pastellfarbe verwenden.

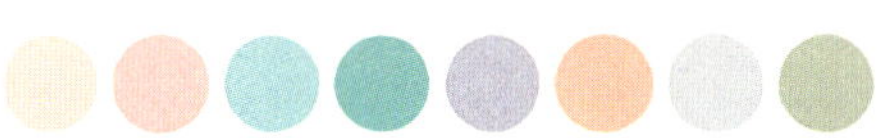

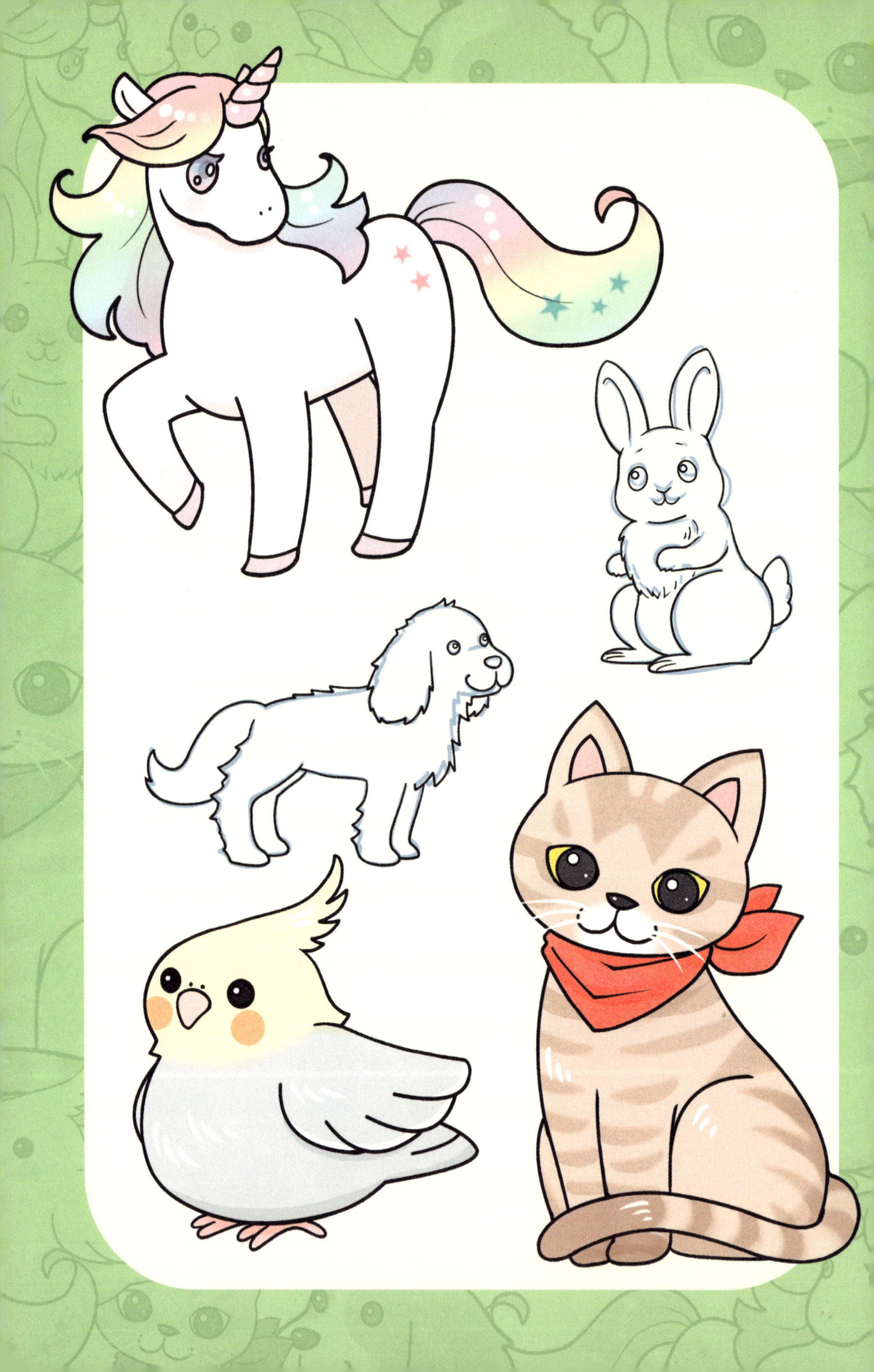

Manga-Tiere

Katze

Die Katze ist ein niedlicher Begleiter für Manga-Figuren.
Sie wird aus Kreisen und Dreiecken konstruiert.

1 Mit einem leicht schräg stehenden Oval beginnen.

2 Zwei Dreiecke für die Ohren und ein Trapez für den Körper anfügen.

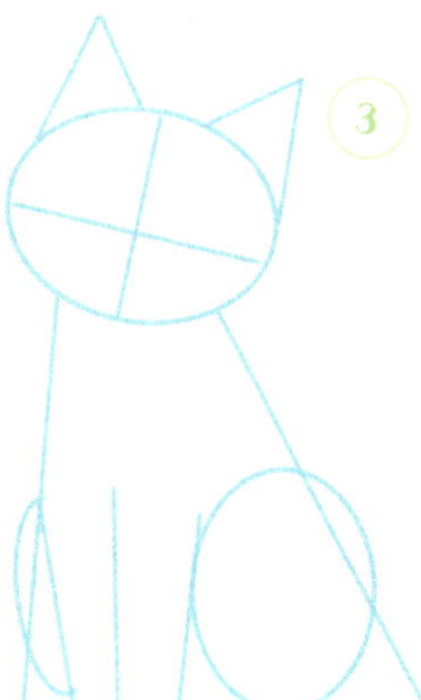

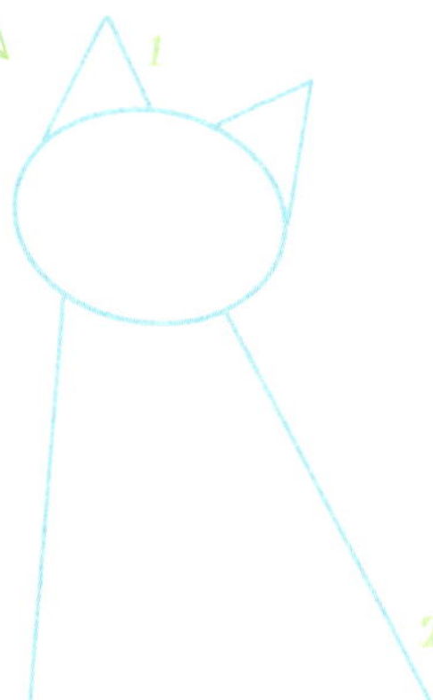

3 In den Kopf ein Kreuz zeichnen, die waagerechte Linie liegt etwas unter der Mitte. Unten rechts ins Trapez ein Oval einfügen. Für die Beine drei fast senkrechte Striche zeichnen, für das verdeckte Hinterbein einen Bogen.

4 Den Körper mit gerundeten Linien ausarbeiten. Erste Details wie das Gesicht und den um die Pfoten gelegten Schwanz einzeichnen.

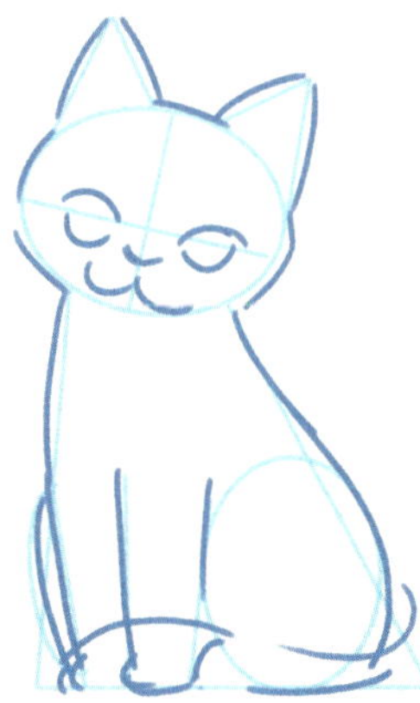

Tipp:
Eine Manga-Katze muss nicht superrealistisch sein, wohl aber eindeutig zu erkennen. Hier liegt das Gesicht weitgehend in der unteren Hälfte des Kopfs.

5 Weitere Details einfügen.

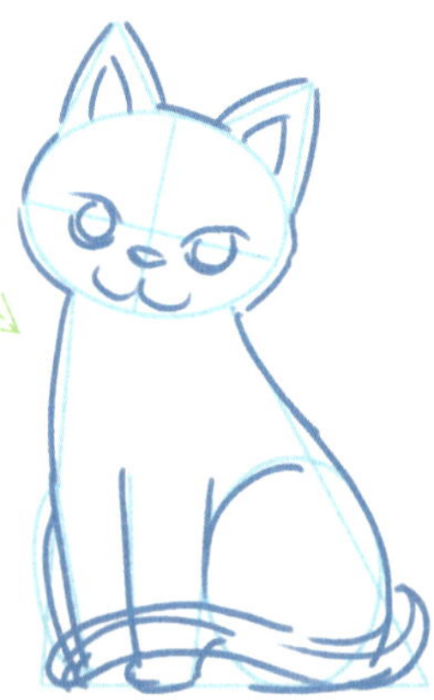

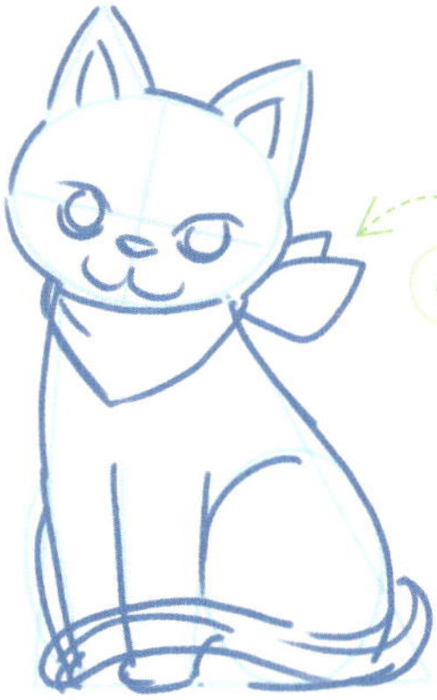

6 Weitere Details einzeichnen, beispielsweise das niedliche Halstuch.

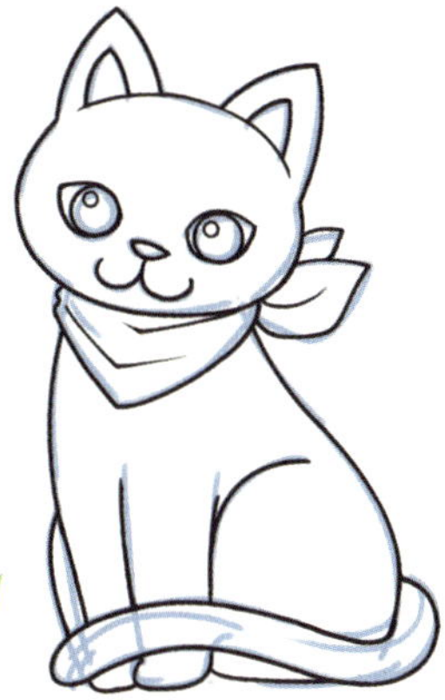

7 Die Umrisse mit dem Fineliner mit flüssigen Strichen nachziehen. Für eine struppige Katze gezackte Konturen zeichnen. Die Hilfslinien ausradieren.

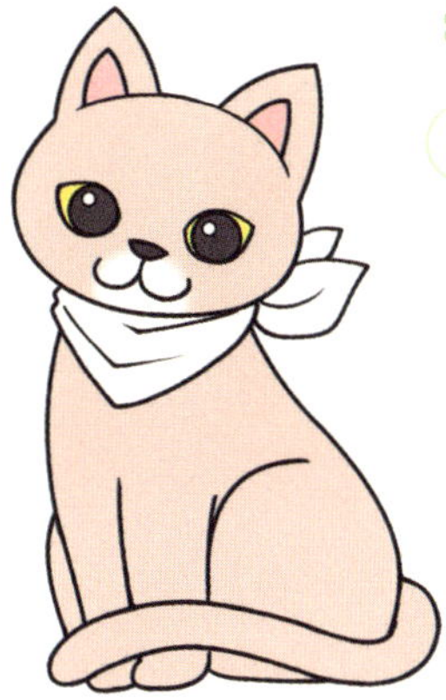

8 Die Grundfarben von Körper und Augen auftragen. Schauen Sie sich Fotos von verschiedenen Fellmustern an.

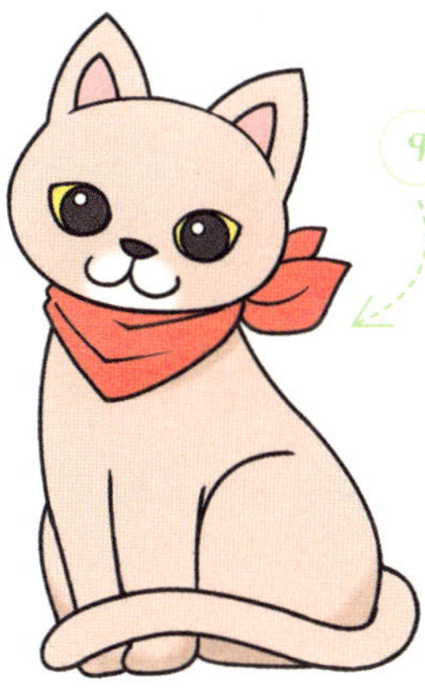

9 Schatten einfügen und das Halstuch kolorieren.

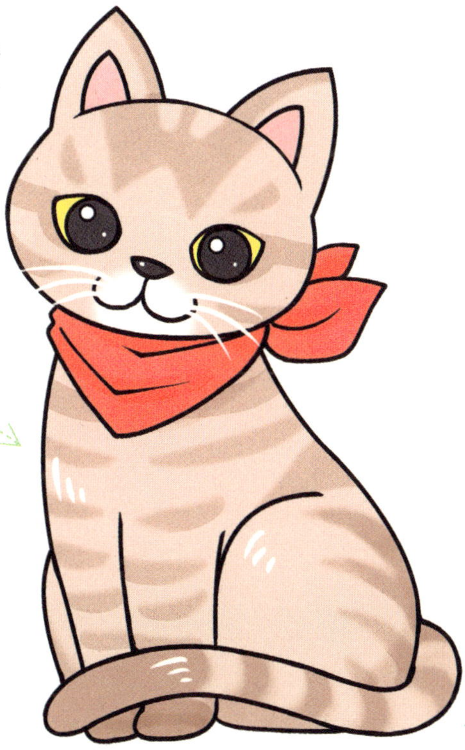

10 Zuletzt das Fellmuster zeichnen. Für Lichter auf Augen und Nase sowie die Barthaare einen deckenden weißen Stift verwenden. Kleine Lichter auf dem Fell zeigen, wie seidig es ist.

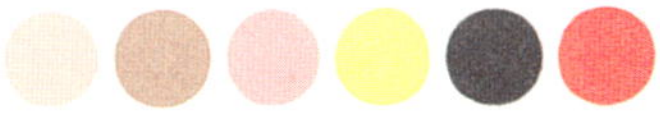

Hund

Wenn Ihnen dieser Hund gelingt, können Sie sich an Ihrer Lieblingsrasse versuchen.

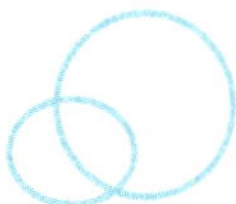

1 Für Kopf und Schnauze einen Kreis und ein überlappendes Oval zeichnen.

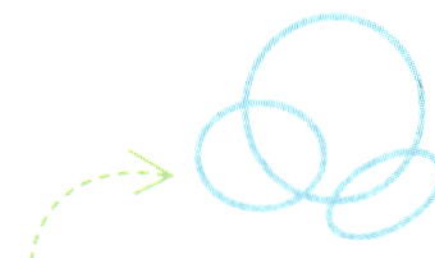

2 Für den Hals ein etwas kleineres Oval hinzufügen.

3 Für den Rumpf ein unregelmäßiges Viereck zeichnen, dabei die Pfeilrichtungen beachten.

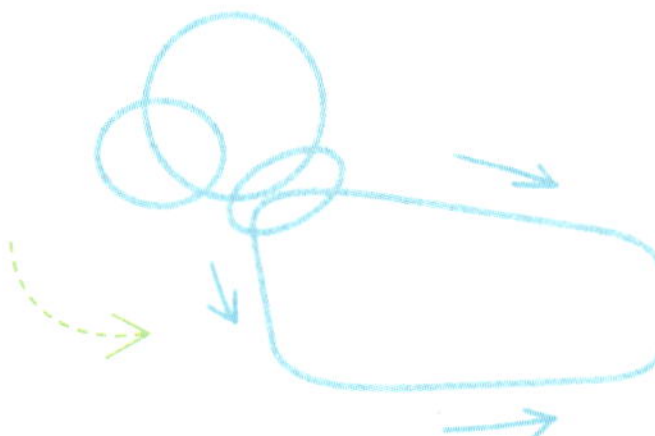

Tipp:
Typische Formen und Merkmale stellen sicher, dass der niedliche Manga-Hund realistisch aussieht.

4 Vorder- und Hinterbeine skizzieren. Schauen Sie sich die Form der Beine auf Fotos an.

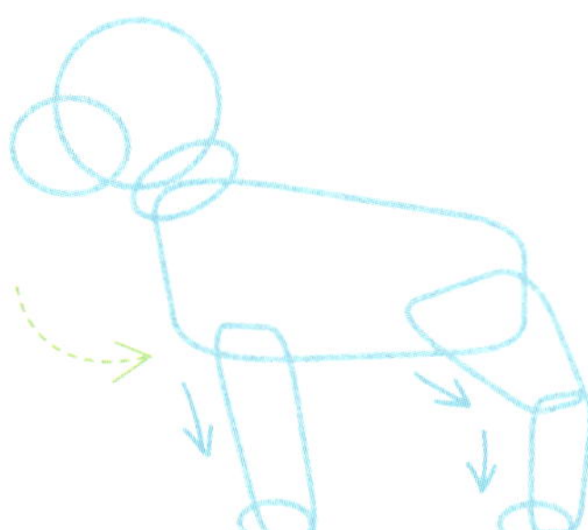

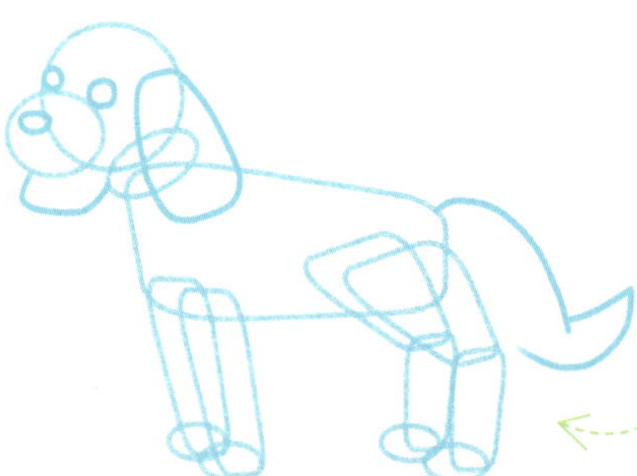

5 Zuletzt alle vier Beine und die übrigen Körperteile vorzeichnen.

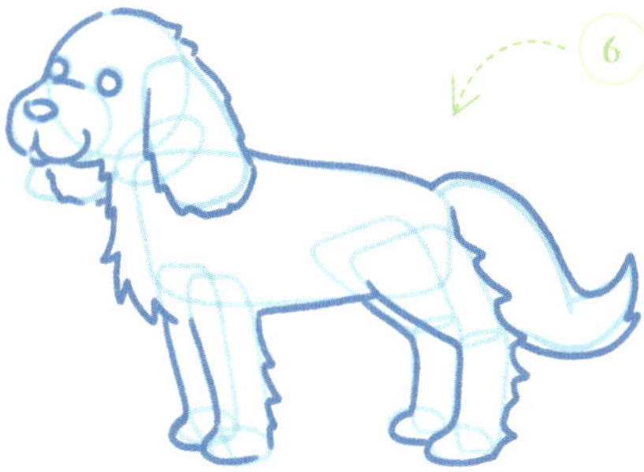

6 Die Umrisse mit dem Fineliner nachzeichnen. Die zackige Kontur zeigt, dass das Fell lang ist. Schnauze, Pfoten und Augen rund zeichnen – das sieht niedlich aus.

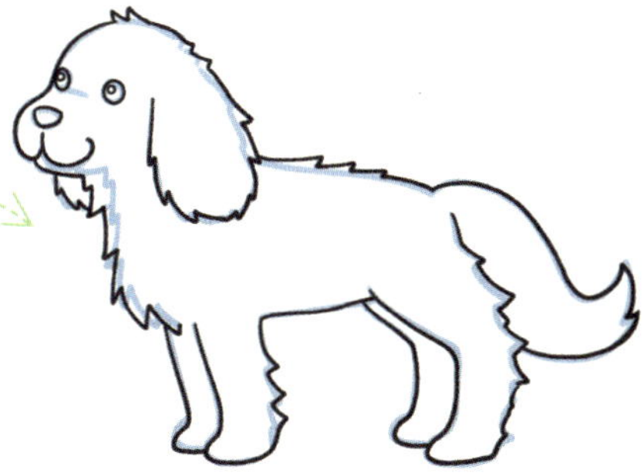

7 Das weiche Fell unter dem Kinn herausarbeiten. Die Hilfslinien ausradieren.

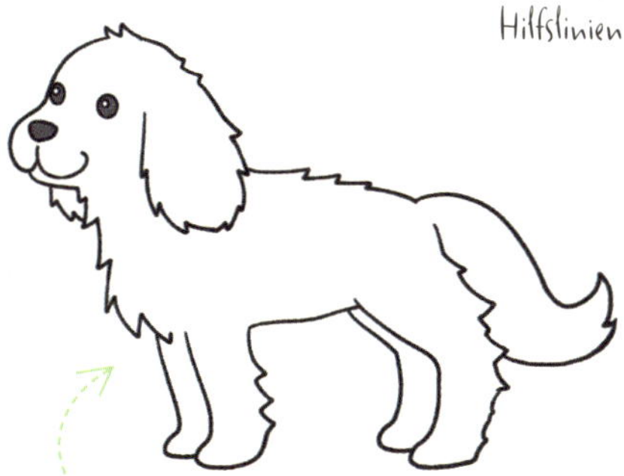

8 Die Grundfarben von Körper, Augen und Nase auftragen.

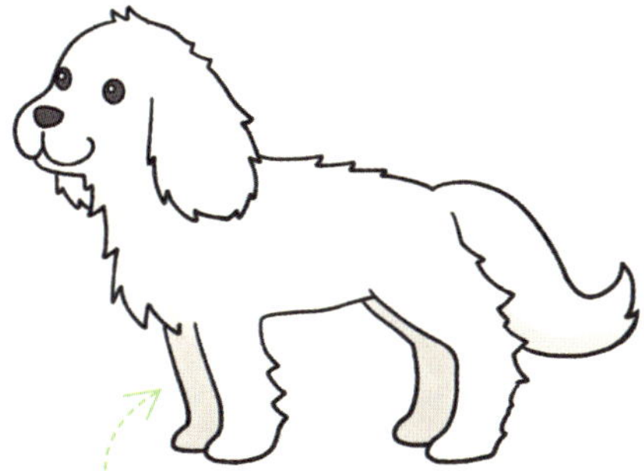

9 Die Innenseiten der Beine schattieren.

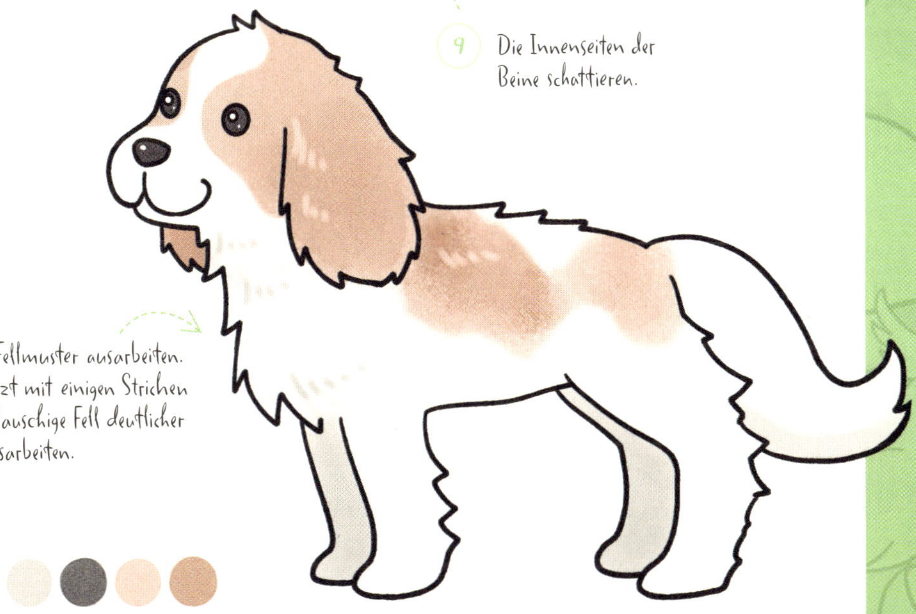

10 Das Fellmuster ausarbeiten. Zuletzt mit einigen Strichen das flauschige Fell deutlicher herausarbeiten.

Kaninchen

Bei diesem süßen Kaninchen bitte die langen Ohren und den puscheligen Schwanz nicht vergessen!

1 Für den Kopf zwei leicht schräge, überlappende Ovale zeichnen. Das obere ist etwas runder.

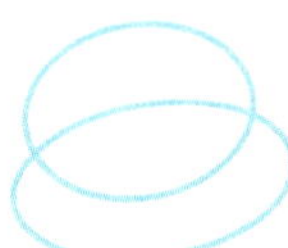

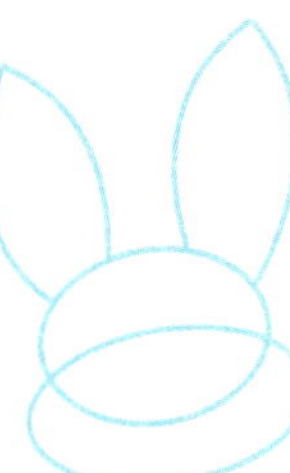

2 Für die Ohren zwei lange Blattformen anfügen.

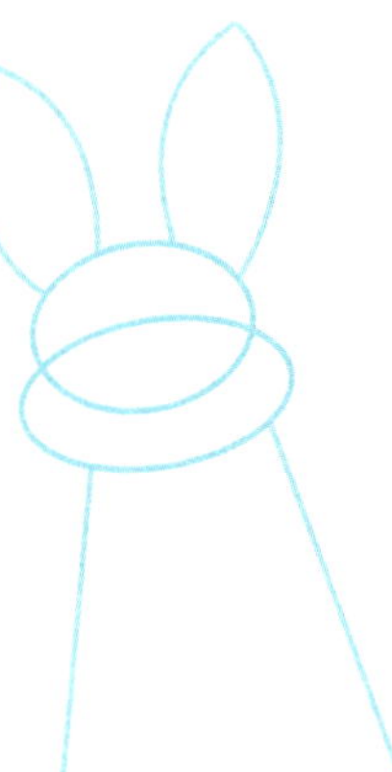

3 Unter dem Kopf ein leicht schräges Trapez zeichnen.

4 Für die Hinterbeine in die unteren Ecken des Trapezes zwei Ovale zeichnen. Darunter für die Füße zwei sehr flache Ovale setzen.

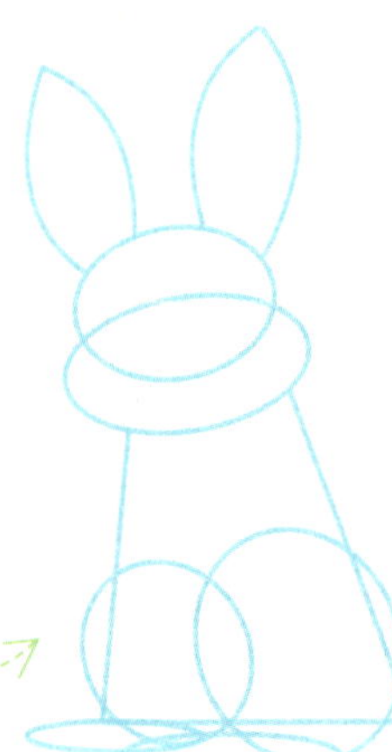

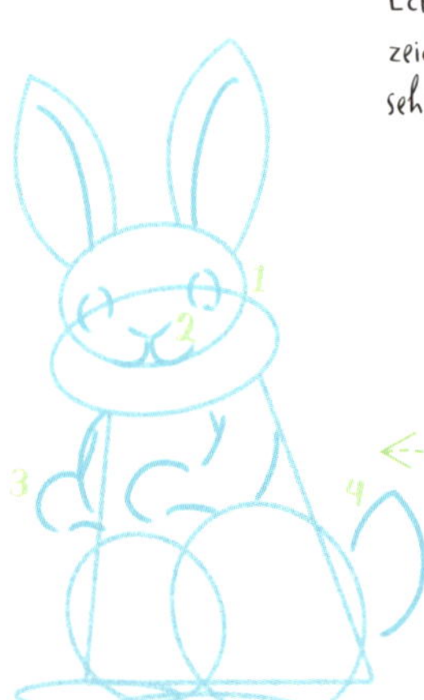

5 Nun Augen (1), Nase und Maul (2), Vorderbeine (3) und Schwanz (4) hinzufügen.

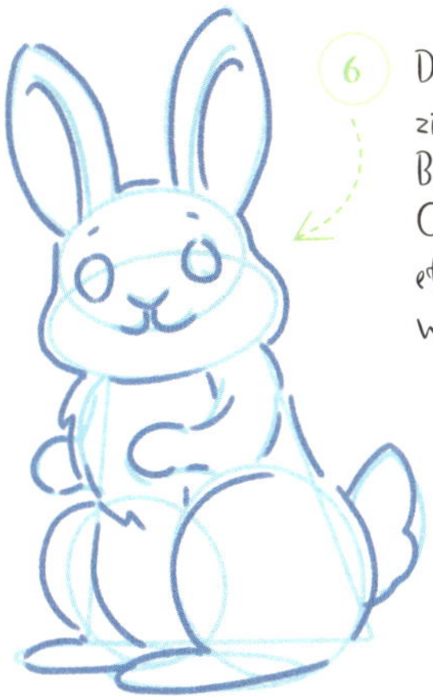

6 Die Formen mit Bleistift nachziehen und dabei abrunden. Beim Manga-Kaninchen dürfen Ohren und Schwanz ruhig etwas übertrieben werden. Das weiche Brustfell andeuten.

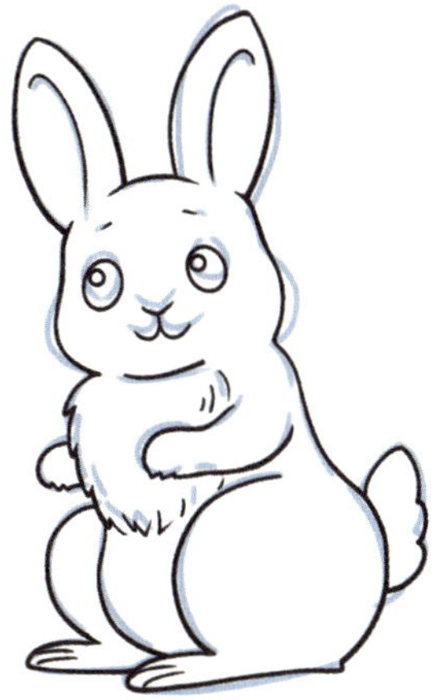

7 Das Kaninchen sorgfältig mit dem Fineliner nachzeichnen. Details wie die schrägen Augenbrauen mit dünneren Strichen einfügen. Die Hilfslinien ausradieren.

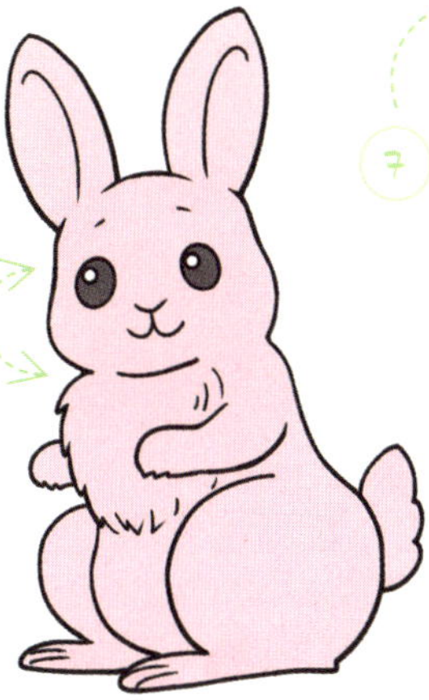

8 Körper und Augen in der Grundfarbe kolorieren. Es muss nicht immer eine realistische Farbe sein. Dieses Rosa wirkt besonders niedlich.

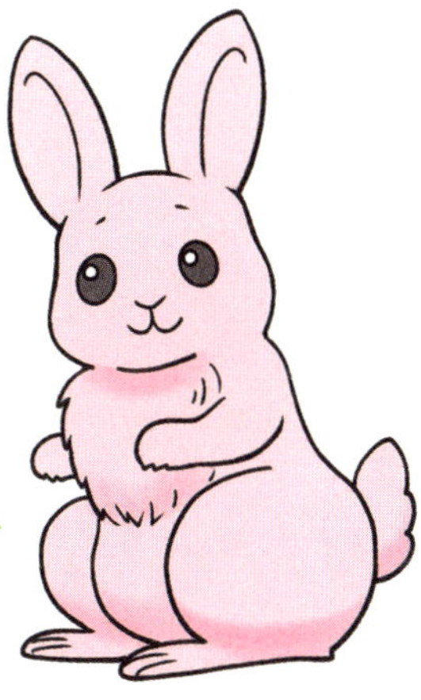

9 Einige Schatten sorgen für die plastische Wirkung.

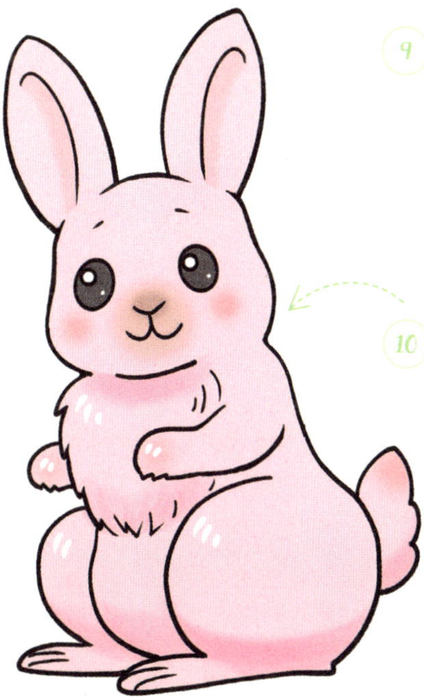

10 Die Nase abdunkeln und die Wangen eintönen. Blassrosa Schatten in den Ohren andeuten. Für Lichter einen deckenden weißen Stift verwenden. Einige Lichter auf dem Fell vermitteln, dass es seidig ist.

Kakadu

Bei dieser Zeichnung kommt es vor allem
auf die Federkrone auf dem Kopf und die Flügel an.

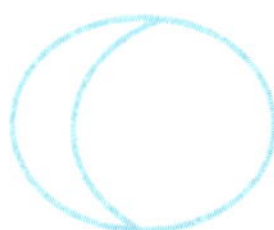

1 Ein Oval zeichnen und mit einem Bogen unterteilen.

2 Darunter leicht überlappend ein größeres Oval zeichnen.

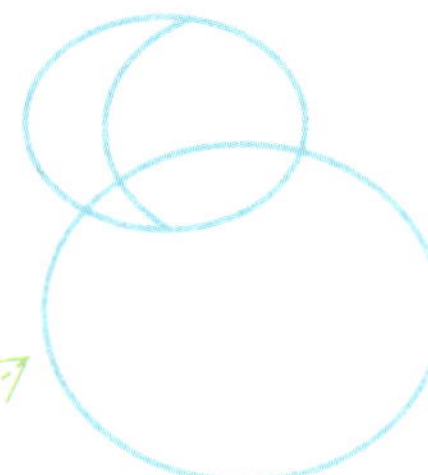

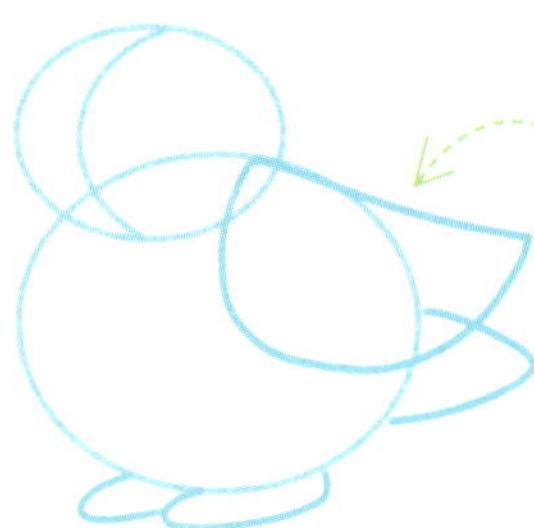

3 Nun die Details vorzeichnen: einen Halbkreis für den Flügel, ein abgerundetes Dreieck für den Schwanz und flache Ovale für die Füße.

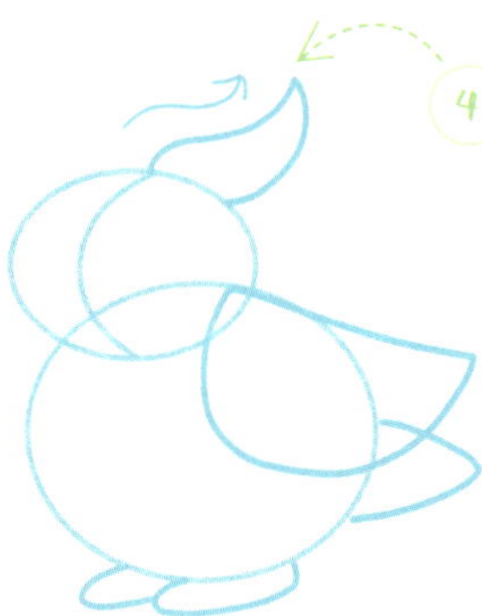

4 Die niedliche Federkrone auf dem Kopf hinzufügen – am besten mithilfe von Fotos.

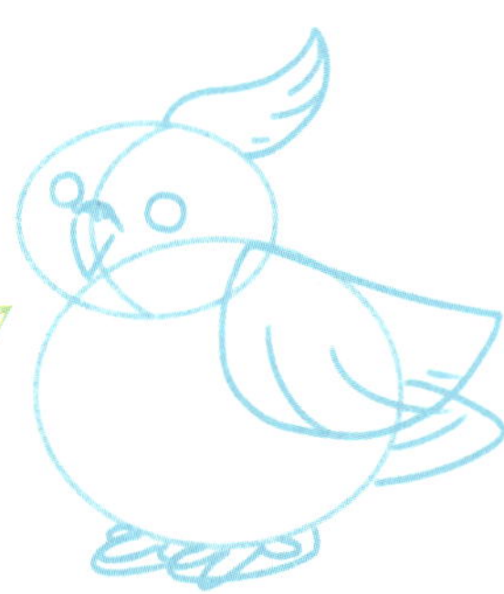

5 Augen, Füße und Schnabel vorzeichnen. Der Schnabel ist gekrümmt, darüber sitzen winzige Nasenlöcher.

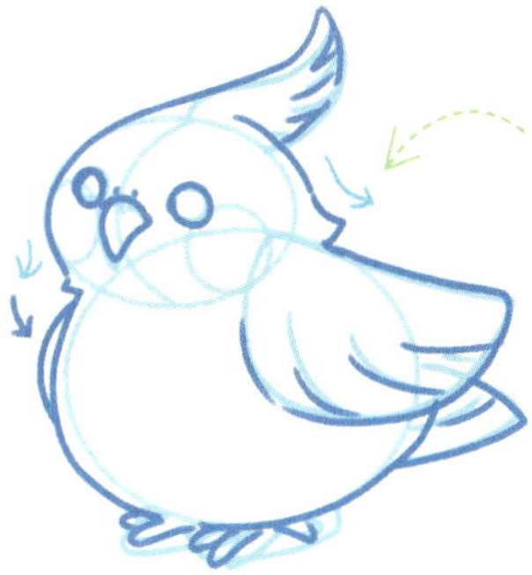

6 Die Linien mit Bleistift nachzeichnen, dabei die Formen abrunden. Die Federn auf dem vorderen Flügel und den Rand des hinteren Flügels einfügen.

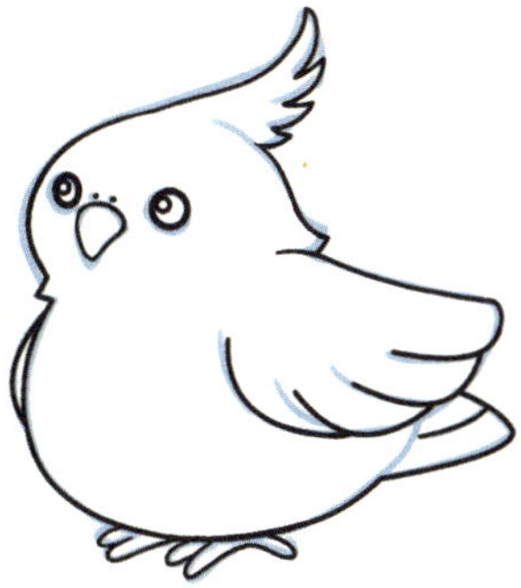

7 Alle Konturen sorgfältig mit Fineliner nachziehen. Dieser Vogel ist rundlicher als in der Natur, damit er besonders niedlich aussieht. Die Hilfslinien ausradieren.

8 Die Grundfarben des Körpers auftragen. Kakadus haben typische Farbkombinationen. Schauen Sie sich Fotos an.

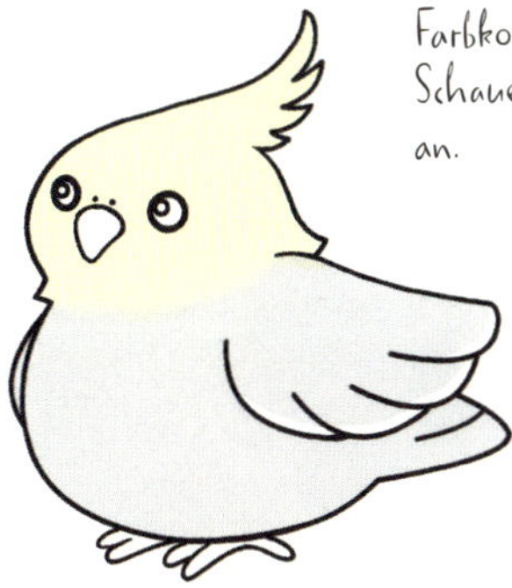

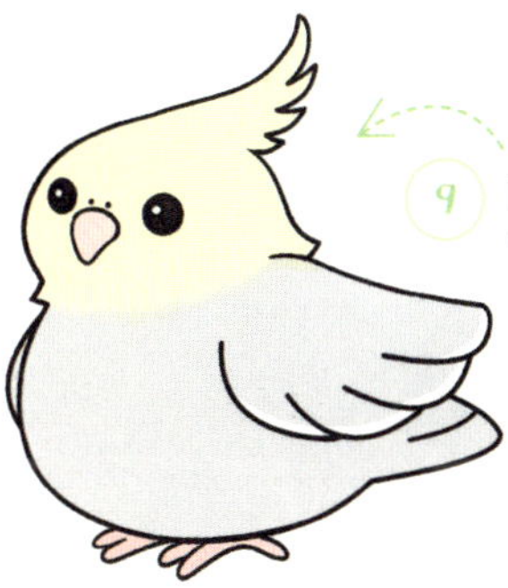

9 Den restlichen Vogel kolorieren.

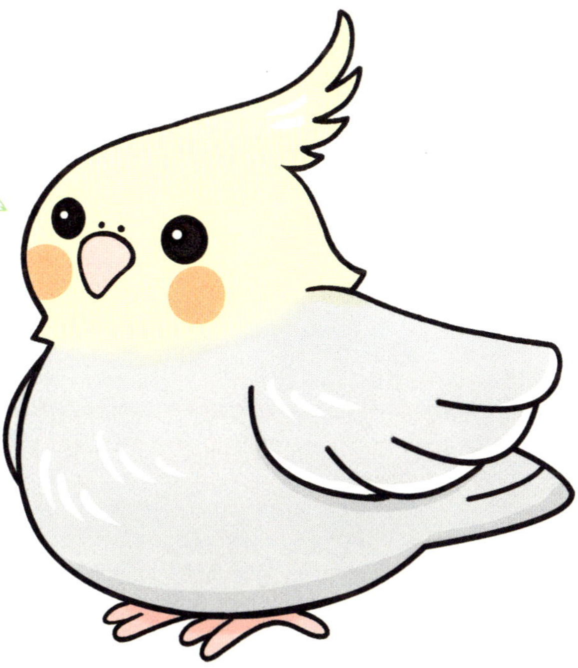

10 Die typischen orangefarbenen Wangen und einige Schatten einfügen. Für Lichter auf dem Gefieder einen deckenden weißen Stift verwenden. Diese Lichter folgen dem Verlauf der Federn.

Einhorn

Das Regenbogen-Einhorn ist eins der Lieblingstiere im Manga.
Der Körper wird aus einfachen Rechtecken und Kreisen aufgebaut.

1 Für Kopf und Maul einen Kreis und ein überlappendes Oval zeichnen.

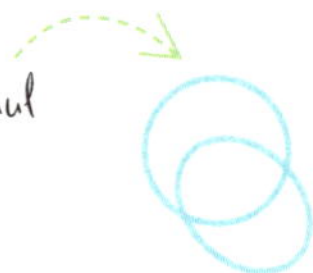

2 Darunter für Hals und Körper leicht schräg ein kleines abgerundetes Quadrat und ein größeres, unregelmäßiges Trapez zeichnen.

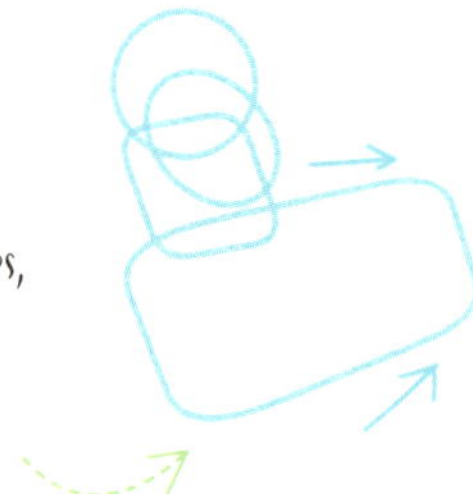

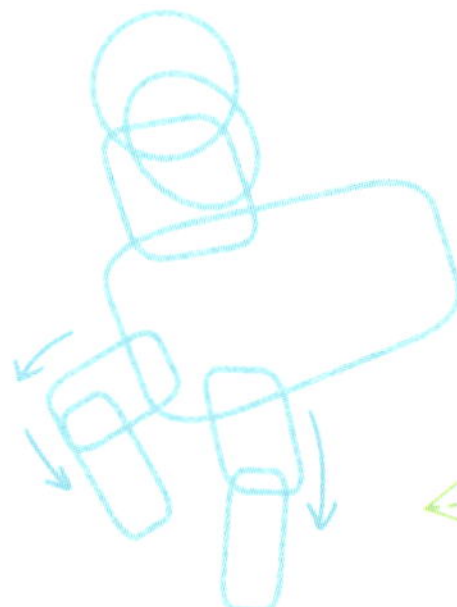

3 Jedes Vorderbein aus zwei Rechtecken zusammensetzen, das obere ist jeweils etwas dicker. Die Pfeilrichtung beachten.

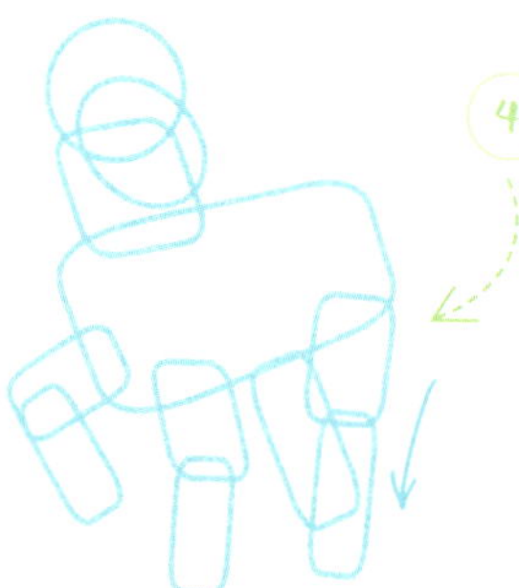

4 Für die Hinterbeine drei abgerundete Rechtecke vorzeichnen. Wieder die Pfeilrichtung beachten.

Tipp:
Das Manga-Einhorn ist ein Fabelwesen, aber beim Zeichnen kann es hilfreich sein, sich an Fotos von Pferden zu orientieren.

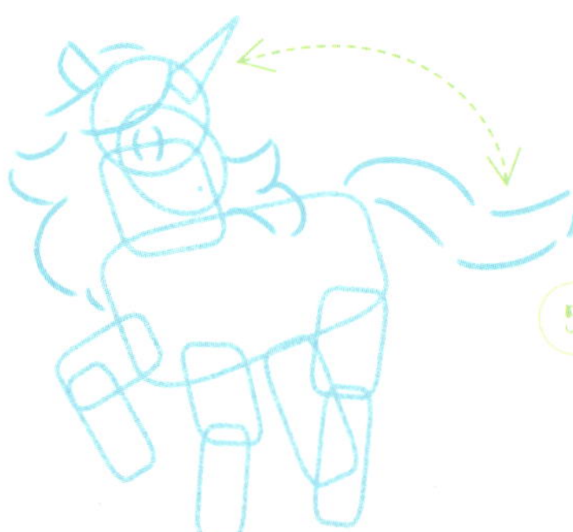

5 Weitere Körperteile und das Horn vorzeichnen. Mähne und Schweif dürfen gern etwas übertrieben füllig sein.

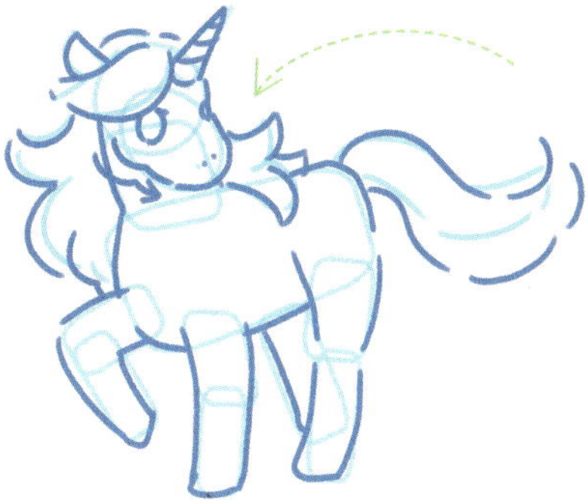

6 Die Hauptformen mit Bleistift nachzeichnen und dabei abrunden. Die Spirale auf dem Horn einzeichnen.

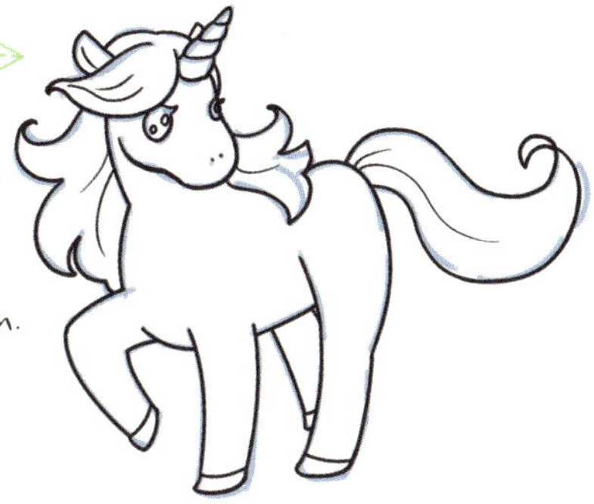

7 Das Einhorn mit dem Fineliner nachzeichnen, Details mit dünneren Strichen einfügen. Hilfslinien ausradieren.

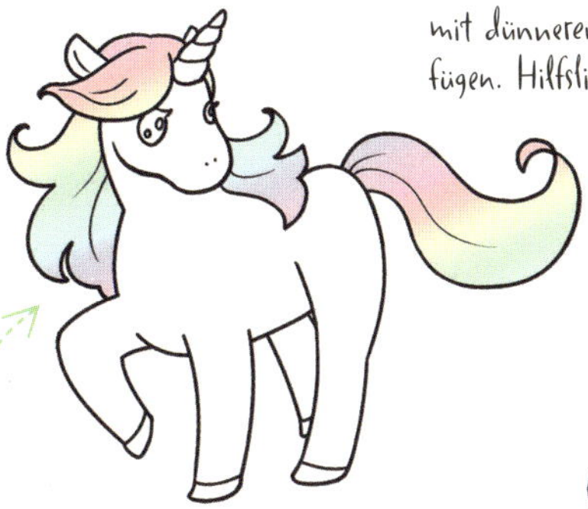

8 Die Grundfarbe des Körpers auftragen. Für Schweif und Mähne zarte Regenbogenfarben verwenden. Mit den hellsten Farben beginnen und die Übergänge weich verwischen.

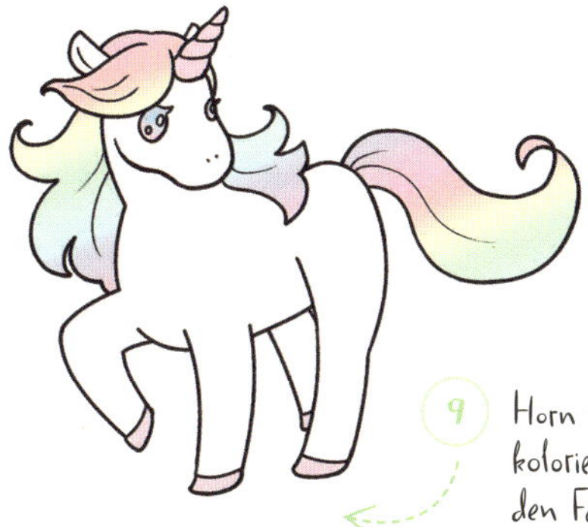

9 Horn und Hufe kolorieren, dann den Farbverlauf im Auge gestalten.

10 Rosa Wangen und einige Schatten einfügen. Dafür etwas dunklere Pastellfarben verwenden, um die romantische Wirkung zu bewahren. Die Innenseite des verdeckten Hinterbeins schattieren. Für Lichter auf Mähne, Schweif und Horn einen deckenden weißen Stift verwenden. »Magische« Sternchen auf Körper und Schweif zeichnen.

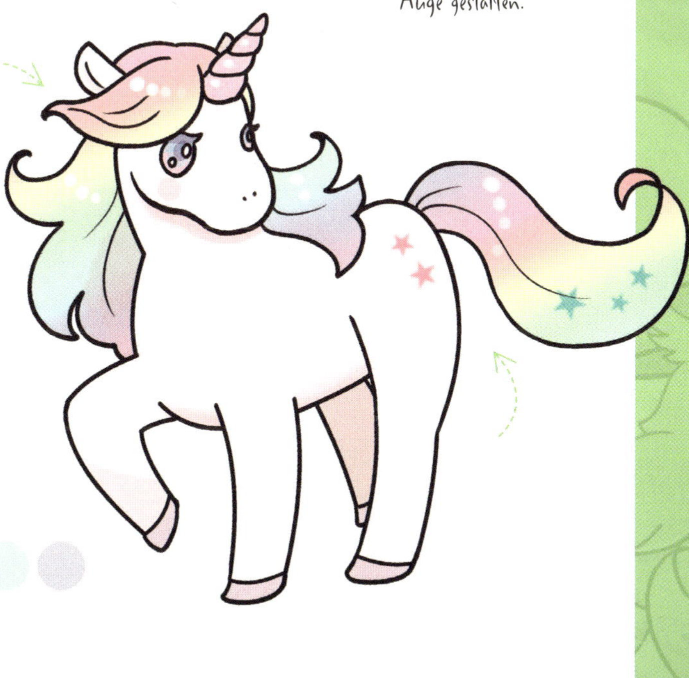

Über die Autorin

Chie Kutsuwada lebt in Großbritannien und arbeitet als Manga-Zeichnerin und Illustratorin. Auf ihrem Tisch sind verschiedene Einzelbilder und Geschichten entstanden, beispielsweise *King of a Miniature Garden* in *The Mammoth Book of Best New Manga II* und *Moonlight* in *The Mammoth Book of Best New Manga III*, das es auf die Shortlist des Manga Jiman-Wettbewerbs (organisiert von der japanischen Botschaft in Großbritannien) schaffte.

Chie hat auch an einer Version von Shakespeares *Wie es euch gefällt* sowie an Musashi Miyamoto *The Book of Five Rings* mitgearbeitet. Für die Zeitschrift *Mondo Manga for Mainichi Weekly* schreibt sie alle zwei Monate eine illustrierte Kolumne.

Chie besucht internationale Manga-Events und gibt Kurse und Workshops in Schulen, Bibliotheken und Museen, darunter das British Museum, die British Library, die Wellcome Collection und The Barbican. Sie hat an Projekten für Rundfunk und Fernsehen mitgearbeitet.

Wer mehr über sie erfahren und weitere Beispiele ihrer Arbeit sehen möchte, wird hier fündig: chitangarden.wix.com/chiekutsuwada, facebook.com/chitangarden und auf Twitter @chitanchitan.

Dank

Herzlichen Dank an meine Familie in Japan für Unterstützung und gutes Essen, als ich sie während der Arbeit an diesem Buch über einige Feiertage besucht habe. Vielen Dank an meinen Mitbewohner und seine Geduld, als der Termindruck mir die Laune verdarb. Danken möchte ich außerdem Abbie, Polly und dem Team bei The Bright Press. Danke für euer Vertrauen, eure Unterstützung und Geduld.